AFAL DRWG ADDA

AFAL DRWG ADDA

HUNANGOFIANT METHIANT

Caradog Prichard

Gwasg**Gee**

© Gwasg Gee (Cyhoeddwyr) Cyf.

Argraffiad Cyntaf: 1973
Ail Argraffiad: 2013

ISBN: 978-1-904554-15-8

Cydnabyddir cefnogaeth ariannol
Cyngor Llyfrau Cymru

Cywirwyd gwallau amlwg yn yr argraffiad cyntaf,
ond cadwyd orgraff y testun gwreiddiol

RHAGAIR

Yr ydym bellach wedi hen gynefino â ffurf yr hunangofiant yn ein llenyddiaeth, yn gymaint felly fel ein bod yn gyfarwydd iawn â'r patrwm arferol a ddilynir gan y rhan fwyaf o'n hunangofianwyr. Cofnodir hanes yr awdur mewn trefn amseryddol a chrwydrwn o atgof i atgof drwy galedi'r oes a fu nes cyrraedd pinacl euraid y presennol hapus. Ni fyn y cof, ac yn wir, ni chaiff, ddatgelu briwiau'r gorffennol os ydynt yn debygol o daflu anfri ar ei berchennog, cleddir yn yr isymwybod yr hyn nad yw'n felys, osgoir y manion personol hynny nad yw dyn yn falch o'u harddel ac os oes rhaid codi ambell grachen gofelir bod yr eli'n drwch i guddio maint yr archoll. 'Hunangofiant llwyddiant' a gawn bron yn ddieithriad.

Nid felly *Afal Drwg Adda*. 'Hunangofiant Methiant' meddai'r is-deitl ac, yn wir, ni ellir gwadu na chafodd yr awdur ei ddogn o fethiannau, ambell un ohonynt yn gadael ei ôl yn barhaol ar feddwl a phersonoliaeth yr hunangofiannydd. Edrydd am y troeon alaethus yn ei fywyd fel yr adeg y galwyd ef o'i waith yn Llanrwst i hebrwng ei fam 'a oedd wedi llwyr dorri i lawr dan faich ei gorthrymderau' i'r Seilam yn Ninbych, a'r cyfnod hwnnw yn ei fywyd pan oedd yn gaeth i'r ddiod gadarn cyn ei 'achub' gan lythyr dwys a theimladwy Mari, ei ferch fach dair ar ddeg oed. Y mae gonestrwydd yr awdur yn drawiadol; nid oes ymgais i gelu na chuddio, i feddalu na glastwreiddio unrhyw ddigwyddiad, a thenau ryfeddol yw'r gôt o siwgr am bob pilsen anfelys.

Dilynwn hynt Caradog Prichard o ddyddiau ei blentyndod tlodaidd yng nghymdeithas chwarelyddol Bethesda, Arfon, drwy gyfnod ei brentisiaeth fel newyddiadurwr yng Nghaernarfon a Dyffryn Conwy, a chrwydrwn gydag ef i Gaerdydd a Llundain cyn cael ein cipio am ysbaid i'r India lle bu'n gwasanaethu yn ystod yr Ail Ryfel Byd. Cawn gipolwg gwerthfawr ar gefndir rhai o'i gerddi, cipolwg a rydd gyfle inni ddeall yn well y cymhellion y tu ôl i'r creu ac a gyfoethoga ein gwerthfawrogiad o'i waith. Fel y gellid ei ddisgwyl, efallai, ac fel y mae ymchwil ddiweddar wedi'i ddangos, ni fu cof Caradog yn driw i'r ffeithiau ym mhob achos ond mae'r cerrig milltir pwysicaf i gyd yn cofnodi digwyddiadau allweddol bwysig yn ei fywyd ac yn cyfoethogi ein hadnabyddiaeth o'r awdur a'i hanes. Ac yn frith trwy'r cyfan, ac yn nodwedd ddiamheuol o'i grefft, cawn doreth o straeon doniol a hanesion digrif a difyr am droeon trwstan yn ei fywyd (fel y tro hwnnw ym Mhenmaenmawr, er enghraifft, pan gostiodd noson o wely a brecwast ganpunt a hanner iddo!).

Y mae arddull yr awdur yn ystwyth a hamddenol, ei iaith yn gartrefol a llithrig, ei hiwmor yn gynnil-fedrus a'i atgofion yn gymysgedd crefftus o dristwch a doniolwch heb ymylu ar ormodedd y naill ffordd na'r llall. Mae *Afal Drwg Adda* yn atodiad cyfoethog i *Un Nos Ola Leuad*, yn atgyfnerthu a chadarnhau sawl atgof a stori yn y nofel hunangofiannol honno ac yn cyflwyno darlun cyfansawdd o fywyd Caradog Prichard, un o lenorion pwysicaf Cymru.

Dr J Elwyn Hughes

Ionawr 2013

1

'Sigarét?' meddai Ifor.

Eisteddai wrth erchwyn fy ngwely drannoeth y driniaeth.

'Ond, ond . . .' meddai llais y nyrs a safai'r ochor arall i'r gwely, yn paratoi llwnc o ffisig imi. Troais fy mhen i edrych arni. Roedd cwmwl o brotest a braw wedi tywyllu'r sirioldeb fu'n codi cymaint ar fy nghalon yn ystod y ddeuddydd cyn y driniaeth.

'Popeth yn iawn, nyrs,' meddai Ifor. 'Mae o'n hen smociwr.'

Cymerais y gwydryn gan y nyrs a llyncu ei gynnwys. A dyma hithau'n troi ar ei sawdl a thrwy'r drws heb ddweud gair.

Troi 'mhen eto i edrych ar Ifor, ac ar y llaw oedd yn cynnig y sigarét imi. Ac wedi tanio ac anadlu a chwythu allan y mwg yn herfeiddiol, profi rhyw ollyngdod mwyn. Fel gollyngdod troseddwr yn cerdded allan o gyffesgell wedi bwrw oddi ar ei war faich ei drosedd.

'Fe ddaethoch drwyddi'n ardderchog,' meddai Ifor. 'Cefais hi allan mor lân â . . . *as clean as a whistle.*'

'Oedd hi'n un fawr?'

'Run seis â cheiriosen fechan. Rywbeth tebyg i hyn.' Cododd Ifor ei law dde a gwneud cylch bychan hefo'i fys a'i fawd. Ni allwn innau dynnu fy ngolygon oddi ar ryfeddod y llaw. Er bod Ifor yn ŵr cydnerth, cryf a chadarn ei lais hyd at fod yn fostfawr, a gwytnwch gwrywaidd ym mhob gewyn o'i gorff, eto roedd rhyw dynerwch a llunieidd-dra benywaidd yn perthyn i'r llaw. Pwy bynnag ddaru fathu'r gair "llawfeddyg" am un o alwedigaeth Ifor, roedd hwnnw, fel cyfieithydd ein Beibl, yn berchen cnewyllyn ystyr yn ein hiaith. Daliwn i syllu ar y llaw fel y llifai llais Ifor yn esmwyth dros wyneb f'ymwybyddiaeth. Y llaw fedrus, wybodus, gonsuriol, a wyddai gymaint o gyfrinachau . . .

'Gwyddoch mor bryderus oeddwn ynghylch eich anadlu. Un pesychiad ac fe allai pethau fod wedi mynd yn flêr iawn . . . ' Roeddwn i wedi dweud wrtho fod gen i gyflawn ffydd yn ei fedr a'i brofiad maith, ac nad oeddwn i'n pryderu dim . . . 'Roedd yn rhaid imi eich cael mor agos ag y medrwn i stad marwolaeth cyn dechrau ar y driniaeth . . . '

Daliwn i syllu ar y llaw.

'. . . Chwarae teg ichi, roeddech chi'n edrych yn ddigon tawel a digyffro cyn inni'ch rhoi chi i gysgu . . . '

Fel y daliai ymlaen i sgwrsio deuai digwyddiadau doe yn rheng drefnus ar hyd y cof, un ar ôl un, rhwng ei frawddegau fel petae.

Wyneb y nyrs siriol . . . y pigiad rhagbaratoawl ac anurddasol . . . yr ysbaid o ddisgwyl . . . y trosglwyddo i'r gwely ar olwynion . . . y byrdramwy esmwyth ar hyd y coridor i'r esgynfa . . . yr esgyn, mor ddi-sŵn â'r Dyrchafael, i'r chweched llawr . . . ac yna'r aros yn y stafell fach oedd yn fynedfa i'r theatr. Yno nesaodd ffurf Ifor yn ei wisg wen tuag ataf o wyll y stafell fawr. Edrychai gymaint ddwywaith ag y gwna heddiw, rhyw Fendigeidfran mewn ffantasi. Gwenais yn siriol arno ac estyn fy llaw dde i ysgwyd llaw. Cydiodd yntau ynddi a chawn yr argraff ei fod yn llawer mwy pryderus na mi. Tra'r oeddym yn cyfarch ein gilydd, roedd fy llaw chwith yn llaw'r nyrs. Cydiai'n dynn yn fy ngarddwrn tra bod y dideimladwr, os dyna'r gair priod am anaesthetydd, yn crafu cefn fy llaw. Straeniwn fy ngolygon yn ceisio treiddio dirgelion y gagendor o'm blaen, lle'r oedd un golau bach egwan, pryfoclyd yn gwrthod datgelu dim imi.

Yna, stad marwolaeth. Ac megis mewn amrantiad, yr atgyfodiad, a minnau'n gorwedd yn ddigon cymfforddus yn y gwely yma. Llais Ifor drachefn: 'Wel, dyna chi. Mi fyddwch yn iawn rŵan.'

Wedi iddo fynd, agorais ddrôr y bwrdd wrth ochor y gwely, a thynnais allan lyfr o hunangofiant yr oeddwn wedi ymserchu ynddo. Roeddwn wedi cyrraedd tudalen olaf y bennod olaf pan ddaeth y driniaeth i ymyrryd ar fy narllen. Gorffennais y llyfr a thynnu blwch cudd o'r drôr a thanio sigarét arall, a myfyrio . . .

Digwyddiadau doe. Stad marwolaeth. Amrantiad. Stad Atgyfodiad. O fywyd i farwolaeth ac yn ôl ar amrantiad i fywyd drachefn. Tybed, wedi'r cwbwl, nad dyna batrwm ein bod? Onid oeddwn yn fyw cyn fy ngeni? Onid marw pob doe o'r "amrantiad"? Ac onid oedd trigain mlynedd o ddarllen a myfyrio a phendroni wedi fy narbwyllo y byddai rhyw fath ar fywyd imi ar ôl y fuchedd hon? Sut fywyd fyddai hwnnw? Byddai hynny'n dibynnu'n gyfan gwbl ar ddull a chwrs fy mywyd beunyddiol trwy gydol yr "amrantiad".

Felly, yr unig ffordd amdani oedd defnyddio'r atgyfodiad ansicr yma i fwrw golwg dros ddigwyddiadau pob doe a gofiwn o'r hynt ddaearol a cheisio, yn yr amser prin sy'n weddill, dyfalu o'r patrwm fyddwn wedi ei wau, natur ac ansawdd bywyd y byd sydd ar ddyfod. Gobeithiaf ddod i'r casgliad cywir.

*   *   *

Rydw i'n reit siŵr o'r dyddiad am mai diwrnod fy mhen blwydd yn bump oed ydoedd, sef y Trydydd o Dachwedd Mil Naw Cant a Naw, ac roedd yr haul yn twnnu ar yr eira ar Allt Pen y Bryn. A minnau'n cerdded a rhedeg a sglefrio fy ffordd o'n Tŷ Ni yn y Bryn Teg i Dŷ Anti Jên ym Mhen y Bryn. Ac yn llawn ffydd a gobaith a chariad. Ffydd yn y croeso gawn i gan Anti Jên, gobaith am bresant pen blwydd, a chariad Mam wedi'i lapio'n gynnes amdanaf i'm hanfon i ar fy neges, beth bynnag oedd honno. Un o deulu Tŷ Mwyn oedd gŵr Anti Jên, ond roedd o wedi marw a doeddwn i ddim ar y pryd yn gwybod ym mhle'r oedd y Tŷ Mwyn na'i ystyr iawn. Y cwbl wyddwn i oedd fod peth o'r mwynder a welwn i yn yr enw wedi glynu wrth Anti Jên. Un nam oedd arni yn fy ngolwg i. Roedd un o fysedd ei llaw dde'n sefyll i fyny'n gorn heb arddel unrhyw berthynas â'r bysedd eraill. 'Brifo wrth dorri brechdan ddaru hi,' meddai Mam. 'Gormod o fin ar y gyllath.' Ond dal i dorri brechdan wnâi Anti Jên a thaenu'r menyn-bach-llun-buwch yn dew ar bob un. A chyn 'mod i wedi dweud fy neges wrthi y diwrnod hwnnw roedd hi wrthi'n torri brechdan i mi a minnau'n eistedd ar y soffa a'r dŵr yn fy nannedd. Roedd hi'n gynnes braf ar aelwyd Tŷ Anti Jên, a thanllwyth o dân yn y grât. 'Faint ydy d'oed ti?' meddai hi.

'Pump oed' meddwn innau'n dalog a 'ngheg i'n llawn o frechdan.

'Wel aros di am funud,' a ffwrdd â hi i'r gegin gefn. Roedd ogla hyfryd mwg sigaréts yn Nhŷ Anti Jên bob amser. Mae'n rhaid fod Tomi 'nghefnder yn smociwr trwm. A rhwng yr ogla da a'r gwres o'r grât a blas hyfryd y frechdan a'r sicrwydd fod presant pen blwydd imi ar ei ffordd o'r gegin gefn, roeddwn i yn y Nefoedd. Y Nefoedd gynta imi brofi ar y diwrnod cynta rydw i'n gofio o holl ddyddiau fy wyth mlynedd a thrigain.

Daeth Anti Jên yn ôl o'r cefn. 'Dyma chdi,' meddai hi. 'Presant pen blwydd.' A rhoi clamp o afal yn fy llaw i. Yr afal mwya melyn ac aeddfed a melys ei olwg welais i 'rioed. Roeddwn i'n teimlo mor falch ohono fo fel na feiddiwn i ddim edrych ddwywaith arno fo, dim ond ei stwffio fo i boced fy nhop-côt. Ac wedyn cael cusan a chyngor Anti Jên cyn troi allan i'r rhew a'r eira. 'Gwatsia di syrthio 'nghariad i. Ma'r hen ffordd 'na'n llithrig ofnatsan.'

Cerdded yn ôl i fyny Allt Pen y Bryn ac ar ôl mynd rhyw ganllath o Dŷ Anti Jên mentro rhoi fy llaw yn fy mhoced a thynnu allan fy mhresant pen blwydd. A chael siom gynta fy mywyd. Roedd rhyw bigfelen farus wedi bod yn tyrchu yn yr afal ac roedd twll mawr ynddo, yn llawn pydredd meddal. Syrthiodd yr afal o'm llaw a neidiais arno a'i sathru yn yr eira. Ac wedyn crïo'n ddistaw. A dyna'r tro cynta imi gofio fy hun yn crïo.

Cyrraedd y Bryn Teg yn oer a digalon i ddisgwyl cael fy lapio a 'nghnesu eto yng nghariad Mam. Ond pan agorais i'r drws 'doedd Mam ddim yn y gegin. Dim ond Taid, tad Mam, oedd yn byw hefo ni. Roedd o'n eistedd mewn cadair â'i gefn ataf i, yn bustachu treio cael ei droed i mewn i'w esgid. Ac yn gwneud sŵn 'r un fath â hen gi'n sgyrnygu. Mi gefais fraw mawr a rhedeg i'r siambar. Ac yno bûm i am hir yn eistedd ar y gwely yn teimlo'n ofnus ac yn euog. Be ddwedai Anti Jên tasa hi'n gwybod be ddigwyddodd i'r presant pen blwydd? Wnes i ddim mentro'n ôl i'r gegin nes imi glywed llais Mam wedi dod yn ôl o rywle. A dyna'r unig gof sy gen i am yr hen ŵr fy nhaid, sy wedi mynd i'w hir hun ers cymaint o flynyddoedd.

A dyna ichi, am wn i, batrwm fy mhererindod, patrwm sy'n ddigon cyffredin i bob un ohonom ni, gyda'r unig wahaniaeth fod y pwyslais yn amrywio yma ac acw. Cymysgfa ddiystyr o bleser a phoen, o ddyheu ac o ddihoeni, o ddychryn ac o ddagrau, o fethiant a llwyddiant, o gymuno â'r pur ac â'r prydferth, o euogrwydd ac edifeirwch. A'r gybolfa i gyd yn dwad i *full stop* mewn lle fel Mynwent Coetmor — lle mae Taid, roddodd gymaint o ddychryn imi, yn gorwedd, heb un esgid yn gwasgu; lle mae'r bardd Bob Williams Parry, ddaeth â chymaint o heulwen Haf i 'mywyd i, a lle mae Georgie bach, fu farw yn bedair ar ddeg, Georgie bach, fyddai'n eistedd wrth f'ochor i yn yr ysgol, a'i wyneb o bob amser yn llwyd a'i drwyn o'n rhedeg a minnau'n rhoi benthyg fy hancaits boced iddo fo pan fydda fo eisio chwythu'i drwyn. Fy nghefnder Tomi Tŷ Mwyn hefyd, heb ogla smocio ar ei gyfyl o.

Rydw i'n cofio stopio'r car ar y ffordd o Fangor un diwrnod ganol Haf rai blynyddoedd yn ôl a throi i mewn i Fynwent Coetmor i edrych amdanyn nhw i gyd. Mi fûm i yno hefo hwn a'r llall am ryw hanner awr go lew ac mi ddois i allan o'r fynwent yn tyngu a rhegi dan f'anadl. A phan es i'n ôl at olwyn y car roedd y fath lid yn fy nghorddi nes bu ond y dim imi gael damwain fyddai wedi fy rhoi i a'r lleill oedd yn y car ym mynwent Coetmor, heb allu mynd allan mwy. Fedra i ddim esbonio'r ffit gefais i. Ond roeddwn i'n nabod y llid. Roedd o'n perthyn yn agos iawn i'r llid hwnnw wnaeth imi neidio ar bresant Anti Jên a'i sathru yn yr eira. Ac mi fûm i'n dioddef gan ffitiau o'r llid yma o dro i dro ar hyd fy mywyd, fel cewch chi wybod. Mi dyngais i'r adeg honno nad awn i byth ar gyfyl mynwent Coetmor wedyn. Ond mi dorrais y llw fwy nag unwaith i gymuno â rhai annwyl yno ac mae'n ddigon tebyg y gwnaf hynny eto.

Roedd hi'n wahanol ym mynwent Glanogwen, yn uwch i fyny ym mhen arall y pentre. Roedd honno'n fynwent fyw — os medra i'ch cael chi i ddeall be dw i'n feddwl. Dim ond Tŷ Corff oedd ym mynwent Coetmor. Ond roedd Eglwys yng Nglanogwen, a Canon Jones a Huws Ciwrat yno bob dydd Sul a ninnau'n canu yn y Côr ac yn cael mynd i'r Clochdy hefo Wiliam Morus ac yn cael dwy geiniog yr un am fynd i ganu mewn cnebrwng.

Ac yno roedd bedd fy Nhad a'r rheilings gwyn o'i gylch wedi rhydu a'r chwyn yn crafangu weiar netin oedd yn gwarchod y cas gwydyr oedd dros y blodau artiffisial. Mae'n rhaid bod rheini wedi bod ar y bedd er diwrnod y cnebrwng erstalwm. Byddwn weithiau'n mynd ar bererindod i weld y bedd ym mhen draw'r fynwent ond ni fyddai byth yn dod i'm meddwl i y dylid ei dacluso a chlirio'r chwyn. Dim ond sefyll a gwneud wyneb difrifol wrth ddarllen yr ysgrif fwsoglyd ar y garreg las. ER COF AM JOHN PRITCHARD A LADDWYD TRWY DDAMWAIN YN CHWAREL Y PENRHYN EBRILL 4YDD, 1905. YNG NGHANOL EIN BYWYD YR YDYM MEWN ANGAU. Yna mynd i edrych tu ôl i'r garreg lefn. Yr oedd rhywun rywdro wedi bod â brwsh a chôl tar ac wedi paentio tri neu bedwar cylch du ar gefn y garreg. Mi fûm i'n pendroni llawer ynghylch hyn, ond heb ddweud na gofyn dim wrth neb.

Yr oedd dau gorff bach arall yn y bedd hefo Nhad, dau faban gwryw, un, mi gredaf, yn farw-anedig a'r llall na chafodd fyw ond ychydig wythnosau. Cefais ddau frawd arall — Hywel, bedair blynedd yn hŷn na mi, a Glyn, ddwy flynedd o'm blaen. Bu Hywel, oedd yr un oed a'r ganrif, farw ar y nawfed o Fedi, 1972; crwydrodd Glyn ymhell, a hyd y gwn i y mae'n gorwedd mewn bedd anhysbys mewn rhyw barth o Ganada.

Ond 'dewch imi fynd a chi'n ôl am funud i Ben y Bryn ac i'r 'anghofus daith' o ddydd fy ngeni ar y trydydd o Dachwedd, 1904, hyd y diwrnod pen blwydd yna. Fe fu'r ychydig glywais i am y pum mlynedd yma yn hunllef ac yn ddychryn imi ar lawer awr fyfyriol; a hyd yn oed heddiw, pan nad yw dim byd yn cyfrif rhyw lawer, byddaf yn cael ambell funud o arswyd wrth eu dwyn i gof. Erbyn heddiw mae nhw i gyd wedi mynd i blith 'hen bethau anghofiedig teulu dyn', — y cynyrfiadau ysgubol cyhoeddus a'r trasiedïau bach preifat. Y cynyrfiadau ysgytiol yn f'ardal i oedd Streic Fawr Chwarel y Penrhyn a'r Diwygiad, — dau gynnwrf y mae ôl eu galanas ysbrydol yn aros ar yr ardal hyd heddiw. Ac rwy'n siŵr hefyd fod y galanas hwnnw wedi chwarae'i ran yn ystumio fy natur a 'mhersonoliaeth innau, a genhedlwyd yn ei ganol.

Yn sgîl ac adlais y ddwy ddaeargryn yma y ganwyd fi ym Mhen y Bryn, yn y tŷ nesaf i dŷ Anti Jên. Roedd ein tŷ ni wedi'i fildio'n solat a chymen gan ddwylo a meddwl crefftus fy Nhaid; tŷ a gardd helaeth y tu ôl iddo. Tŷ lle'r oedd chwarelwr ifanc yn byw'n hapus gyda'i wraig a thri o'i blant nes i'w byd fynd â'i ben iddo ar y Pedwerydd o Ebrill hwnnw.

Fel y digwyddodd hi gannoedd o weithiau yn hanes yr hen chwarel fileinig, canwyd y gnul a glywsom yng Ngherdd yr Hen Chwarelwr W J Gruffydd:

> Neithiwr daeth tri gŵr o'r gwaith yn gynnar,
>   Soniwyd am y graig yn hollti'n ddwy,
> Dycpwyd rhywun tua'r tŷ ar elor,
>   Segur fydd y cŷn a'r morthwyl mwy.

Nid felly yn union y bu hi ar fy Nhad chwaith, yn ôl yr hanes a gefais. Yr oedd o a'i bartner wedi bod yn gweithio ar y graig trwy'r bore. Pan ddaeth yn ganiad awr ginio daethant i lawr oddi ar y rhaff a cherdded ar hyd y bonc at y caban cinio. Ar y ffordd tynnodd fy nhad ei getyn o'i boced, arhosodd ennyd a gwyro i danio matsen ar y graig. A'r foment honno cwympodd crawen o'r bonc uwchben a'i daro'n gelain. Nid oedd ond 34 mlwydd oed.

Yn y cyfnod pan fyddai'r pethau hyn yn pwyso'n drwm ar fy meddwl bûm yn ceisio dyfalu lawer gwaith sut y derbyniodd fy Mam y newydd. A bob tro y ceisiwn ddyfalu yr oedd y sefyllfa'n wahanol. Weithiau byddai'n ddiwrnod gwlyb ac un o gawodydd Ebrill yn pistyllio i lawr fel y cerddai rhywun dan ei ymbarél a rhoi cnoc ar y drws. Dro arall byddai Mam yn sefyll yn y giât yn yr haul ac awel dyner y gwanwyn yn chwarae yn ei gwallt pan ddaeth rhywun i fyny'r allt a sibrwd y newydd wrthi. Ac yna ei hebrwng i mewn i'r tŷ. Ni chefais erioed wybod yn iawn sut y bu.

Ond mi gefais hanes y tŷ yn mynd ar dân lawer gwaith gan Mam. Y noson cyn cynhebrwng fy Nhad ydoedd. Yr oedd Mam a Nhaid a rhai cymdogion wedi ymgynnull ar yr aelwyd, yn ceisio sugno cysur o farilau hysb atgof. Yn sydyn sylwodd rhywun ar don o fwg yn ymwthio dan ddrws pen grisiau'r seler. Dyma Taid yn rhuthro i agor y drws a chael fod y seler ar dân. Hebryngwyd Mam allan a minnau'n blentyn pum mis oed yn cysgu'n dawel yn ei breichiau. Rhedodd rhywun i'r llofft a chario allan fy nau frawd, Glyn ddwyflwydd oed a Hywel bedair oed o'u gwely. Aeth rhywun arall i'r parlwr a llusgo allan gorff fy Nhad yn ei arch. Yn ôl pob hanes diffoddwyd y tân cyn gwneud llawer o ddifrod a chladdwyd fy Nhad drannoeth.

A'r cwbl sydd gennyf i'w adrodd am bennod echrydus Pen y Bryn yw crybwyll llyfr cownt Siop Jacob Parry. Cafodd Mam ddau gant o bunnau o iawndal gan y Lord am fywyd fy Nhad a buan y llyncwyd yr arian yn bwydo a dilladu tri o blant. Pan ddois i ar draws y llyfr cownt ymhen blynyddoedd wedyn gwelwn fod rhai punnoedd yn ddyledus i Jacob Parry. Ond erbyn hynny yr oedd yn rhy hwyr i geisio talu'r ddyled. Yr oedd y siop wedi ei chau a Jacob Parry ffeind ac amyneddgar wedi mynd i'w fedd. Yng nghysgod y Chwalfa fawr a ddisgrifiwyd mor fyw yn nofel T Rowland Hughes bu llawer chwalfa fach fel chwalfa Pen y Bryn.

Ni chefais erioed wybod yn iawn sut y collodd Mam Ben y Bryn a gorfod symud i'r Bryn Teg. Mae'n ddigon amlwg mai mynd i ddyled a wnaeth a methu a chadw y taliadau ar y tŷ. Ond clywais hi'n awgrymu fwy nag unwaith fod y tŷ wedi ei gymryd oddi arni trwy dwyll, a bod â wnelo'r sawl fu'n byw yno ar ei hôl rywbeth â'r twyll. Sut bynnag, credaf mai gweinidog Capel Bryn Teg oedd y gŵr dan sylw a theg yw imi ddweud nad oes gennyf ddim i gadarnhau unrhyw gamymddwyn ynglŷn â throsglwyddo meddiant y tŷ. Un o hunllefau meddwl dryslyd Mam ydoedd, mae'n siŵr.

Llwyn On. Dyna oedd enw y tŷ, a dyna'i enw hyd heddiw, fel y gwelais yn annisgwyl un nos dro'n ôl. Daeth adroddiad i'r *Daily Telegraph* am rai o fechgyn Cymdeithas yr Iaith wedi bod yn cadw twrw y tu allan i ganolfan y BBC yn Portland Place, ac yn rhestr yr enwau a gymerwyd i'r ddalfa wele un Ieuan Wyn Evans o Lwyn On. Cynhesodd fy nghalon pan welais o ac awn at hwn a'r llall yn y swyddfa i'w ddangos a dweud mai dyna'r tŷ lle ganwyd fi.

Yr enw neis ar fy ail gartref oedd Bryn Teg. Yr enw slym oedd Pant Dreiniog, ar ôl yr hen chwarel segur yr adeiladwyd y tai ar ei chwr. Ar wahân i'r daith ben blwydd i dŷ Anti Jên does gen i fawr o gof am ddim a ddigwyddodd tra buom yn byw ym Mryn Teg. Yr oedd yno ddrws yn arwain i'r drws ffrynt ag iddo banylau o bob lliw ac mae'r rheiny'n aros yn y cof fel gweddill rhyw freuddwyd prydferth. Ar wahân i'r drws y mae dau atgof yn aros fel dwy garn mewn anialwch. Un yw am y bore y mentrais i'r ysgol ar fy mhen fy hun am y tro cyntaf. Yr oedd yn fore rhewllyd a'r ddaear dan draed fel gwydr. Nid oeddwn wedi rhoi prin ddau gam allan o'r tŷ pan lithrais a tharo fy mhen ar y llawr. *Out for the count* oedd hi arna i'r bore hwnnw, ac yn lle bod yn yr ysgol, yn y gwely y bûm i trwy'r dydd. Testun yr unig atgof arall sy gennyf am y Bryn Teg yw Yncl Jack, brawd Mam. Ganol nos oedd hi. Brawychwyd fi o gwsg gan lais croch meddw yn gweiddi: 'Agor y drws yma'r diawl.' A llais main crynedig Mam yn ateb: 'Dos di i'r fan fynnoch di. Chei di byth ddwad i'r tŷ yma eto.' Yna tawelwch. A minnau'n crynu fel deilen ac yn mynd yn ôl i gysgu.

Mae'n rhaid fod pethau wedi mynd o ddrwg i waeth arnom, oblegid cyn bo hir yr oeddym wedi symud o'r Bryn Teg i dŷ bychan siambar ac un llofft mewn rhes fach ar allt Glanrafon. Erbyn hyn yr oedd Taid wedi ei gladdu er nad oes gennyf unrhyw gof am yr angladd. Ac yng Nglanrafon y buom yn byw ar y plwy — pum swllt yr wythnos — yn dlawd ymhlith tlodion ond yn gyfoethog mewn gobeithion a breuddwydion, am rai blynyddoedd. Yn gyfoethog hefyd am fod rhyw anwyldeb a chynhesrwydd cymdogol yn perthyn i'r gymdeithas dlawd yr oeddym yn rhan ohoni, a'r anwyldeb hwnnw yn ysbrydoli'r cyd-ddyheu ac yn lliniaru'r cyd-ddioddef. Yn gyfoethog hefyd am fod gennym ryddid y Rhiwen a'r Garth a'r Foel ac Allt Tŷ Gwyn a'r Carneddau, rhyddid na phrofais ei debyg byth wedyn.

Ceisiais groniclo peth o'r cyfnod hwn yn fy nofel *Un Nos Ola Leuad* a chan fod honno wedi cael cylchrediad cymharol helaeth cymeraf yn ganiataol fod y rhan fwyaf sy'n cymryd diddordeb yn yr ychydig atgofion hyn wedi ei ddarllen. Darlun aneglur, wedi ei ystumio gan amser a dychymyg, fel darlun a welir mewn crychni dŵr, oedd y cronicl hwnnw. Darlun afreal, wedi ei weld yn y cyfnos ac yng ngolau'r lloer. Dyna pam y cafodd y nofel ei theitl. Yn y cyfnod hwn y daeth y Chwalfa fawr gyhoeddus arall, y Rhyfel Byd Cyntaf, a'r chwalfa fach breifat arall yn fy mywyd innau.

Ond mi fydda i'n leicio mynd ar hyd y rhes tai a dwyn i gof rai o'r wynebau annwyl oedd yn cydfyw â ni yno. Yn y tŷ isaf yr oedd yr hen Fargiad Williams a'i thylwyth o wyrion ac wyresau, Blodwen a Tomi a Moi, yn gofalu'n dyner amdani hyd y diwedd. Yn y tŷ nesaf yr oedd Modryb. Ches i erioed wybod ei henw iawn ac ni wyddwn pa un ai gweddw ynteu hen ferch ydoedd. Ond rwy'n cofio y byddai Mam yn fawr ei gofal amdani pan fyddai'n wael neu mewn rhyw helbul. Yna ein tŷ ni. A'r drws nesaf i fyny hen wreigan nad oes gennyf gof amdani ar wahân i'w bod mor fyddar â phost. Rwy'n cofio dau deulu yn y tŷ nesaf iddi hi. Brenhines y teulu cyntaf oedd Catrin Ann, mam i dri o hogiau direidus, Harold, Ifor a Ned. A phan fyddai'r hogiau weithiau'n ei gyrru bron yn wallgof hoff lw Catrin Ann fyddai: 'Iesu Grist o Fangor.' Am y teulu arall nid oes gennyf gof ond am y ferch fach, o'r enw Letitia, a sŵn torcalonnus ei chrïo trwy gydol un prynhawn ar ôl iddi gael damwain. Bûm yn dioddef ingoedd gyda Letitia fach y pnawn hwnnw. Cof am farw a geni yw'r cof sy gennyf am y tŷ uchaf yn y rhes. Mam fyddai'n neidio i'r adwy ar achlysuron felly. Cofiaf amdani'n cael ei galw yno pan fu farw yr hen Griffith William, i olchi'r corff, a chofiaf ei galw hefyd pan anwyd William Hugh. Y mae William Hugh bellach ers blynyddoedd yn ficer plwy hyfryd heb fod ymhell o Lundain, a balch oeddwn o weld ei enw dan lythyr yn un o bapurau Llundain dro'n ôl yn apelio am gymorth tuag at ryw achos dyngarol neu'i gilydd.

Yng ngwaelod yr allt yr oedd cartref teulu Huw Madog. Nhw oedd biau'r cae o flaen ein tŷ ni. Byddai hwch anferth yn y cae bob amser a gwyliais hi'n magu cenedlaethau lawer o berchyll. Ifan, Huw a Dafydd oedd tri mab Huw Madog a byddent hwy bob amser yn dipyn o arwyr gen i. Cofiaf gwrdd ag Ifan ar Lôn Newydd yn dod adref am ysbaid o'r ffosydd yn Ffrainc, ei draed a'i ddillad milwrol yn dew gan laid y ffosydd a golwg lluddedig arno. Teulu glew arall oedd teulu Daniel Jones a gadwai Siop y Bont. Yr oedd yno hefyd feibion talgryf, William Hugh, Daniel, Llew ac yntau Ben Fardd, y cefais lawer o'i gwmni melys er y dyddiau hynny. Teulu'r Cae Drain wedyn a'u merlen Pol y byddwn yn cael ei marchogaeth pan fyddai Rol neu Wil yn mynd â hi i'r efail i'w phedoli.

Cymysg yn wir yw'r atgofion am ddyddiau Glanrafon. Dyddiau cynnar yr ysgol yng Nglanogwen, ysgol yr Eglwys, ac wedyn yn y Church House gyferbyn â gwesty'r Douglas. Yno yr oeddym dan ofal yr hen ŵr ffeind Herbert Hughes am gyfnod. A dyma gyfnod y Goits Fawr. Byddai'r Goits Fawr yn aros o flaen y Douglas a byddai rhai o'r teithwyr yn aros ynddi. Safem ninnau o'i blaen a chanu am geiniogau a deflid inni ganddynt. A ffyrnig fyddai'r ymrafael yn y llwch am y ceiniogau hynny. Un diwrnod taflwyd sofren felen o'r goits ac fe'i daliwyd gan Tomi Morus Coetmor. Pan sylweddolodd Tomi ei wobr aeth â hi'n syth i Hughes. Ond erbyn hyn roedd y goits wedi diflannu. Sgrifennodd Hughes at bobl y goits rhag ofn bod y taflwr wedi camgymryd y sofren am ddimai neu geiniog. Ond daeth llythyr yn ôl yn sicrhau Hughes na bu camgymeriad a bu seremoni lawen i gyflwyno'r sofren i Tomi gyda chanmoliaeth uchel i'w onestrwydd. Un lwcus oedd Tomi. Un anlwcus hefyd. Aeth i weithio ar y lein yng Nghaer ac ni bu yno'n hir na laddwyd o mewn damwain. Teulu glew oedd teulu Morusiaid Coetmor. William Morus oedd y clochydd yng Nglanogwen. Ef hefyd oedd gwneuthurwr India Roc Nymbar Êt fyddai mor boblogaidd yn Ffair Llanllechid. Yr oedd Ffair Llan yn un o uchelwyliau ein plentyndod.

Caewyd yr ysgol yn y Church House pan oeddwn i yn yr ail ddosbarth a symudwyd ni yn ôl i Ysgol Glanogwen. Mr Jervis, a oedd yn byw yn nhŷ Ysgol y Gerlan, oedd ein prifathro yng Nglanogwen. Gŵr byr ei goes a hir ei ben oedd Jervis, yn eglwyswr selog ac yn ysgolfeistr cydwybodol a da. Yr oedd iddo ddau fab, Johnny a Bob. Aeth Johnny i weinidogaeth yr Eglwys. Bachgen talentog oedd Bob. Enillodd gadair Eisteddfod Bethesda ac mae gennyf gof am gwrdd ag ef ar Lôn Newydd yn mynd adref a'r gadair ar ei gefn. Lladdwyd Bob yn Ffrainc ac fe ddaeth ein Ficer, Canon Jones, i'r ysgol i dorri'r newydd i Jervis. Disgrifiais o'r blaen yn fy nofel yr olygfa yn yr ysgol pan aeth Jervis ar ei liniau o'n blaen ac adrodd y salm 'Duw sy noddfa a nerth i mi, cymorth hawdd ei gael mewn cyfyngder'. Bu colli Bob yn ddyrnod drom i'r hen ŵr.

Mae gennyf gof am un diwrnod hyfryd iawn yn yr ysgol yng Nglanogwen, sef diwrnod un Gŵyl Ddewi. Roedd y plant yn eu dillad gorau a phawb yn gwisgo cennin Pedr a rhaglen ddifyr o ganu ac adrodd wedi ei pharatoi. Buom yn canu ac yn adrodd trwy'r bore ac yna cawsom hanner dydd gŵyl yn y pnawn. Ni chefais byth wedyn gystal Gŵyl Ddewi. Diwrnod cofiadwy arall oedd hwnnw pan ddaeth Davies Douglas, tad Alf, a etifeddodd drwydded y Douglas, i'r ysgol a chyflwyno inni ryw ddau ddwsin o lifrai sgowtiaid a pholion. Ni bûm i'n ddigon ffodus i gael un o'r rhain, ond rywsut neu'i gilydd mi gefais bolyn, a mawr fu'r hwyl a'r campau hefo hwnnw. Sais oedd Alf ond yr oedd yn ddisgybl cymeradwy iawn yn yr ysgol. Ac er iddo dreulio'i oes ym Methesda nid wyf yn credu iddo erioed geisio dysgu Cymraeg.

Ond y diwrnod mwyaf cofiadwy oedd hwnnw pan ddaeth canlyniad yr arholiad am ysgoloriaeth i'r Ysgol Sir, — y Cownti Sgŵl oedd hi ar lafar ardal yr adeg honno. Nid oeddwn i'n rhyw obeithiol iawn. Mi wyddwn fy mod wedi llithro o leiaf ddwywaith. Roeddwn wedi syrthio i un o faglau Miss Lake, un o athrawesau'r ysgol, pan roddodd ddarn o 'dictation' inni. 'And then the left-tenant . . .' meddai Miss Lake. 'And then the left-tenant . . .' sgrifennais innau. Yr oedd rhywun hefyd wedi gofyn imi gael hyd i orsaf neilltuol mewn clamp o *time-table* a bûm yn ffwndro drwyddo heb fyth gael hyd iddi. Ond mi ddois allan yn wythfed, er mawr lawenydd i Mam yng Nglanrafon ac i'r teulu'n gyffredinol.

Ac o sôn am deulu, dylwn ddweud mai o Langoed yn Sir Fôn y daeth teulu Mam. Credaf fod tad fy nhaid yn gipar ar stad Bulkley ac i'm Taid ddod i weithio i Chwarel y Penrhyn. Williams oedd ei gyfenw o. Nain Pen Bryn oedd mam fy Nhad a phan ddois i i'w nabod yr oedd yn byw mewn bwthyn dwy stafell sy'n rhan o Bryn Villa. Yr oedd iddi bedwar o feibion, Morgan, William, Robert a John, a dwy ferch, Jên a Leusa. Aeth Morgan a Robert i chwilio am aur yn Awstralia, a threuliodd William a 'Nhad eu hoes waith yn Chwarel y Penrhyn. Ni wn pryd y bu farw mam fy Mam ond gwn mai canser fu'n angau iddi ac imi glywed Mam yn adrodd fel y canodd ar ei gwely angau yr emyn:

> Am graig i adeiladu
>> Fy enaid chwilia'n ddwys,
> Y sylfaen fawr safadwy
>> I roddi arni 'mhwys.

Cafodd Nain Pen Bryn amser caled yn magu ei thylwyth wedi iddi golli ei gŵr. Yr oedd yn hen wraig hynod o wydn a byddai'n ennill ei chynhaliaeth trwy olchi a manglio. Y mae Bethesda, neu yr oedd beth bynnag, yn lle hynod am lys-enwau. A thrwy Nain y cafodd fy nhad ei lys-enw, — Jack Bach Mangle. Cofiaf imi rai blynyddoedd yn ôl fynd am dro ar hyd yr hen lwybrau a chroesi'r mynydd i Ddeiniolen, ffordd y bûm yn ei thramwyo ganwaith hefo Mam i dŷ ei chwaer Mary yn y Bwlch Uchaf, Deiniolen. Taro sgwrs â hen chwarelwr ym Mynydd Llandygai.

'Wel aros di rŵan,' meddai, yn null pwyllog y chwarelwr rhwng dwy jo baco. 'Hefo pwy 'rydw i'n siarad tybad?'

'Wel,' meddwn innau, yr un mor bwyllog. 'Falla'ch bod chi wedi clywad am Caradog Prichard y bardd?'

'Wel naddo, am wn i,' meddai yntau. 'Fydda i byth yn cyboli â'r hen farddoniaeth yna.'

Treio wedyn. 'Falla'ch bod chi wedi gweld f'enw i yn y *News of the World*. Mi fydd gen i golofn yn hwnnw bob wythnos.'

'Na, fydda i byth yn darllan y sothach sy yn y papura Sul yna,' meddai.

Tri chynnig i Gymro, meddyliais, ac meddwn: 'Hogyn Jack Bach Mangl ydw i.'

Goleuodd ei wyneb. 'Wel, 'nenw'r Tad, pam na fasat ti wedi deud hynny gynta. Fachgan, roeddwn i'n nabod dy dad yn dda.'

Bu Nain Pen Bryn fyw nes bod bron yn gant oed a phan oedd ymhell dros ei phedwar ugain daeth i edrych ar ein holau ni yng Nglanrafon pan oedd Mam ar wely cystudd am dri mis. Byddwn yn hoff iawn o fynd i edrych amdani yn Bryn Villa a byddwn yn ymwelydd cyson yno ar foreau Sadwrn yn mynd ar negeseuon iddi. Olew o Siop William Lewis; gwerth chwech o datws o Siop Rolant; a bagad o esgyrn am ryw chwecheiniog gan Hughes Porcsiop. A'r canlyniad fyddai y cawl blasusaf a brofais erioed a hwnnw'n cael ei dwymo a'i ail-dwymo ac yn para gydol yr wythnos. Yr oedd gan Nain hefyd ei dull ei hun o ffrio bacwn, sef barbeciw bychan a safai ar y stôl haearn o flaen y tân a'r bacwn yn cael ei droi ganddo a'r saim yn llifo i blât o dan y barbeciw. Ni fyddwn byth yn blino ar wylio Nain yn ffrio bacwn yn y dull yma ac mae ei aroglau hyfryd yn fy ffroenau hyd heddiw.

Roeddwn i erbyn hyn yn un-ar-ddeg oed a'm gorwelion yn lledu a'r Cownti Sgŵl yn barod i agor byd newydd imi ar ôl gwyliau hyfryd yr Haf.

2

Bore oedd yn heulog ac yn ddisglair wyn gan obeithion oedd y bore
y cychwynnais am y tro cyntaf i'r Cownti Sgŵl. Yr oedd Anti Leusa,
merch Nain Pen Bryn, fyddai'n dod o Fanceinion i Bryn Villa i edrych
amdani'n gyson, wedi prynu strap llyfrau'n bresant imi am basio'r
sgolarship. Ac roedd hwnnw ar f'ysgwydd, yn wag ac yn barod i
dderbyn ei lwyth cyntaf, pan gychwynnais, yn rhy fore o lawer, am
fy ysgol newydd ger Coetmor. Wedi cyrraedd y Rheinws yn y Stryd
Fawr a gweld ar y cloc ar ei dalcen nad oedd ond chwarter wedi wyth,
troais ar y chwith a cherdded i fyny'r Lôn Bost gan obeithio cyfarfod
Hughie Jones Braichmelyn. Roedd Hughie ar ei ail neu ei drydedd
flwyddyn yn yr Ysgol Sir ac roeddwn am gael ei gwmpeini gan fy
mod i braidd yn ofnus wrth wynebu'r anturiaeth newydd. Roeddym
yn perthyn 'o bell' i'n gilydd ac roedd Gruffydd Jones, tad Hughie,
yntau wedi ei ladd yn y Chwarel, a minnau wedi bod hefo'r côr yn ei
gnebrwng yn canu 'Mae 'nghyfeillion adre'n myned / o fy mlaen o
un i un'. A dacw Hughie'n dod i 'nghyfarfod ger y Ficerej a minnau'n
troi ar fy sawdl ac yn cyd-gerdded hefo fo i'r ysgol.

Yn y cae tu ôl i'r ysgol yr oedd yr hogiau, newydd a hen, wedi
ymgynnull yn disgwyl i'r gloch ganu. Roedd gan y genod eu corlan
eu hunain a wal uchel yn ein gwahanu. Ymhlith yr hogiau, yn griw
clós hefo'i gilydd, yr oedd yr hogiau fyddai'n dod hefo'r trên o Fangor
ac roedd rhyw elyniaeth draddodiadol rhyngthyn nhw â hogiau
'Pesda'. A chyn imi sylweddoli beth oedd yn digwydd yr oeddwn wedi
fy ngwthio i ymladdfa ag un o hogiau Bangor. Yr oedd yn dalach na
mi a'i freichiau'n cyrraedd ymhellach. A dyna lle buom ni, yn dyrnu
ein gilydd am ddim rheswm yn y byd a chylch o hogiau'n ein hysio
i bennau'n gilydd fel dau geiliog. Cefais un ddyrnaid gïaidd ar ochr
fy mhen ond ar yr un pryd gwelais y gwaed yn llifo o drwyn fy ngelyn
a bu hynny'n arwydd mai fi oedd y concwerwr. Ond roedd yntau

wedi gadael ei farc cudd arnaf mewn chwydd filain ar ochor fy mhen. Ac felly, gyda phen dolurus, y dechreuais fy ngyrfa yn y Cownti Sgŵl. Ac roedd y dolur yn waeth wedi imi ddeall bod fy ngwrthwynebydd yntau, bachgen o'r enw Penri Hughes, yn perthyn imi.

Pan aethom i mewn i'r cyntedd ar ganiad y gloch fe'm cefais fy hun yn sefyll wrth ochor crwt bychan nad oedd ei ben ond yn prin gyrraedd fy ysgwydd. 'Faint ydy d'oed ti?' gofynnais iddo. Edrychodd yn fileinig arnaf 'Naw' meddai. 'A meindia dy fusnes.' Hwn oedd Dafydd Robaits — Dr David Roberts wedyn — ac roedd o wedi dod yn ail yn rhestr y sgolarship. Yn y tymhorau a ddilynodd bu'n dynnu torch rhyngom lawer gwaith am y lle uchaf yn y dosbarth. Ni wn sut y mae hi erbyn heddiw, ond roedd cael ymgynnull yn neuadd yr ysgol ar ddiwedd pob tymor i glywed ein marciau a'n safle yn y dosbarth yn ddigwyddiad o'r pwys mwyaf yn fy ngolwg i a'r gystadleuaeth yn symbyliad i weithgarwch. Rai blynyddoedd yn ôl pan oedd Dafydd Robaits yn byw yn Ne Llundain ac, os cofiaf yn iawn, yn gofalu am un o weithfeydd Unilever, mi ddois o hyd iddo a chael gwadd i'w gartref croesawus. Ac yno y bûm am rai oriau melys yn ei gwmni o a'i briod hawddgar a dau blentyn siriol, ond pan ddechreuais adrodd rhai o droeon digri'r ysgol daeth yr hen edrychiad mileinig i wedd Dafydd yn fy rhybuddio i atal fy nhafod yng ngŵydd y plant. Ein jôc barhaus fyddai brawddeg gyntaf ein gwers gyntaf mewn cemeg. 'Effervescence takes place and a gas is given off.' Cefais mai ei brif hyfrydwch ef a'i briod oedd dringo a'u bod yn ymwelwyr cyson â mynyddoedd yr hen fro.

Bu 'nghenhedlaeth i'n ffodus iawn yn ein hathrawon yn yr Ysgol Sir. Yr oedd y prifathro, D J Williams, yn fathemategydd disglair, wedi graddio yn Rhydychen o'r pwll glo, — ac ni flinai ein hatgofio am hynny. Yr oedd yn ddisgyblwr tan gamp a'n parchedig ofn tuag ato'n ddi-drai. Gŵr byr pryd tywyll, Iberiad o'r Iberiaid ydoedd a chanddo ddawn i wneud i droseddwr deimlo'n fychan iawn dan lach ei dafod a'i huodledd ysgornllyd, ac weithiau'n ddolurus dan fflangellu'i ddwylo celyd. Yn nesaf ato John Parry, ein hathro Cymraeg. Dioddefai John Parry o glefyd y galon a chefais gip arno fwy nag unwaith, trwy gil drws ystafell yr athrawon, yn gorwedd ar ei hyd dan un o ymosodiadau'r clefyd. Yr oedd hefyd yn dra hoff o fynd o gwmpas y dosbarth yn gogleisio'r genethod er mawr ddifyrrwch i ni'r hogiau ac, mi gredaf, er mawr foddhad ambell i hoeden fach. Am y gweddill cofiaf yn arbennig am Tom Price Jones (TP), athro y bu gennyf barch neilltuol iddo o'r diwrnod y galwodd fi i'w ystafell a rhoddi cosfa iawn imi am ryw drosedd neu'i gilydd. Yr oedd Sophie, ei chwaer brydferth, yn un o brif angylion fy mreuddwydion am gyfnod.

Ymhlith yr athrawesau safai Miss Lake, a ddysgai Ladin a Saesneg inni, ar ei phen ei hun. Trysoraf hyd heddiw gyfrol o weithiau Shakespeare a gefais yn wobr gyntaf am Ladin sydd, erbyn heddiw, wedi llwyr ddiflannu o'm hymwybyddiaeth. Dwy arall sy'n byw yn y cof yw Miss Roberts a Miss Wyn. Erys Miss Roberts ger fy mron fel y gwelais hi un bore gaeafol yn sefyll o flaen y dosbarth wedi torri ei braich a honno mewn plastar. Ac erys Miss Wyn yn y tlysineb rhyfeddol a'm swynodd y bore cyntaf y daeth yn athrawes i'r ysgol pan nad oedd fawr hŷn na rhai o hogiau'r chweched dosbarth. Cefais y pleser o'i nabod wedyn am flynyddoedd fel Mrs J O Williams, ond yn fy myw ni fedrwn beidio â'i galw yn Miss Wyn.

Erys un arall y mae'n rhaid imi gael sôn amdano — byw neu beidio — Lias, fu am dymor byr yn athro gwyddoniaeth. Un pnawn cofiadwy, pan oedd y dosbarth yn fwy anystywallt nag arfer, galwodd Lias ar Spencer, mab y prifathro, i'w geryddu. Aeth Spencer ato, a phan roddodd Lias gefn llaw iddo cododd Spencer ei ddyrnau a thalu'r pwyth yn ôl. Os do fe! Gorchmynnodd Lias i'r dosbarth adael — yr holl ddosbarth ac eithrio Spencer — ac yna bu galed y bygylu. Daeth Spencer allan o'r ymladdfa â golwg truenus arno. Ac nid oedd hanes am Lias yn yr ysgol drannoeth na'r un diwrnod ar ôl hynny.

Er pan gychwynnwyd yr ysgol buasai enw da i'w hadran wyddonol a chynhyrchodd nifer da o wyddonwyr a gerddodd ymhell yn eu maes. Ond erbyn fy nyddiau i nid oedd llawer o lewyrch ar yr adran. A hynny oherwydd prinder athrawon cymwys. Am ryw reswm ni ellid cael yr un athro i aros yn ei swydd yn hir a gwelais i ryw bedwar neu bump ohonynt yn dilyn ei gilydd er mawr niwed i addysg eu disgyblion. Yn arholiad y *Senior Central Welsh Board* yn fy mlwyddyn i dim ond dau ohonom a gafodd ddigon o farciau i basio mewn cemeg, — Dafydd Robaits ddisglair rywle yn agos i gant y cant a minnau gyda'r lleiafrif angenrheidiol o ddeugain y cant. Ychydig flynyddoedd ar ôl gadael yr ysgol troais i mewn ar fy motor beic i garaits yn un o bentrefi Arfon a phwy oedd yno'n llenwi fy nhanc ond un o'm hen athrawon gwyddoniaeth.

Adeg hyfryd iawn oedd y blynyddoedd cyntaf hyn yn yr ysgol. Adeg gwneud cyfeillion a syrthio mewn cariad. Dechrau sgrifennu penillion i rai o'r genod y byddwn yn cael edrych arnyn nhw drwy'r dydd a breuddwydio amdanyn nhw drwy'r nos, — Nesta, Gwladys, Dilys, Katie, Louisa, Eluned. Mi dorrais fy nghalon am bob un ohonyn nhw yn ei thro a chael ei mendio gan y nesaf o hyd. Ond un diwrnod mi a'm profais fy hun i Miss Lake yn gystal os nad gwell bardd na Shakespeare.

Yr oedd wedi gofyn i'r dosbarth am unrhyw waith gwreiddiol yn Saesneg, a phan ddaeth hi'n adeg dyfarnu ar ein gwaith dychwelodd lyfrau pob un yn y dosbarth ond eiddo Spencer a minnau. Roedd Spencer wedi copio yn ei grynswth un o *essays* Charles Lamb a chollfarnwyd a cheryddwyd ef yn ddiseremoni. Roeddwn innau wedi sgrifennu soned Saesneg ar Fachlud Haul ond ni fynnai Miss Lake fod fy ngwaith yn wreiddiol a phenderfynodd gadw fy nghopi i wneud ymchwiliadau pellach. Ni wn faint fu gwaith ymchwil Miss Lake ymhlith gweithiau Shakespeare a meistri eraill, ond bu'n rhaid iddi yn y pen draw, a hynny braidd yn benisel, gydnabod gwreiddioldeb fy ngwaith. Mae'n dda gen i ddweud er hynny fod y soned wedi mynd ar ddifancoll ers llawer dydd.

Fy ffordd adref o'r ysgol fyddai i fyny trwy'r *jungle,* pantle coediog ar gyrrau Chwarel Pantdreiniog, a'r Cae Ucha, lle byddai'r hogiau'n chwarae pêldroed a chriced a'r genod yn chwarae hoci. Cwmni bach dethol ohonom fyddai'n cymryd y llwybr yma i fynd adre. Yn eu plith yr oedd David Llewelyn, mab pennaeth ysgol yr Eglwys yn Rachub, Dafydd Robaits, yntau'n byw yn Rachub, Arthur Thomas (Arthur Gilfach), un o feibion fferm y Gilfach, ger Aber, ac Emrys a Trefor, meibion glewion William Hughes Baker, o'r Carneddi. Oedem oriau lawer yn chwarae pob math o gampau yn y *jungle* a'r

Cae Ucha ac yno y bwriodd David Llewelyn ac Emrys a Trefor eu prentisiaeth i ddyfod yn gampwyr pêldroed a chriced. Treuliais lawer awr felys ar aelwyd cartref Emrys a Trefor yn y Carneddi a thorrwyd fy newyn yno lawer gwaith a phryd o fwyd nad oedd gennyf obaith amdano pan gyrhaeddwn adref. Bachgen hael â'i bres poced oedd Emrys hefyd, fel y cefais brofi lawer tro. Treuliodd ei oes waith yn ysgolfeistr ar lannau Mersi ac yna ymddeol a mynd i fyw yn Sir Fôn. Yno gobeithiaf gael golwg arno cyn iddi fynd yn rhy hwyr arnom. (Gobaith na sylweddolir. Bu farw y llynedd, 1972.) Arhosodd Trefor yn yr hen ardal, wedi dilyn galwedigaeth ei dad ac wedi bwydo'r trigolion am flynyddoedd â thorthau iachus a theisennau blasus Siop Nymbar Wan.

Pan awn adref o'r ysgol trwy'r giât ffrynt a thrwy'r pentre fy mhrif gymdeithion fyddai Alun John Sam (Alun Ogwen) a William Ellis (Williams) fu wedyn yn amlwg iawn ym mywyd cymdeithasol yr ardal fel Rhyddfrydwr a chadeirydd y Cyngor Dinesig droeon. Ym misoedd yr Haf hoff gyrchfan rhai o hogiau'r Gerlan fyddai Llyn Maen Mawr, lle byddem yn plymio a nofio a sblasio a gorweddian yn yr haul. Llyn Maen Mawr oedd fy newis ddihangfa o'r fuchedd hon yn fy mhryddest 'Terfysgoedd Daear':

> Nid oes ond un ffordd wen yn arwain i'm hannedd
>   a thrwy'r dyffryndir y cerddaf i'w cheisio hi,
> trwy bentrefi gwyn a bythynnod anghyfannedd, —
>   blynyddoedd a dyddiau diddychwel fy mebyd ffri;
> nes dyfod, rhwng llwyni'r cnau a'r mwyar a'r mafon,
>   at lain na bu iddi liw yn fy nghalon ond gwyrdd,
> cae'r hogiau bach oedd yn deall iaith glan yr afon
>   ac yn gwybod holl gastiau'r brithyll a'i dywyll ffyrdd.
> A'r man lle bu 'nghorff bach glân yn ymfwrw a nofio
>   rhwng heulwen a chysgod dan loches yr hen Faen Mawr,
> heddiw a rydd i'r ymennydd y mwyn anghofio
>   yn nhawel ffurfafen y byd sydd â'i ben i lawr,
> lle'r ymwan paladr a chwmwl hyd at ddirgelwch
> uchel, anghyffwrdd dduwdod Tŵr y Tawelwch.

Cofiaf am Alun a minnau un prynhawn o Haf hirfelyn yn eistedd ar y llain werdd ar lan y llyn yn noethlymun yn ceisio rhoi pwys a mesur ar ein byd bach ni, ddau dalp o ddiniweidrwydd. A minnau'n gofyn i Alun, oedd ryw flwyddyn hŷn na mi: 'Sut ma sgwennu llyfr, Alun?' Ni chofiaf beth oedd ei ateb ond mae'n bleser gen i gael cofnodi ei enw yn y llyfr yma fel un o gyfoedion anwylaf mebyd. Cefais ysgwyd llaw hefo fo y diwrnod cyn ei farw disyfyd yn Eisteddfod Rhydaman, 1970, wedi diwrnod da o waith i'r Eisteddfod ac mewn cylchoedd Cymraeg eraill.

Yn y dosbarthiadau uchaf o'm blaen i yn yr ysgol yr oedd amryw fechgyn talentog a edmygwn yn fawr oherwydd eu cyraeddiadau meddyliol. Daw un enw ar wib i'r cof. Efallai mai annheg fyddai ei enwi gan mai dim ond un atgof sy gen i amdano ac un digrif yw hwnnw. Yn yr Haf, er mwyn ennill tipyn o bres poced, byddai'r hogiau mwyaf yn ei throi hi i Loegr i gynaeafu llin *(flax)*, yn Swydd Efrog, os wyf yn cofio'n iawn. Mae'n debyg mai prinder llafur yn ystod y Rhyfel (Cyntaf) a roes y cyfle hwn i'r hogiau. Yn ystod un o'r ysbeidiau llafur hyn, yn ôl yr hanes a gawsom yn yr ysgol, daeth y bachgen dan sylw i adnabod un o enethod y fro, a phan ddychwelodd cafodd lythyr ganddi yn gofyn iddo sgwennu'n gyson ati. A'i ateb, yn ôl y chwedloniaeth, oedd: 'I will write to you if you will send me a picture of you naked.' Ni bu chwaneg o wybodaeth ar y pwnc.

Cyn gadael cymdeithion yr ysgol rhaid imi gael crybwyll un arall fu'n uchel ar restr y rhai a edmygwn, John Llewelyn Roberts — *Jack* Llew. Yr oedd Jack Llew yn arweinydd wrth reddf ac fel capten yr ysgol y cofiaf amdano. Bu ar ôl hynny yn arweinydd dylanwadol ym mywyd Dyffryn Ogwen fel ysgolfeistr ym Mhen y Bryn ac y mae dyled cannoedd o rieni'r fro yn drwm iddo am ei ddylanwad llesol ar eu plant. Ac wrth gofio'r holl gymdeithion cynnar hynny mi hoffwn i ddyfynnu pennill o gerdd fach lle ceisiais fynegi fy nyled a'm diolch iddynt:

> I chwi, a groesodd fy llwybr ar flaen y wawr,
> Y rhof fy mendith, cyfoedion gwyry awr
> Deffro'r ebolion a'r ŵyn ar uchel ffridd
> A syndod cyntaf yr egin yn y pridd;

Chwi, fu'n cyd-fesur milltir gyntaf y daith
A'i chael yn dragwyddoldeb diderfyn baith,
A difesur hyd y filltir nesaf draw
Yn rhywle tu hwnt i freuddwyd ac i fraw,
Er nad oeddym o'r un fam nac o'r un tad
Fy mrodyr a'm chwiorydd fuoch. Ein rhad
Fu rhannu unllawr aelwyd gynnes ein bro
A rhannu ei haul, yn deulu dan un to.
O'r aros hwnnw, o'i dragwyddoldeb chwim,
O'i betryal baith, heddiw nid erys dim
Ond addfwynder, addfwynder eich cwmni gwyn.
Chwi, na thyfasoch ac na fuoch feirw, hyn
A enillodd i chwi fy mendith.

Ac yma, fel defnynnau o law'n disgyn o ddail pren gwyrddlas wedi cawod drom ar ôl hir sychder difera ambell atgof crwydrol ar lawr f'ymwybyddiaeth. Dyna'r Fron Deg, lle'r oedd Roli'n byw, a lle treuliais gymaint o amser yn cael fy mwytho gan ei fam lawen, a lle byddwn yn molchi yn yr un ddesgil ac, yn wir, yn yr un dŵr â thad Roli pan ddeuai adre o'r Chwarel. William Jones oedd ei enw, a'i lys-enw Wil Jôs Mynd a Dŵad, am iddo fynd i weithio i'r Sowth fwy nag unwaith. Mary Jones yn syllu'n edmygol arna i wedi imi basio i fynd i'r Cownti Sgŵl ac yn dweud: 'Mi fydd hwn yn Broffesor ryw ddiwrnod, gei di weld, Wil. Ac i feddwl bod o wedi molchi yn yr un dŵr â chdi.' A'r dydd Llun Pasg hwnnw pan aeth Roli a minnau am dro i edrych am berthynas iddo oedd yn byw yn yr hen dŷ tyrpeg gyferbyn â Chastell Penrhyn a chael chwarae yn y cae tu ôl i'r ardd, cae yn llawn dirgelion a rhyfeddodau. A chael hanner ŵy wedi ei ferwi yr un i de, a throi adre mor llawen-luddedig â dau dywysog wedi diwrnod o hela. Am ba beth, tybed, y bu'r sgwrsio rhwng Roli a minnau ar y daith yn ôl a blaen ar y Lôn Bost y diwrnod hwnnw? Mi rown i'r byd am recordiad ohoni.

A beth am y diwrnod hwnnw pan aeth Ysgol Sul Glanogwen am drip i Lanfairfechan a minnau'n cael bod ar lan y môr am y tro cyntaf yn fy mywyd? A Canon Jones yn prynu bat a phêl inni i chwarae criced a minnau'n cael eu cadw am mai fi oedd yn batio pan ddarfu'r chwarae. A'r diwrnod hwnnw pan ges i fynd ar y llong o Fangor hefo Emrys Hughes a David Llewelyn i Landudno a darganfod rhyfeddodau *Happy Valley*.

Neu'r diwrnod hwnnw pan gefais i fynd hefo Emrys a Jack Llew ac eraill i wersyllu ar ochor y Foel, a deffro dan gynfas am y tro cyntaf a gweld niwl y mynydd yn cilio'n ôl fel carped gwyn yn cael ei rowlio oddi ar y llethrau gwyrddlas. A'r ddwy hogan ddel ddaeth i fyny i'r gwersyll pan oedd Ifor a minnau wedi ein gadael yn wylwyr am y pnawn. Ac Ifor yn diflannu hefo un i dwnel mewn hen chwarel. A minnau a'r eneth arall yn gwgu'n swil ar ein gilydd. A hithau'n pwdu a throi adref a gohirio am gyfnod arall fy nghyfle cyntaf i flasu'r mwynderau oedd yn troi'r fagddu yn y twnel yn nefoedd wen i Ifor a'i fun.

A'r diwrnod hwnnw pan es i hefo Mam i'r Stesion i gyfarfod Anti Cêt yn dod adre'n ôl o'r Sowth, a'r ddwy'n cofleidio a chusanu a sgwrsio pymtheg y dwsin. Un o deulu'r Berth oedd Cêt ac ar ôl claddu Mam cefais lythyr ganddi yn amgáu papur chweugain yn 'offrwm' — dull traddodiadol ein pobol ni o helpu teulu galar. Mewn ffit o'r hen lid, yr oeddwn wedi gwrthod cael yr un blodyn ar arch Mam. Ond mi anfonais y papur chweugain yn ôl i Anti Cêt a gofyn iddi a allai brynu posi o flodau i'w roddi ar y bedd. Hi oedd morwyn briodas Mam.

A'r bore Sul hwnnw pan safem yn griw bach siaradus yn yr haul y tu allan i borth yr Eglwys ar ôl y gwasanaeth. A Mam yn cyfarch Mrs Ifans, o deulu cerddgar Robat Ifans Barbar, oedd wedi dod i'r Eglwys am y tro cyntaf ar ôl geni ei phlentyn, yr olaf o ryw chwech neu saith. Roedd Mrs Ifans wedi rhoi unawd soniarus inni yn y gwasanaeth ac wrth ei llongyfarch fe wnaeth Mam ryw jôc fach amdani'n canu yn well bob tro ar ôl cael ei thiwnio. Ychydig flynyddoedd yn ôl cefais ailadrodd y jôc wrth y plentyn, oedd erbyn hyn yn fam ei hun ac wedi galw i edrych amdanaf yn swyddfa'r *Daily Telegraph*.

A'r diwrnod arall hwnnw . . . Ond mae'r defnynnau'n troi'n gawod iraidd arall a rhaid imi fynd i chwilio am loches yn y bennod nesaf.

3

Mae gan bob un ohonom ni, Duw a ŵyr, ei helyntion preifat a 'dydyn nhw o fawr ddiddordeb i neb y tu allan i'r cylch teuluol. Ond fe ddigwyddodd fy mod i, trwy un o droeon rhyfedd ffawd, wedi ennill Coron yr Eisteddfod Genedlaethol dair gwaith yn olynol, record na all neb ei thorri, gan fod gwaharddiad, ers tro bellach ar ennill y Gadair na'r Goron fwy na dwywaith. Ymhen rhyw ddeng mlynedd wedyn, yn Eisteddfod Dinbych 1939, enillais yr arbenigrwydd o gael fy ngwrthod fel Bardd y Goron er i'm cerdd gael ei dyfarnu ymhell ar y blaen i bob cerdd arall yn y gystadleuaeth. Ac ymhen rhagor nag ugain mlynedd ar ôl hynny fe ddyfarnwyd y Gadair imi yn Eisteddfod Llanelli 1962 a hynny trwy dwyll fel petae, oherwydd imi ganu profiad offeiriad, profiad nad oeddwn, yn llythrennol, yn meddu dim ohono. Rhwng popeth mae'n debyg fy mod i wedi peri mwy o sôn amdanaf yn fy nhro, er gwell ac er gwaeth, na llawer bardd Cymraeg arall a gyflawnodd fwy o gamp. Ac efallai fod fy ngherddi, am hynny o werth sydd iddynt, wedi bod yn ffrwyth profiad mwy personol ac uniongyrchol na llawer o'n beirdd, yn fawr ac yn fân. Ychwaneger at hyn y ffaith imi ddewis rhannu'r yrfa farddol yma hefo gyrfa mor estron iddi â gwaith ar bapurau Saesneg cenedlaethol *Fleet Street*, ac fe gytunir, rwy'n siŵr, fod gen i dipyn o waith esbonio. Felly, cais at fath o apologia am y ddeuoliaeth sgitsoffrenig yma yn fy hanes fydd peth o'r atgofion hyn. A chais hefyd, wrth fynd heibio, i gyflwyno cefndir i ambell un o'm cerddi. Cyfle hefyd, efallai, i ddadelfennu tipyn ar fy mhersonoliaeth a chanfod lle bu'r pryf yn y pren a'r pydredd yn yr afal.

Er enghraifft, o edrych yn ôl, credaf mai yng nghyfnod Glanrafon y disgynnodd yr had a eginodd a blodeuo yn bryddest 'Y Briodas', a enillodd imi fy Nghoron gyntaf yn Eisteddfod Genedlaethol Caergybi 1927. Byddai hen ŵr mwyn a locsyn gafr yn addurno'i wedd siriol yn dringo'r allt bob dydd i'w gartref ymhellach i fyny'r bryn. Arhosai'n aml am sgwrs yn y drws hefo Mam a chawn innau ambell geiniog o lwgrwobrwy ganddo. Gŵr gweddw cefnog oedd ac mae'n rhaid ei fod wedi ceisio rhoddi ei het ar yr hoel hefo Mam. Bu hithau'n trafod hefo mi y cwestiwn o ail-briodi, a chefais argraff plentyn ei bod mewn tipyn o benbleth. Ond efallai mai yn fy mhen a'm dychymyg i yn unig yr oedd y benbleth. Byddwn yn syllu mewn blys a chenfigen ar dŷ hardd y gŵr gweddw ar ben y bryn ac yn meddwl mor braf fyddai cael symud iddo o'n murddun llwm ni yng Nglanrafon. Ac yn breuddwydio am gael stydi braf yn llawn o lyfrau. A chael mynd i'r Coleg ym Mangor. Nid wyf yn siŵr erbyn hyn a fu'r mater yn benbleth o gwbl i Mam. Mae'n debycach gen i mai fi, yn fy myfyrion am ramant dau enaid, ddaru greu'r benbleth; a thrwy hynny gael thema pryddest 'Y Briodas', sef ffyddlondeb gweddw i'w gŵr marw a'r ymrafael 'rhwng ysbryd pur a chnawd'.

Erbyn diwedd cyfnod Glanrafon yr oedd yr afal yn dechrau melynu a melysu. Roedd Hywel, ar ôl treio'i law ar fod yn brentis barbwr hefo Robat Ifans, wedi cael gwaith yn brentis pobydd hefo Jeremiah Thomas yn y Gerlan. I bopty Jeremiah fawr a rhadlon y cariai pobl yr ardal eu toes wythnosol i'w grasu'n dorthau braf, a'u hadar dros y Nadolig i'w troi'n gig rhost blasus. Gwledd i lygaid plentyn fyddai gweld Jeremiah'n gwthio'i raw hirgoes i bellafoedd dirgel y ffwrn i ddodi a dwyn allan y torthau, neu gwylio'i ddwyfraich nerthol yn pobi'r blawd a'r burym yn does. Cafodd Hywel feistr da yn Jeremiah Thomas. Yr oedd Glyn yntau wedi gadael yr ysgol i ddechrau gweithio yn y Chwarel a minnau'n addo pethau mawr yn y Cownti Sgŵl.

Wrth weld ei byd tlawd yn gwella a'r breuddwydion hir fel pe baent ar ddod yn wir, mentrodd Mam symud i dŷ helaethach yn *Long Street,* stryd o ryw ddwsin o dai, o'i chyferbynu â *Short Street* dri thŷ a redai'n groes iddi. 'Doedd dim digon o ddodrefn ganddi i lenwi'r ystafelloedd yn Long Street ond fe ddôi pethau'n well o dow i dow. Yna daeth chwalfa fawr gyhoeddus y Rhyfel Byd cyntaf hyd at ein drws ffrynt ninnau ac yn ei sgîl y chwalfa fach breifat arall yn fy mywyd innau.

Ar waethaf pob perswâd mynnodd Hywel, yn ddeunaw oed, ymuno â'r Fyddin ym misoedd olaf y Rhyfel, a chafodd flas ar grwydro. Wedi'r Rhyfel diflannodd i berfeddion Lloegr a pheidiodd ei lythyrau adref. Dechreuodd Glyn ddawnsio a hel diod, a chollodd ei waith yn y Chwarel. Dyna ddau o freuddwydion Mam yn deilchion. A beth am ei mab ifenga? Roeddwn i ac un neu ddau arall gymaint ar y blaen yn ein dosbarth fel y penderfynwyd ein bod yn cael neidio un dosbarth a chael gweithio am y *Matric* flwyddyn yn gynharach. Ac yma y dechreuodd y pydredd. Mi gollais fy mhen a mynd yn ddi-hid ac yn rhy hunan-hyderus. Collwn oriau lawer o'r ysgol yn ateb sialens dewin o chwaraewr draffts yng ngweithdy crydd Tomi Siop y Bont, Carneddi. Ond troes y chwarae'n chwerw. Pan ddaeth yr arholiad nid oedd gennyf yr amheuaeth lleiaf na phasiwn. Pan glywais fod canlyniad yr arholiad wedi ei bostio yn ffenestr Siop Je Eff (J F Williams, y llyfrwerthwr) y drws nesaf i'r Post, i lawr â mi o'r Gerlan ar garlam i'w weld. Ond er fy syndod, nid oedd fy enw yn y rhestr. Cerddais adre'n ôl i dorri'r newydd i Mam. Pan gyrhaeddais y tŷ safai yn y drws â thegell yn ei llaw, ar hanner ei lenwi o'r feis ddŵr yn y cwt molchi. Pan ddwedais wrthi nad oeddwn wedi pasio rhoddodd y tegell i lawr a chrïo'n ddistaw. Dyna'i thrydydd breuddwyd yn deilchion.

Wedi dysgu fy ngwers mi es innau ati'n fwy dygn hefo gwersi'r ysgol a phasio'r *Matric* ar ail-gynnig. Ond roedd yn rhy hwyr. Roedd breuddwydion Mam wedi troi'n hunllefau. Ar fy ffordd adref o'r ysgol un pnawn stopiwyd fi gan un o'r cymdogion. Dwedodd fod Mam yn siarad ac yn ymddwyn yn ddieithr iawn. Yn y tŷ cefais hi'n taeru ei bod wedi clywed llais Hywel. Yr oedd tro yn ei llygaid nad oeddwn wedi sylwi arno o'r blaen. A chaffai byliau o siarad â chysgodion o'i chwmpas, heb gymryd yr un sylw ohonof fi. Ac felly, dan bwys baich o euogrwydd, y gwyliais ei hymennydd yn dechrau dadfeilio.

Chwiliais yn wyllt am ryw fodd i atal y chwalfa. Ar y ffordd adref o'r ysgol drannoeth dywedodd Wiliam Hugh, mab Zachareia, un o'n cymdogion yn *Long Street,* wrthyf iddo glywed fod joban reit dda ar gael yn offis yr *Herald* yng Nghaernarfon. Roedd ar y papur eisiau prentis golygydd yn medru sgrifennu Cymraeg gweddol. Cyflog: dwy bunt a chweugain yr wythnos. Ffortiwn! Mi gawn achub y cartref yn *Long Street.* Mi fedrwn atal rhuthr y chwalfa. Drannoeth dwedais wrth D J Williams, y prifathro, fod yn rhaid imi adael yr ysgol.

Cefais fenthyg beic Dafydd Charles Tyddyn Sabel. Mynd arno wrth y clawdd yng ngwaelod y Stryd Fawr am nad oeddwn wedi dysgu reidio. Dal yn llawdyn yn yr handlbars a'i phedlan hi'n hyderus heibio Dôl Goch a Pharc Moch a *Half Way,* heibio Castell Penrhyn ac i lawr ac i fyny Gallt y Marchogion. Disgyn ar gyrrau Bangor a cherdded hefo'r beic trwy'r dre. Ar ei gefn wedyn wrth y clawdd yng Nglan Adda, ym mhen arall y dre a'i phedlan hi'n llwyddiannus trwy'r Felinheli ac i Gaernarfon. Cerdded hefo'r beic i'r Maes a'i barcio wrth y Post. Ac i mewn â mi, yn nerfus a chrynedig, i swyddfa'r *Herald.* Dweud fy neges wrth glarc llwyd ei wedd tu ôl i'r cowntar, — Charlie Morgan, y dois i'w nabod a'i hoffi mor fawr wedyn.

Hebryngodd Charlie fi i mewn i offis y Bos a pheri imi eistedd i'w aros. Toc agorodd y drws a daeth y Bos i mewn, — gŵr mewn siwt las smart, main o gorff, hardd ei bryd a'i wedd a'i wallt yn felyn golau. Edrychodd arnaf a hercian yn gloff yn ôl a blaen fel y croesholai fi. W G Williams y Rheolwr. Edrychem yn slei ac amheus ar ein gilydd. Roeddym yn elynion o'r cychwyn. Agorodd y drws drachefn a daeth gŵr arall i mewn; hwn hefyd yn hercian yn gloff, a'i wyneb yn welw ac yn dal pensel rhwng ei ddannedd. Ond doedd dim gelyniaeth rhyngof fi a hwn. Yn enwedig pan glywais pwy oedd. R J Rowlands, — Meuryn — bardd cadeiriol Eisteddfod Genedlaethol y flwyddyn gynt, 1921, yng Nghaernarfon. Onid oeddwn yn cofio Alun John Sam yn dod i mewn i'r Clwb ym Methesda, lle'r oeddwn yn eistedd yn gwylio Williams Parry yn chwarae biliards, gyda'r newydd pwy oedd wedi ennill y Gadair? Ac onid hwn oedd y bardd oedd wedi ennill Cadair Eisteddfod Bethesda rai misoedd yn gynt hefo'r un awdl neu ran ohoni?

Estynnodd Meuryn ddarn o bapur imi. 'Cyfieithwch hwn i'r Gymraeg' meddai. Eisteddais i lawr a sgrifennu. Ymhen rhyw bum munud rhoddais fy rhyddiaith yn llaw Meuryn. Yntau'n ei ddarllen gan gnoi ei bensel. 'Hym, nid drwg,' meddai. 'Ond pam rydach chi'n rhoi dwy 's' yn Rwsia?' Roedd awel iach yr Orgraff Newydd a chwythai o Goleg y Brifysgol ym Mangor wedi troi'n dwymyn erbyn cyrraedd swyddfa'r *Herald.* Tipyn mwy o drafod rhwng y ddau ŵr cloff. Ac yna cynnig y swydd imi, — am bunt yr wythnos.

'Ond roeddwn i'n dallt mai dwy a chweugain oedd y cyflog,' meddwn.

'Bobol annwyl, pwy ddeudodd y fath beth wrthach chi?' meddai fy ngelyn Williams.

Wedi tipyn o ddadlau cytunwyd ar bunt a chweugain. Rhoddais innau fy nghap ysgol, — a'r llythrennau BCS wedi eu brodio ar ei flaen, — yn ôl ar fy mhen a cherdded allan yn dalog, yn Is-olygydd yr *Herald Cymraeg.*

'Ydach chi'n gwbod am rwla lle cawn i dŷ lojin?' medda fi wrth Charlie.

'Dos i Siop Ffram Ddu yn Twthill,' meddai Charlie. 'A dwed mai Charlie sy wedi d'anfon.'

Cael llety yn y Siop Ffram Ddu am bumswllt yr wythnos ar fy mwyd fy hun. Ar y ffordd adre ar gefn beic Dafydd Charles mi gefais ddamwain. Gyrrais y beic, fel pe bai o fwriad, yn syth i gefn merch ar ganol y Lôn Bost lydan wrth Gastell Penrhyn, heb ddim byd arall ar ein cyfyl.

Syrthiodd y ferch ar ei hwyneb a syrthiais innau oddi ar y beic. Ond wrth ryw lwc chafodd hi na minnau na'r beic fawr o niwed. Dyna'r tro cyntaf imi ddod yn ymwybodol o effeithiau fy llygaid croes. Ychydig yn nes adref bu gwrthdaro mwy tyner. Pwy welwn yn dod i nghyfarfod â'i bag ysgol ar ei hysgwydd ond Dilys, un o'r angylion yn fy nosbarth yr oeddwn wedi gwirioni arni hi. Stopio am sgwrs fach â'n pwysau ar y wal yn edrych ar yr afon. Minnau'n brolio wrthi mod i wedi gadael yr ysgol ac yn mynd yn Is-olygydd yr *Herald* yng Nghaernarfon. Ond wnes i fawr o argraff arni hi. Dim ond rhyw brin 'Bnawn Da' fu rhyngom ni. Roeddem ni'n rhy swil i fentro dweud dim rhagor wrth ein gilydd. Dim ond gadael i'r afon ddweud y cwbwl. Y Ddilys annwyl! Welais i byth mohono ti wedyn. Wyt tithau hefyd wedi diflannu?

O edrych yn ôl, credaf mai dyma'r adeg y teimlais y crac cyntaf yn fy mhersonoliaeth. Hyd yma yr oeddwn yn eofn a hunan hyderus, yn ymladdwr ffyrnig ac wedi ennill enw fel tipyn o fwli yn yr ysgol ac ymhlith hogiau'r ardal. Ond ar ôl y sioc o ganfod Mam yn dechrau drysu daeth dirywiad amlwg yn fy nghymeriad. Cerddwn yn llechwraidd ar hyd ffyrdd y pentref fel un yn ofni ei gysgod. Ac mi ddechreuais gadw ar wahân i blant eraill a throi i mewn ynof fy hun. Yr oeddwn yn llwfryn wedi colli pob hunan-hyder. Ac efallai mai yma y caniateir imi ddychwelyd at un mater y cyfeiriais ato eisoes, — y nôd bwystfilaidd yna ar garreg fedd fy Nhad.

Dwywaith erioed y bûm i yng Nghapel Bethesda yn yr hen gartref. Roeddwn i wedi bod yn y festri dan y Capel lawer gwaith yn nyddiau ysgol. Ar nosweithiau oer y gaeaf hefo hogan fach annwyl o'r enw Annie Lewis. Yn astudio llyfrau Cymraeg fel *Dringo'r Andes* Eluned Morgan dan hyfforddiant ein hathro Cymraeg, John Parry. A phan glywaf sôn am streic athrawon byddaf yn mynd yn ferw gwyllt wrth gofio am lafur dyfal, dihunan a diddiolch John Parry. Darllen ar gyfer Eisteddfod y Barri 1920 yr oeddym ac yn y 'Steddfod honno y ces i fy ngwobr gyntaf erioed, — tystysgrif addurnol y bu gennyf feddwl y byd ohoni A bydd yn hyfryd gennyf feddwl hefyd fod John Parry yntau wedi mynd oddi wrth ei waith at ei wobr, — y wobr a gafodd ym mherson ei nai, yr Athro Idris Foster, ddaeth i eistedd yng Nghadair Gelteg Coleg Iesu, Rhydychen, ac yng nghadair Cyngor yr Eisteddfod Genedlaethol.

Ond fel dwedais i, dim ond dwywaith y bûm i yn y Capel ym Methesda. Mi es yno un tro pan oeddwn ar fy ngwyliau, i oedfa'r bore. Yng nghornel y Sêt Fawr eisteddai John Jones Pant, llenor ac awdur dramâu poblogaidd yn eu dydd. Mi glywswn fod John Jones a Nhad yn gyfeillion reit glós yn y Chwarel.

'Dwedwch i mi, John Jones,' meddwn i wrtho ar ôl yr oedfa. 'Oedd fy Nhad yn Fradwr?'

Sythodd corff talgryf John Jones a daeth y mellt i'w lygaid. 'Yr argian fawr, nagoedd,' meddai. 'Roedd dy dad a finna i fyny acw yn Nhy'n y Maes hefo caib a rhaw ac yn torri metlin, yn hytrach na mynd yn ôl. Paid di â gwrando ar neb sy'n siarad ffasiwn lol.'

Dro byd ar ôl hyn, ar fore Sul arall, roeddwn i a Hywel fy mrawd yn eistedd mewn gwesty ym Mangor yn rhannu atgofion uwch potel o *Scotch*. Wedi bod yng nghnebrwng William John ein cefnder yn Llanbabo. William John wedi gadael mil o bunnoedd yr un inni a ninnau'n teimlo fel milionêrs wrth ddisgwyl am y trên un i'n cario adref i Loegr. Cofio am Yncl Jack, y cerddor ifanc disglair fu'n organydd Amana ym Mynydd Llandygai; Yncl Jack, fyddai'n peri cymaint o ddychryn imi pan fyddai'n dod i dyngu a rhegi wrth ein drws ganol nos; Yncl Jack y diotwr na fedrai fforddio ei ddiod a gorfod marw yn Wyrcws Bangor.

Yna dweud wrth Hywel y stori am John Jones yn y Capel a gofyn iddo yntau, oedd bedair blynedd yn hŷn na mi: 'Oedd Tada'n Fradwr?' Syllodd Hywel i'w wydryn am ennyd ac yna meddai yn drist a distaw: 'Oedd.'

Yn un o seiadau bach y Steddfod beth amser ar ôl hyn adroddais y stori wrth Ernest Roberts, un yn gwybod mwy na neb am y cyfnod adfydus hwnnw ac wedi croniclo llawer o'r hanes yn ei gyfrolau darllenadwy, *Bargen Bywyd fy Nhaid* ac *Ar Lwybrau'r Gwynt*. Edrychodd Ernest yn ddwys ac yn ddeallus arnaf. 'Ia, methu dal yntê? Methu dal ddaru llawer ohonyn nhw, wyddoch chi,' meddai. Ac i mi yr oedd peth o ingoedd a gwasgfeuon a chreulonderau'r Streic Fawr dair blynedd wedi eu crynhoi yn ei lais. Fel y gwelodd y rhai sydd wedi darllen *Chwalfa*, nofel T Rowland Hughes, byddai llawer o'r streicwyr na fynnent fynd yn ôl yn dodi'r arwydd hwn yn y ffenestr:

Ac meddai Ernest: 'Chafodd neb yn ein tŷ ni ddefnyddio'r gair "Bradwr"'. Yn eistedd hefo ni yn gwrando ar y sgwrs fach yma yr oedd y bardd a'r doethur Syr Thomas Parry Williams, a synnwn i ddim nad oedd un o'i rigymau gwefreiddiol yn mynd trwy'i feddwl o wrth wrando.

Yr ail dro imi fod yng Nghapel Bethesda mi ges fynd i'r pulpud. Roedd yr hen gapel mawr yn orlawn, a'r Parch Emrys Edwards, bardd Cadair y Rhos, a minnau'n cael croeso adref a theyrnged am inni, ddau o hogiau'r ardal, ennill Cadair yr Eisteddfod Genedlaethol y naill ar ôl y llall ym 1961 a 1962. Fûm i erioed yn teimlo mor llawn fy nghalon, — nac mor annheilwng. Meddwl am y cewri oedd wedi ein rhagflaenu, y gwŷr a'r gwragedd oedd wedi adeiladu ar seiliau gwaed a chwŷs, adeiladu teml nid o waith llaw, teml a droes Ddyffryn Ogwen yn un o brif drysordai ein hetifeddiaeth lenyddol a cherddorol. A ninnau, ddau fardd pitw bach, yn cael medi mor ogoneddus o ffrwyth eu llafur a'u tlodi a'u hysbrydoliaeth.

Roedd plant Ysgol Dyffryn Ogwen, yr hen BCS *(Bethesda County School)*, — yn y cwrdd croeso, yr ysgol na chefais groesi ei throthwy er y diwrnod y bu raid imi ei gadael. Ac Ifor Bowen Griffith, un arall o blant y fro, yn arwain yn ffraeth a deheuig. Bydd o'n taeru bob tro y cwrddwn mai yn yr ysgol yr enillais fy nghoron gyntaf. Fo oedd yr Archdderwydd yn y coroni, medda fo. Ac i brofi ei bwnc bydd yn dyfynnu'r cwpled coeth a gyfansoddwyd i nghyfarch i. Fel hyn:

> Derbyn dy goron o enwog hil,
> Fe wnaethpwyd hon o dŷn *Red Seal*.

Er mai siaradwr truenus ydw i ac er bod Emrys wedi traddodi pregeth huawdl o mlaen i, mi wnes i un strôc fyrfyfyr gafodd dderbyniad brwd. 'Roedd o,' meddwn i am Emrys, 'Roedd o flwyddyn neu ddwy ar f'ôl i yn yr ysgol. Pan oedd o'n dysgu smocio roeddwn i'n cnoi.' Dim ond un o blant bro'r chwareli allai wneud na gwerthfawrogi jôc fel yna.

Cefais ailsyllu ar lawer wyneb annwyl hefyd a gwasgu llawer llaw gynnes. Drannoeth wedi'r nos Wener hyfryd honno cerddais i fyny i'r fynwent ac at fedd fy Nhad, oedd erbyn hyn wedi cael Mam yn ôl i'w gôl. Edrychais ar gefn y garreg las lefn. Nid oedd yr un marc yn difwyno'i llyfnder. Roedd y ddyled wedi ei thalu. Roedd hi'n Sadwrn Setlo unwaith eto ym Methesda.

Yn y cwrdd croeso roeddwn i hefyd wedi dyfynnu o'r pulpud un o emynau Pantycelyn. Un o emynau'r Orsedd hefyd. Emyn sydd wedi crynhoi i mi yr holl fwynderau 'rydw i wedi eu profi yn y Steddfod ac yn y frawdoliaeth farddol Gymraeg:

> Rwyf yn dechrau clywed eisoes
>   Beraroglau'r gwledydd draw
> Gyda'r awel bur yn hedeg,
>   Diau fod y Wlad gerllaw.
> Dere'r tir dymunol hyfryd,
>   Dere'r ardal sydd heb drai,
> Dy bleserau o bob rhywiau
>   Gad im bellach eu mwynhau.

Ar ddiwedd y cwrdd dwedodd Hannah Mary, chwaer Morris Williams, wrtha i: 'Wyddoch chi mai'r emyn yna ddaru ni ganu yng nghnebrwng Prosser Rhys?' A dyma fi wedi enwi'r ddau gyfaill gafodd y dylanwad dyfnaf ar fy mywyd i ac ar lunio hynny o gymeriad a delwedd sy'n perthyn imi. *A! Dedalus, mae'r clychau yn boddi yn y glaw.* Fel yna y cychwynnais i benillion galar ar ôl Prosser. Dedalus oedd y ffugenw ddewisodd o pan enillodd o'r Goron am ei bryddest 'Atgof' yn Eisteddfod Pontypŵl 1924, — cerdd am brofiadau rhyw, pan oedd rhyw yn air budur yng Nghymru. Bu Prosser farw pan oeddwn i yn India yn ystod y Rhyfel, ac er bod y gyfeillach glós fu rhyngom wedi darfod ers llawer dydd, mewn dyddiau pan oedd marw yn beth llawer rhy gynefin, fe ddaeth y newydd fel saeth drwy 'nghalon. Ac yn null Williams Parry mi anfonais deligram at Morris Williams yn dweud: 'Paid dithau â marw, Morus'. Ond mynd ddaru yntau hefyd.

4

Daeth mân helbulon a mân brofedigaethau yn gawodydd trymion i bwll fy ngorthrymderau yn ystod fy mlwyddyn gyntaf fel Is-olygydd yr *Herald Cymraeg* yng Nghaernarfon. Er na bu fawr o gariad rhyngof fi a W G Williams, y Rheolwr, cychwynnodd pethau'n ddigon addawol. Yn fuan ar ôl ymuno â'r staff cefais wadd i swper i'w gartref cysurus ar gyrrau'r dref a chroeso cynnes gan ei wraig siriol a glandeg. Bu sgwrsio afieithus rhyngom y noson honno; fi'n byrlymu o syniadau newydd i chwyddo cylchrediad yr *Herald* a *Papur Pawb* ac yntau, ŵr busnes craff, yn glustiau i gyd ac, yn ddiamau, yn rhagweld proffid sylweddol o'r buddsoddiad o bunt a chweugain yr wythnos a wnaeth yn ei brentis golygyddol newydd.

Yr oedd ganddo frawd, Jack, gydag ef yn y busnes; bachgen rhadlon, siriol a chyfrwys, yn chwyrnellu o gwmpas y wlad ar fotor beic yn hel arian gan y llyfrwerthwyr a ddosbarthai'r papur ac yn denu masnachwyr i hysbysebu yn y gyfres papurau. Hen ŵr o'r enw Coplestone o Gaer oedd perchennog y papurau ar y pryd, perchennog y *Chester Chronicle* hefyd. Hen ŵr bywiog, gwydn ei gorff a hoff o gerdded. Byddai'n dod ar ei rawd achlysurol i'r swyddfa a sgrepan heicio ar ei war. A mawr fyddai'r paratoadau pan ddeuai rhybudd fod y perchennog ar ei ffordd. Ac yntau, W G druan, â'i goes gloff, yn gorfod cerdded milltiroedd i blesio'r hen ŵr. Gyda dyfalwch a diwydrwydd a chyfrwystra'r ddau frawd daeth papurau'r *Herald* ymhen amser yn eiddo iddynt hwy a ffynnodd y busnes yn ddirfawr.

I mewn yn y busnes gyda hwy yr oedd bachgen arall, diwyd a rhadlon, Tom Jones o'r Bontnewydd. Un caredig cydwybodol oedd Tom, a rhyw ddwyster parhaus yn ei lygaid gleision, er ei sirioldeb. Ef oedd yn gofalu am yr arian a'i ddarbodaeth yn fawr am bob dimai o eiddo'r cwmni. Erys gyda mi ddau atgof niwlog am Tom. Daeth ataf yn yr offis un bore a phâr o esgidiau newydd sbon yn ei law. 'Treiwch y rhain i weld ydyn nhw'n ffitio. Maen nhw'n rhy fychan i mi,' meddai. Mae'n rhaid ei fod wedi sylwi ar y pâr truenus oedd am fy nhraed ac wedi mynd allan yn un swydd, yn ei ffordd ei hun, i brynu pâr newydd imi. Dro arall cofiaf amdano'n dod i'r offis ar fore braf a phlentyn ychydig fisoedd oed yn ei gôl. A holl falchder tad yn ei wedd fel yr elai o gwmpas yr offis yn dangos y bachgen bach. A'r babi hwnnw, os nad wyf yn methu, oedd y cawr cyhyrog ddaeth yn berchen papurau'r *Herald*. Do, fe ffynnodd y cwmni. Daeth W G yn Faer Caernarfon. Ond trist fu'r agwedd at y diwedd. Bu ei frawd farw o'r canser. Ac aeth W G, wedi colli partner mor dda, ar y goriwaered. Clafychodd dro, a darfu. Ac yntau Tom. Trist fu gennyf ddarllen amdano'n cwympo'n farw o glefyd y galon ar un o draethau heulog Llŷn, ynghanol llawenydd gwyliau Haf.

Ond pethau a fu ymhen blynyddoedd wedyn oedd y rhain. Dewch hefo mi yn ôl i'r swyddfa fach olygyddol a rannwn hefo Meuryn. Roedd gen i feddwl mawr ohono a pharchedig ofn tuag ato, fel cyfansoddwr awdl y Gadair yn Eisteddfod Genedlaethol Caernarfon 1921, 'Min y Môr', un o'r awdlau melysaf a mwyaf gwyrthiol ei gwead o awdlau'r ganrif hon ac unrhyw ganrif arall. Roeddwn wedi meddwi arni ac wedi trysori rhannau hir ohoni ar fy nghof:

> Gwelais long ar y glas li
> Yn y gwyll yn ymgolli,
> Draw yr hwyliodd drwy'r heli
> A rhywun hoff arni hi . . .
>
> Yno bûm yn fachgen bach,
> Yno hefyd yn afiach . . .

Roedd Meuryn, fel yr awgrymais, yn ffanatig dros yr Orgraff Newydd, a rhwng diddordeb a dychryn, fûm i fawr o dro heb wybod ple'r oedd yn rhaid dyblu'r 'n' a'r 'r' a phle i beidio. Ond roedd Meuryn yn athro da ac yn feistr teg, er y byddai'n gwylltio'n gacwn ar adegau uwch rhyw lith neu gân oedd, yn ei olwg ef, yn ffwlbri noeth. Difyr hefyd fyddai cael gwylio gorymdaith reolaidd o feirdd a llenorion fyddai'n troi i mewn i'r swyddfa a chael gwrando ar eu doniolwch a'u ffraethineb a'u rhagfarnau. Cerdd eu cysgodion yn orymdaith dawel heibio'r ddesg yma o'm blaen a daw eu lleisiau annwyl i fwytho'r cof. Yr hen Eifionnydd ddigri, a'i het galed a'i ymbarél, a phob yn ail brawddeg a fyrlymai o'i enau yn gynghanedd groes o gyswllt; Caerwyn hoff, a'm cynghorai i eistedd yn syth yn fy nghadair rhag cael gwendid yn fy mrest, ac a fu ar ôl hynny yn fy nghadeirio mewn mwy nag un eisteddfod; Gwynfor ffraeth a dawnus, a roddai loches croesawus imi yn ei swyddfa yn y Llyfrgell; Beriah Gwynfe Evans, a'i 'Bore Da!' yn atseinio i bob cwr o'r swyddfa, yn dod â'i gopi o 'Llythyr Llundain' (wedi ei sgrifennu yn ei law gain yn Twthill); J R Morris o Lerpwl, a ddaeth wedyn i gadw y siop lyfrau enwog yng Nghaernarfon; a lliaws eraill sydd wedi addurno'r llwyfan ac wedi diflannu i'r cysgodion.

Yr oedd Gwynfor, gyda llaw, yn gynganeddwr bron mor barod ag Eifionnydd. Cofiaf ni'n griw wedi hel at ein gilydd rywsut yn y Red Lion yn Aberystwyth a Gwynfor yn galw am rownd. Pan brotestiodd rhywun wrtho nad fo oedd i dalu am y rownd, 'Twt lol' meddai, ''E jiarjiwn hwn i'r Jiorjyn hynaws'. Roedd Gwynfor ar ryw ddirprwyaeth neu'i gilydd i Aberystwyth a'r Henadur William George oedd Cadeirydd Pwyllgor Addysg Arfon.

Ond yn ôl at fy helbulon. Ychydig wythnosau wedi imi ddechrau ar fy ngwaith fel Is-olygydd paciodd Meuryn ei fag a hel ei draed i'r De, i Eisteddfod Rhydaman 1922, gan adael y papur yng ngofal ei brentis dibrofiad. Minnau'n mynd i'r swyddfa'n brydlon fore Llun ac agor y pentwr llythyrau ar y bwrdd. Toc dyma wyneb boch-goch Jo Defis, fformon y printars, yn lleueru dros fy ngwâr ac yn gofyn mewn llais sarsiant: 'Oes 'ma gopi'n barod? 'Minnau'n cythru mewn llith oedd yng nghanol y pentwr, wedi ei theipio'n ddestlus, dan y pennawd 'Ceiliogod y Colegau'. Llith Tryfanwy, y llenor dall a byddar o Borthmadog. Cyfrannwr rheolaidd a sgrifennwr mileinig pan ddewisai. Gwyddwn na byddai angen dyblu'r un 'n' nac 'r' ynddi, bod pob paragraff yn gymen ac y gallai fynd i'w gosod gan y printar heb fod angen cywiro dim arni. Sut yr oedd hynny'n bosibl gan sgrifennwr oedd yn ddall a byddar ni fedrais erioed esbonio. 'Hwdwch hon. Brechdan i aros pryd,' meddwn i wrth Jo Defis, a ffwrdd ag o fel ci wedi cael asgwrn.

Pan ddarllenais broflen o'r llith yn ddiweddarach nid oeddwn fawr callach am ei chynnwys ac fe ddaeth allan yn yr *Herald* yn union fel y derbyniwyd hi. Ni chofiaf thema'r llith, ar wahân i'r hyn a awgryma'r pennawd, ond mae'n debyg iddi gynnwys ensyniad bod nifer o feirdd a llenorion amlwg wedi bod ar sbri fawr yn dathlu buddugoliaeth Cynan gyda'i bryddest 'Mab y Bwthyn' yn Eisteddfod Caernarfon y flwyddyn gynt. Ac enwyd yr Athro W J Gruffydd fel un o'r prif droseddwyr. Bobol annwyl! Chlywsoch chi erioed ffasiwn ffraeo a dweud y drefn fu ar ôl dychweliad Meuryn o Rydaman. Daethai llythyrau ffyrnig o brotest oddi wrth Gruffydd ac eraill a bygwth cyfraith am enllib yn erbyn y papur. Cefais fy argyhoeddi'n llwyr y byddai cosb drom — hyd yn oed carchar — yn dod i'm rhan, a mawr oedd fy nychryn. Cyhoeddwyd clamp o ymddiheuriad yr wythnos ddilynol ac ni chlywais ddim chwaneg am yr helynt.

Yn fuan ar ôl hyn cefais ffrae greulon â W G. Bob bore Sadwrn un o'm dyletswyddau fyddai mynd i'r farchnad i gopïo prisiau wyau a menyn oddi ar ford ddu yn rhywle yno. Cofnodais y prisiau un Sadwrn ond gwae fi, cymysgais fy ffigurau. Pan ddaeth yr *Herald* allan costiai'r menyn bris yr wyau a'r wyau bris y menyn. Darllenwyr yn cwyno. Gwŷs i offis W G i egluro. Eisteddai wrth ei ddesg yn syllu'n fileinig i fyw fy llygaid croes. Minnau â'm gwep i lawr, yn llwfr ac edifeiriol. Yna clywed ei lais sbeitlyd fel colyn ar f'ymennydd: 'Mae'n rhaid bod rhywbeth yn bod ar eich llygaid.' Cael ffit o'r llid. Llid yr afal drwg. Colli pob rheolaeth. Ei alw yn ddiawl ac edliw iddo yntau'r nam ar ei goes. A dyna hi'n stremp. O'r munud hwnnw nid oeddwn mwy yn Is-olygydd yr *Herald*.

Cerdded allan i'r Maes mewn panig. Tro i lawr i'r Cei heibio'r hen Gastell ac eistedd ar y wal yn synfyfyrio yn sŵn yr afon. Beth am ail-afael ynddi a mynd i'r Coleg? A beth am yr hen uchelgais o fynd yn Berson? Onid oedd Canon Jones wedi rhoi ei law ar fy mhen ar y llwyfan yng nghwarfod llenyddol Eglwys Glanogwen a dweud wrth y bobol ar ôl imi ennill ar adrodd: 'Mae angen bechgyn fel hyn ar yr Eglwys'? Oni chofiwn y llw a dyngais pan oedd llaw grynedig Esgobol yr hen ŵr Watkin Bangor yn gyrru iasau o dduwioldeb o 'mhen i'm sawdl pan benliniwn o'i flaen i gael fy nerbyn yn gyflawn aelod o Gorff Crist? . . . 'Bydded i'th sanctaidd ofn orffwys arnaf, O Fendigedig Arglwydd' . . . Mi fyddwn yn Berson gwisg wen a stôl goch yn sythu a phengrymu o flaen yr Allor ac yn byw fel gŵr bonheddig mewn plasdy hardd a helaeth. Onid oedd personiaid yn filionêrs, yn medru fforddio dwy forwyn a gwraig weddw fel Mam i wneud y golchi iddyn nhw bob wythnos? Llifai Seiont yn dawel i Fenai heb gymryd dim sylw o'r cyn-Is-olygydd ar wal y Cei. Yna cofiais am y *diocesan scholarship* y bu fy mryd arni yn yr ysgol. Byddai honno'n ddigon i 'nghadw yn y Coleg nes mynd yn Berson. Ac wedyn fe gâi Mam fyw fel ledi yn stafell ffrynt y Ficerej. Roedd gen i destimonial gan fy hen ysgolfeistr D J Williams yn dweud hogyn mor glyfar oeddwn i a 'mod i wedi pasio'r *Matric*. A ffwrdd â mi i Fangor a chael gwrandawiad gan Warden Hostel yr Eglwys, — y Person oedd â'r *diocesan scholarship* yn ei gwpwrdd gwydyr.

Synnwyd fi gan y croeso siriol a chwrtais a gefais gan wraig y Person, ac yn fwy fyth pan gefais wadd i gymryd cwpanaid o de. Ond roeddwn yn boenus o swil yn ceisio dal y cwpan-a-sosar yn un llaw a phlât brechdan ar fy mhen glin ac yn mwmial sgwrsio hefo'r Person a'i wraig yr un pryd, a hynny yn Saesneg. Dangosais fy nhestimonial i'r Person a dweud wrtho hogyn mor glyfar oeddwn i, wedi pasio'r *Matric*. Ac wedyn mi es i dipyn o hwyl yn disgrifio'r ffrae a gafodd W G a minnau ac yn brolio'n ddiniwed fel y mynnais ddant am ddant gan fy ngorthrymydd, a'r iaith gref a ddefnyddiwyd ar bob tu. Toc, fe gododd y Person o'i gadair a mynd i sefyll â'i gefn at y tân a thanio'i getyn. Wedyn cerddodd at y ffenestr a syllu drwyddi'n fyfyriol. Mae popeth yn iawn, meddai rhyw lais bach wrth fy ngwegil. Mae o'n siŵr o roid sgolarship i hogyn mor glyfar â chdi. Toc, dyma'r Person yn cerdded yn ôl at y tân ac yn troi ei ddau lygad synfyfyriol arnaf fi, a thynnu ei getyn o'i geg wrth edrych drwydda i. 'My boy,' meddai, a thôn newydd sbon yn ei lais. 'I am very sorry, but we need something besides brains in the Church.'Ac roedd o a'i wraig yn dal i wenu'n siriol arna i wrth ddangos y drws i mi. A dyna ddiwedd ar fy mreuddwyd am Ei Ras y Parchedicaf Caradog Prichard, Archesgob Cymru. Cerdded i lawr at Stesion Bangor yn chwerthin yn fy nybla wrth gofio am stori Hiwi Jôs yr oedd ei frawd Owi wedi mynd yn Berson. 'Glywsoch chi am Owi ni wedi cael ei neud yn Ganon?' meddai Mrs Jôs wrth Jên Wilias Drws Nesa. 'Bobol annwyl, naddo,' meddai Jên. 'Go dda yntê? Mae o wedi gneud yn well na Paul, yntydi? Dim ond Pistol oedd Paul yntê?'

Wel, doedd dim amdani ond cymryd y trên yn ôl i Gaernarfon a'i gwneud hi'n syth am yr offis a syrthio ar fy mai wrth W G. A hynny fu. Maddeuodd yntau imi, chwarae teg iddo ac ail-afaelais yn y gwaith wedi colli fy mhlu ac yn teimlo'n fwy llwfr a llipa nag erioed. Ond yn ffodus i mi rhwyfodd dau neu dri enaid nwyfus i gylch fy nghydnabod tua'r adeg yma. Un oedd Morris, neu Morris Tomos fel y gelwid ef gan ei fam. Morris Thomas Williams, i roddi iddo'i enw llawn. Mi hoffwn trwy gydol yr atgofion yma fedru sgrifennu ei enw mewn llythrennau breision i geisio cyfleu fy nghariad tuag ato a'm hiraeth amdano, sydd yn para hyd heddiw fel rhyw ddolur araf.

Cysodydd yn yr *Herald* newydd orffen ei brentisiad saith mlynedd oedd Morris. Y 'llanc penfelyn' y canodd Prosser Rhys iddo yn un o sonedau ei bryddest 'Atgof'. Mae'n rhaid mai pan ddaeth i fyny i nôl copi i'w osod y cwrddasom am y tro cyntaf. A chyn hir yr oeddwn yn dweud fy nghwynion wrtho ac yntau fel cadarn fraich yn bolstro f'asgwrn cefn ac yn hau hadau hyder ynof a rhoi rhyw fywyd newydd yn fy ngwaed. Ffraeai a dadleuai'n ddi-baid â W G a Jo Defis y fformon ac achubai fy ngham pan fyddai'n ffrwgwd hefo Meuryn. Buasai yn y Fyddin am gyfnod byr yn y Rhyfel Cyntaf, ond ta waeth, sowldiwr dewr ydoedd a tharian loyw i'm gwendid a'm llwfrdra i. Gwelaf y funud yma ei lygaid gleision, weithiau'n llon, weithiau'n llawn cynddaredd, dro arall yn llawn serch a chydymdeimlad, yn pledio arnaf i sythu 'nghefn yn erbyn y gorthrymderau ac i fagu hunan-hyder. Cawn fenthyg arian ganddo pan fyddai'n brin arnaf ac âi i eithafion gormodiaith weithiau wrth geisio unioni fy ngwâr. 'Wyddost ti dy fod ti'n gystal bardd â Williams Parry?' meddai wrthyf unwaith. A minnau heb ennill ond un gadair fach yr adeg honno, yn Eisteddfod Talysarn, pentre genedigol Williams Parry. Ac yn ddim ond un-ar-bymtheg oed, a heb yr un gariad, wedi canu:

> Glas oedd Nef ddihalog mebyd
> Ac yn las y mae'n parhau,
> Ond mae llygaid glas f'anwylyd
> Heddiw dan y pridd ynghau.

Ac os oedd Morris yn edmygydd anfeirniadol o'm hawen yr oedd gennyf feirniad mwy daearol ym mherson Twm Parry, cemist ac athronydd o'r Waenfawr. Pan glywodd o ddyfynnu'r pennill yna dadleuodd nad oedd, er yn farddonol, yn feiolegol gywir. Roedd llygaid y meirw, pa liw bynnag oeddynt, yn ail-agor ar ôl eu daearu, yn ôl Twm. Ni chefais fyth oleuni pellach ar y mater.

Daw un atgof cymysg o drueni a digrifwch i'r cof am y gyfathrach â Morris yn y dyddiau hynny. Roeddwn wedi cael gafael ar feic ail-law ac awn, bob cyfle a gawn, i Fethesda i geisio, â'm ffortiwn bunt a chweugain yr wythnos, gadw y cartref yn *Long Street* rhag llwyr chwalu. Yno'r oedd Mam, yn nhrueni ei hunigedd a'i dryswch, yn graddol gilio i'r cysgodion a'i gorchuddiodd hi am weddill ei hoes faith yn y Seilam yn Ninbych. Nos Sul o Haf hyfryd oedd hi a minnau wedi cychwyn ar y beic simsan am Fethesda. Cyn imi gyrraedd pentre Bethel nogiodd y beic ac aeth y gwynt o'i olwynion. Nid oedd gennyf galon i geisio'i drwsio nac i duthio ymlaen. A 'heb nerth nac ysbryd i ddychwelyd chwaith' dringais dros y wal i'r cae a llusgo'r beic hefo mi, a mynd i gysgu dan y gwrych hyd doriad gwawr. Yna ei thrampio hi'n ôl i'r dre a mynd i'r offis cyn i Gaernarfon ddeffro. Roedd stôf fach yn yr offis lle byddem yn medru berwi tegell a gwneud cwpanaid o de. A dyna lle'r oeddwn i â chwpanaid o de yn fy llaw, heb gael 'molchi na dim, pan ddaeth Morris i mewn.

'Dyma chdi,' meddai ar ôl imi dywallt cwpanaid o de iddo. 'Deuddeg a chwech iti.' Roeddwn wedi ennill y wobr am delyneg 'Yr Wylan ar y Mynydd' (7s. 6c.) ac am gyfieithu i Saesneg 'Yn y dyfroedd mawr a'r tonnau' (5s.) yn Eisteddfod Brynrodyn yn y Groeslon y nos Sadwrn honno a Morris wedi gofalu am y gwobrau imi.

Bu gan Morris a minnau gynllun hefyd i fynd ar grwydr o ddinas i ddinas ac o wlad i wlad i weld y byd. Y bwriad oedd cael gwaith ar un papur newydd ar ôl y llall i dalu ein ffordd, Morris yn gysodydd a minnau'n Is-olygydd. Aeth Morris i Baris yn gysodydd ar y *Continental Daily Mail,* ond er taro taer ofer fu fy nghais i am waith ar y papur hwnnw. Sgrifennem lythyrau maith at ein gilydd, ond o edrych yn ôl, amlwg oedd ei fod yn unig iawn ym Mharis ac nid hir y bu cyn dod yn ôl i Gaernarfon. Ac felly y bu farw ein cynllun global.

Rhwng Morris a Meuryn yr oeddwn wedi clywed llawer am Prosser Rhys ar ôl ymuno â'r *Herald.* Prosser oedd fy rhagflaenydd fel Is-olygydd ac roedd wedi rhoddi ei fryd ar fod yn Olygydd. Ond pan oedd y swydd o fewn ei gyrraedd daeth Meuryn i fri fel Bardd Cadair Caernarfon a gwelodd llygad craff WG gyfle am gyhoeddusrwydd i'w bapurau trwy gynnig y swydd iddo er nad oedd ganddo, hyd y gwn i, ddim rhyw lawer o brofiad papur newydd tu ôl iddo. Os cofiaf yn iawn, clercio mewn swyddfa lafur yn Lerpwl yr oedd. Tua'r un adeg gwerthwyd y *Faner* — y *Faner* druan! — i gwmni'r *Cambrian News* yn Aberystwyth. Symudwyd y papur o Ddinbych a chafodd Prosser ei benodi'n Olygydd. Gan Morris y cawswn i'r manylion yma a llawer sôn helaethach hefyd am ddyddiau Prosser yng Nghaernarfon a'r gwmnïaeth glós oedd rhyngtho ef a Morris. Gweler pryddest 'Atgof':

> Ein cwlwm tynn! Di, lanc gwalltfelyn, rhadlon,
>   Gwyddost y cyfan a fu rhyngom ni, —
> Yr holl ymddiried gonest, a'r afradlon
>   Arfaethau glân a wnaethpwyd ger y lli . . .
>
> Y Bywyd Gwell! . . . Cofiaf y noson dawel
>   Y cerddem adref hyd Ffordd Fethel draw,
> Y wlad heb ddwndwr dyn na llafar awel
>   A'r gwair yn arogleuo ar bob llaw . . .

Wrth ddwyn i gof y pethau hyn byddaf yn teimlo'n fwy balch nag erioed imi gael mynediad helaeth i mewn i'r Frawdoliaeth Farddol ac i hynny ddigwydd yn un o gyfnodau mwyaf ffrwythlon a rhamantus ein llenyddiaeth, sef chwarter cyntaf y ganrif hon. Ac yn ddiolchgar hefyd i hynny ddigwydd cyn i Awen Cymru galedu a throi'n gadarn goncrit.

Ni pheidiai Meuryn yn yr offis chwaith a sôn am Prosser a'i ddal byth a beunydd fel paragon o flaen fy llygaid. 'Fel a'r fel y byddai Prosser Rhys wedi ei sgwennu.' Ac yna dechreuais ddilyn ei golofn 'Ledled Cymru' yn y *Faner* ac edrych ymlaen amdani gyda'r un awch ag y byddwn yn disgwyl rhifynnau wythnosol *Magnet* a *Boy's Friend* yn yr ysgol. Sgrifennais englyn o fawl i awdl 'Min y Môr' Meuryn a'i ddangos i Morris. 'Ym Min y Môr y myn Meuryn hedeg ar hudol aur edyn.' Felna'r oedd o'n dechrau ac ni chofiaf ragor. 'Anfon o i Prosser,' meddai Morris, 'I weld beth mae o'n feddwl ohono.' Anfonais yr englyn gyda nodyn gwylaidd, swil. A'r wythnos ddilynol ymddangosodd yng ngholofn 'Ledled Cymru' yng nghanol paragraff o weniaith hyfryd a gynhesai 'nghalon a chwyddo 'mhen. Yr oeddwn ar f'uchelfannau, a dechreuwyd llythyru'n gyson a phob llythyr a gawn yn falm ac yn felyster nas profais erioed mewn llythyr serch.

Tua'r adeg yma enillodd Prosser Gadair Eisteddfod Moreia, Caernarfon, am bryddest i'r 'Tloty'. Mae'n rhaid na ddaeth yno o Aber i'w gadeirio neu buaswn yn siŵr o fod wedi ei gyfarfod. Mae gennyf ryw gof mai Morris fu'n ei gynrychioli. Tae waeth, yn ôl y feirniadaeth yr oedd yn gerdd 'feiddgar' ac yn sôn am grefyddwr blaenllaw wedi rhoi plentyn siawns i'r ferch oedd yn y Tloty. Ar sail y feirniadaeth, a heb weld y gerdd, ymosododd Meuryn yn llym arni mewn colofn wythnosol a sgrifennai dan y pennawd 'Y Llen Lliain' gan ddweud bod y bardd wedi taflu sen ar flaenoriaid. Daeth llythyr oddi wrth Prosser, nad oedd fawr o gariad rhyngtho â Meuryn, yn haeru nad oedd grybwyll y gair 'blaenor' na 'blaenoriaid' yn ei gerdd ac yn bygwth erlyn am enllib. Panig yn yr offis. Gyrrwyd fi ar ras wyllt at ysgrifennydd yr Eisteddfod i geisio copi o'r gerdd. Bûm innau'n ara deg yn dod yn ôl gan fy mod yn ei darllen gyda blas ar y ffordd. Daw rhai o'i llinellau yn ôl imi heddiw fel sŵn curo drwm o bell . . . 'Er bod creithiau ar fy enaid nas dilëir gan anfarwoldeb, mi gaf ffynnon y Dwyfoldeb . . .' Ond er ei chribo'n fân yn yr offis chwiliwyd yn ofer am y gair 'blaenor' na 'blaenoriaid' yn y gerdd a chefais bleser gwas bradwrus o ddarllen yn rhifyn dilynol yr *Herald* ymddihaeriad gostyngedig y papur i'w gyn-Is-olygydd.

Fel y sylwais, un gwyllt ei dymer a hallt ei bin oedd Meuryn pan gynhyrfid ef. Y dydd o'r blaen roeddwn yn gwylio Cynan annwyl, fel ysbryd porthiannus o'r Ochor Draw, yn adrodd ei farddoniaeth ar y telefisiwn. A phan ddaeth at y gerdd i Aberdaron ac adrodd:

> Pan fwyf yn hen a pharchus
>   Ac arian yn fy nghod,
> A phob beirniadaeth drosodd
>   A phawb yn canu 'nghlod . . .

Cofiais am adroddiad cynharach Cynan o'r pennill wrthyf. 'Wyddost ti be oedd y drydedd linell wreiddiol?' meddai. 'Na wn i,' meddwn innau. '"A Meuryn wedi marw",' ebe Cynan â'r wên lydan ddireidus a wisgai mor aml yn tynnu'r colyn o'i gynghanedd.

Hyderaf fod y ddau fardd, a felysodd gymaint ar faeth awenyddol fy nghenhedlaeth i, yn cydgordio'n beraidd iawn yn y trigfannau fry.

5

Er fy mod yn ei chanol hi yn farddonol a llenyddol yng Nghaernarfon, ddois i ddim i gysylltiad o fath yn y byd â'r un gymdeithas ddiwylliannol yno, er bod cymdeithasau llewyrchus yn llawn doniau disglair yn rhan o fywyd y dref yr adeg honno. Roedd ffigurau amlwg fel Anthropos, Morgan Humphreys, Llew Owain, Gwynfor a lliaws eraill o rai tebyg yn addurno bywyd, ond Gwynfor oedd yr unig un y deuthum i'n weddol agos ato. Byddwn yn mynd i'w Lyfrgell ar ryw neges achlysurol a byddai ei groeso mor gynnes a siriol i greadur bach dinod a swil fel y byddwn yn edrych ymlaen bob amser i ymweliad â'i swyddfa. Byddwn wrth fy modd hefyd yn mynd i Gapel Salem yr Annibynwyr ar ambell nos Sul pan arhoswn yn y dre i gael fy nghyfareddu gan huodledd ac acen ddeheuol y gweinidog, y Parch E J Owen. Awn weithiau hefyd i Engedi i glywed y Parch John Owen ac weithiau i'r Eglwys, er nad yn aml nac yn ffyddiog.

Yr unig gymdeithas felys sydd wedi glynu yn y cof yw honno fyddai'n mynychu cornel dywyll o'r salŵn yn y Manchester Arms, a gyrhaeddid trwy fynd i lawr o'r Pendist tua'r Guildhall a throi ar y dde i lawr grisiau cerrig, tafarn â'i le nid edwyn mohono mwy. Yno byddai rhai o hogiau'r *Herald* a'r hen *Genedl Gymreig* yn ymgynnull gyda'r nos, ac er mai lemonêd oedd fy niod gryfaf i ar y pryd cawn fy nerbyn yn llawen i'r gyfeddach. Yna, pan ddelai'n amser cau, pawb yn symud hefo'i gilydd i lawr i'r Cei i ganu, a'r gyddfau wedi eu hoilio'n hwyliog. Gallaf glywed y lleisiau soniarus yn llifo dros lyfnder astud Menai y funud yma, baritôn nerthol Hywel Parry yn cydgordio â thenor pêr Howard Owen, a Myfanwy Ceiriog ar ei huchelfannau: '. . . i ddim ond dweud y gaaaaair ffaaaarweeeeel!'

Riportar bywiog a chrefftus ar yr hen *Observer* a'r *Genedl* oedd Howard Owen, bachgen hael ei galon, a chawn wadd i swper i'w gartref yn aml. Ac yno cawn groeso a mwynder ei rieni a'i chwiorydd hoffus i ysgafnhau llawer awr lwyd yn fy hanes. Aeth Howard i weithio ar y *Barnsley Chronicle* a thrist fu gennyf ddarllen beth amser ar ôl hynny am ei farw disyfyd, ar adeg pan oedd marw yn syndod ac yn sioc.

Yn y dyddiau llwyd hynny ysbeidiau pelicannaidd o unigedd sy wedi eu stampio ar y cof. Eisteddwn am oriau dan furiau'r hen Gastell yn syllu a gwrando ar hyfrydwch Menai dan heulwen Haf; ac yn syllu'n genfigennus a hunandosturiol ar y deuoedd llawen fyddai'n hurio cychod Porth yr Aur ac yn rhwyfo allan i chwilio am wyrthiau'r Arglwydd. Ond mi fu gen innau gariad fach dros dro byr yn y dre. Ar fy ffordd i'r offis bob bore ar hyd Stryd y Llyn byddwn yn pasio geneth ar ochor arall y stryd â phecyn o lyfrau ar ei hysgwydd ar ei ffordd i'r Ysgol Sir. Byddem yn sbio'n slei ac yn swil ar ein gilydd ar draws y stryd. Ac o dipyn i beth yn hanner gwenu. Mi holais yn ei chylch wrth fy nghyd-letywr Iorwerth, oedd yn ddisgybl yn yr ysgol. Daeth yntau'r ysbiwr yn ôl gyda'r wybodaeth mai ei henw oedd Awen a'i bod yn byw ym mhentre Bethel. Eisteddais innau i lawr y noswaith honno yn ein llety ym Margaret Street a sgrifennu rhes o benillion yn moli prydferthwch digymar Awen, ei rhinweddau angylaidd a'm serch difarw tuag ati. A'u hanfon iddi i'r ysgol trwy law Iorwerth, fy llatai o'r llety. Bore trannoeth, a hithau'n pasio fel arfer yr ochor arall i'r stryd, gwridais at fôn fy nghlustiau a chadw fy mhen i lawr. Un nos Sadwrn yn fuan ar ôl hynny, a ninnau'n cwrdd ar un o balmentydd poblog y dre, mentrais ei chyfarch a chychwynnwyd rhamant melys ond byr ei hoedl. Aeth Awen ymlaen i'r Coleg Normal a byddwn yn cael ambell lythyr ganddi mewn llawysgrif gain, wrywaidd. Ond cyn hir fe ddaeth y llythyr olaf. Yr oedd Awen wedi clywed fy mod i wedi dechrau hel diod. A chynnwys y llythyr oedd — Cyngor a Cherydd a Ffarwel. Yn Eisteddfod y Barri 1968 roeddwn i a Mati'r wraig yn eistedd mewn perfformiad o 'Dan y Wenallt', y cyfieithiad Cymraeg gwell-na'r-gwreiddiol o 'Under Milk Wood', pan droes gwraig yn y sedd o'n blaen a dweud yn y tywyllwch: 'Sud ydach chi ers deugain mlynedd?'

A byth er hynny bydd Awen a minnau yn fflyrtio unwaith y flwyddyn â cherdyn Nadolig.

Fy nghyd-letywr arall ym Margaret Street oedd Siôn Pitar, prentis o gemist â chrop o wallt cyrls yn addurno'i ben. Un o'r Waenfawr oedd Siôn ac âi adre i fwrw'r Sul. Aeth â mi hefo fo un bwrw Sul, ac er yr ysbaid fendigedig honno arhosodd y Waenfawr yn un o drysorau atgof. Flynyddoedd ar ôl hynny, yn India, daeth Siôn a minnau i gysylltiad â'n gilydd, ef yn y Fyddin ym Meerut a minnau'n gwasanaethu yn New Delhi. Mentrais y deugain milltir rhyngom i Meerut mewn bws — ac roedd taith ddeugain milltir mewn bws yn India'r adeg honno beth bynnag yn brofiad nad â'n ango. Sgrifennais soned yn disgrifio f'ymchwil am Siôn a'i hanfon i'r *Cymro*.

> Euthum i chwilio amdano ym Meerut,
> Y sowldiwr ar ddisberod pell o'i dref,
> Sionyn, nas gwelswn er pan gerddai'n grwt
> Strydoedd Caernarfon a pherllannau'r Nef . . .

Ac yna mynd ymlaen i adrodd fel y cefais hyd iddo ar y nos Sul honno mewn capel:

> Ar ei ddau lin, a'i lygaid tua'r llawr,
> Yn syllu ar ogoniant y Waen Fawr.

Y tro nesaf inni gwrdd, yn New Delhi y tro hwn, roedd Siôn yn wên o glust i glust. Wedi cael llythyr o gartre yn dweud fel y mawr edmygwyd y soned ac, yn fwy na hynny, fel y darllenwyd hi yn y Seiat. Teimlwn i, beth bynnag am Siôn, fel yr eisteddem uwch ein peint o gwrw yn hwyr myfyriol yr awyr drofannol drymaidd, yn druenus o euog a phechadurus.

Wrth ramblo ymlaen fel hyn hwyrach na bûm yn hollol deg â W G, fy meistr yng Nghaernarfon. Roeddwn yn hunan-dosturiol a sensitif ac yn aml wedi fy nallu i'w rinweddau. Esiampl dda o'i garedigrwydd oedd pan gyrhaeddais yr offis un bore gyda'r newydd fod y landlord ym Methesda, oedd yn byw'r drws nesaf inni, wedi cael archeb llys i droi Mam allan o'i thŷ ar sail ôl-ddyled o ryw deirpunt yn y rhent. Gofynnodd W G i Jo Defis, y fforman, fynd hefo mi i ymliw â'r landlord ac aethom ein dau ar ein beiciau i Fethesda y noswaith honno. Ond ofer fu ymliw taer Jo Defis er cynnig clirio'r ôl-ddyled a gwarantu rhent rheolaidd. Ychydig wythnosau cyn hynny cawsai gwraig y landlord strôc a Mam a alwyd i mewn ati ac a fu'n tendio'n dyner arni. Cofiaf hi'n eistedd yn herfeiddiol yn y gadair siglo ac yn dweud na chaffai neb ei throi hi o'i chartref. Ac felly, yn llwfryn euog, y ffoais yn ôl i Gaernarfon a'i gadael yn ei thrybini. Clywais wedyn iddi ei chloi ei hun yn y cwt glo dros y ffordd tra bu'r beiliaid yn cario'i dodrefn allan. A daeth cymdogion caredig (O, mor garedig oeddynt) a chario'i dodrefn yn ôl i Glanrafon, i'r tŷ isaf yn y rhes, a oedd yn wag er pan fu farw Margiad Wilias. Ac fe berswadiwyd Mam i ddod allan o'r cwt glo a'i chael i'w chartref newydd. Ymhen blynyddoedd wedyn cefais gwrdd â'r hen landlordyn ac ysgwyd llaw ag o, heb deimlo gronyn o lid tuag ato, ysgwyd llaw ag o fel un o'r chwaraewyr oedd newydd adael y llwyfan yn 'y chwarae rhyfedd hwn'. A byddaf o hyd yn rhyw hanner gobeithio cyfarfod rhywun fydd yn dweud wrthyf mai hunllef fy nychymyg i oedd y cwbl ac na ddigwyddodd dim o'r fath.

Yn ôl i Gaernarfon ynteu, ac at rai o'r eneidiau nwyfus eraill a rwyfodd i bwll fy ngorthrymderau i dorri ar f'unigedd. Y blaenaf o'r rhain oedd Gwilym R Jones, llanc ifanc o brydydd o Dalysarn, a ddaeth i gydweithio hefo mi ar yr *Herald.* Os nad yw fy nghof yn pallu 'roedd ei gorryn o mor foel y diwrnod cynta imi ei weld o ag ydy o heddiw, hanner can mlynedd yn ddiweddarach. Ond os oedd ei ben o'n foel roedd ei galon a'i ysbryd o'n doreithiog. Roedd gen i bellach ymladdwr gwiw yn erbyn yr hyn a ystyriem yn orthrwm y meistri. Roedd newydd ennill Cadair Eisteddfod Talysarn am bryddest 'Gwanwyn Bywyd' ac ysbrydolodd finnau i'w hennill y flwyddyn ddilynol a'r flwyddyn wedyn. Ni allaf hyd yn oed gofio testunau'r campweithiau hynny. Roedd gan Gwilym R. hefyd ddawn ryfeddol i ramantu ynghylch genethod. Roedd pob geneth o'i gydnabod y soniai amdani yn troi'n dduwies ger fy mron. Fo roddodd fy nghariad Elinor imi'n wobr hefo Cadair Talysarn.

Ac mor felys fyddai cael bwrw'r Sul yn y *Cloth Hall,* ei gartref clyd a thlawd, — y Neuadd Frethyn, chwedl yntau. I'r Capel yn y bore ac eistedd yn sedd y teulu yn y cefn. Un o'm llygaid croes ar fawrhydi Robat Jones y Gweinidog yn y pulpud a'r llall ar ogoniant morynol Elinor yn ei sedd hefo'i theulu. Wedyn, gyda'r nos, cwmni cynnes o gylch yr organ yn y parlwr yn canu emynau ac alawon nad aeth eu peroriaeth fyth o'm cof. Cefais lythyr gan Gwilym dro'n ôl yn cydnabod fy llongyfarch ar dderbyn ohono radd M A er anrhydedd gan y Brifysgol. Ac yn hwnnw cyfeiriai at 'ein hoes aur ni'. Pwy feiddiai sôn am dlodi wrth sôn am y dyddiau digymar hynny? Ar gae'r Eisteddfod yn Rhydaman 1970 clywais am y tro cyntaf y cawr Lewis Valentine yn siarad Saesneg. Fi wedi cyflwyno Mari'r ferch iddo ac yntau'n murmur yn ddwys: '. . . and to be young was very Heaven.'

Daw un pnawn Gwener cofiadwy yn ôl imi hefyd. Diwrnod prysur fyddai dydd Gwener arnom yn y swyddfa, — diwrnod darllen y *proofs.* Ond daethai bachgen ifanc tal, golygus i edrych amdanom. Myfyriwr o Aberystwyth a'i gartref ym Môn. Roedd J T Jones (John Eilian) adref ar ei wyliau a threfnwyd i gael cwpanaid o de hefo fo yn y caffi ar y Maes. Roedd J T a Prosser Rhys newydd gyhoeddi eu cywaith 'Gwaed Ifanc' a mawr oedd brwdaniaeth Gwilym a minnau am y gyfrol. Ac yn y caffi y buom uwch un panaid ar ôl y llall am deirawr chwim â'r sêr yn ein llygaid yn gwrando'n gegagored ar J T yn pontifficeiddio'n offeiriadol a dogmatig am y peth yma a'r peth arall, wedi llwyr anghofio ein gwaith. Pan aethom yn ôl i'r offis bu'n andros o helynt. Roedd y *proofs* wedi pentyrru'n fynydd ar y ddesg, a W G a Meuryn fel cathod ar d'rannau. Ond aeth Gwilym a minnau ati i'w clirio wedi ein tanio a'n hysbrydoli gan bersonoliaeth hypnotig J T a buan y gwnaed iawn am yr oedi. Prin y breuddwydiai John Eilian bryd hynny y byddai, ar ôl gyrfa newyddiadurol dra llwyddiannus, yn rhoddi o'i brofiad helaeth i ffynnu llwyddiant papurau'r *Herald* fel eu Golygydd.

Ac o sôn am y *proofs*, mae'n rhaid imi wrth fynd heibio roi paragraff byr i Hiwi Defis, y cysodydd gorau a glanaf a gwrddais mewn oes o weithio ar bapurau newydd ac o gyfathrach â phrintars. Byddai darllen *proofs* Hiwi Defis yn bleser pur, — gali ar ôl gali heb gymaint â choma, heb sôn am lythyren, o'i lle. Buasai Hiwi'n beldroediwr campus yn ei ddydd ac roedd yn llwyrymwrthodwr llym. Ond nid felly y bu hi bob amser. Pan fyddai'n hel diod byddai'n mynd i gythraul o dymer. Ac yn ôl Morris, arweiniodd hyn i brofedigaeth unwaith. Ymosododd Hiwi'n gïaidd ar rywun, erlynwyd ef ac fe'i cafwyd yn euog o'r ymosodiad. A'r hwyl ymhlith y cofis yn y dre fyddai yng nghynffon y stori, sef mai enw y barnwr a'i cosbodd ydoedd Mr Justice Lush. A 'lysh' oedd llysenw y cofis am y ddiod gadarn.

Bachgen arall ddaeth atom i weithio yn y swyddfa oedd Gwilym Williams o Gwm y Glo, un â'i wallt yn gringoch a'i wedd yn fain a llym. Ddaru ni ddim cymryd ato'n rhyw gyflym iawn. Roedd rhyw dyndra anghysurus yn ei holl ymarweddiad ac roedd gennym ryw syniad heb lawer o sail iddo ei fod yn perthyn i'r Bos. Ac roedd yntau fel pe'n amheus o'n teyrngarwch a'n cydweithrediad ninnau. Ond fe ddaethom yn gydweithwyr llawen ac yn ffrindiau mawr, fel y caf adrodd eto. Ac yn y ddau Gwilym cafodd Plaid Cymru ddau aelod wedi llwyr ymgysegru iddi.

Ond pam nad tri aelod wedi llwyr ymgysegru iddi? Pam nad oeddwn innau gyda'r ddau Gwilym yn trampio'r wlad ac yn sefyll ar y croesffyrdd i ledaenu efengyl y Blaid? Y gwir yw na bu gennyf erioed galon nac ewyllys na dawn i siarad ar goedd. A hyd yn oed mewn dadl breifat tawedog ac ara fy meddwl fûm i erioed. Deuai'r perlau i'r genau bob amser ymhen rhyw awr neu ddwy ar ôl setlo'r ddadl. Soniais ddigon eisoes am fy swildod a'm llyfrdra, ac nid rhyw ffug swildod fu hwn erioed ond rhywbeth patholegol. Mewn cyfnod diweddarach yn fy hanes cawn wahoddiad ar hyd a lled y wlad i ddarlithio i gymdeithasau Cymraeg. Derbyniwn y gwahoddiadau hyn yn hyderus, ond fel y nesâi dydd y ddarlith gwanychwn yn llawn dychryn a thorri'r cyhoeddiad ar y funud olaf. A daeth y torri cyhoeddiad yma'n hunllef lythrennol i darfu ar fy nghwsg. Breuddwydiwn fy mod wedi addo mynd i draddodi darlith yn rhywle a heb ddweud wrth y gwahoddwyr na fedrwn ddod. Ac yn fy mreuddwyd gwelwn gapel gorlawn o bobl yn eistedd yn ddisgwylgar a'r pulpud yn wag. Ac yna'r ysgrifennydd yn esgyn i'r pulpud ar ôl yr hir ddisgwyl i ddweud nad oedd dim pwynt mewn disgwyl yn hwy ac yn arwain y bobl druan mewn gweddi. Er nad wyf yn siŵr erbyn hyn, ni chredaf iddi fynd cyn belled â hynny yn fy hanes erioed. Ond bu'n agos iawn droeon.

Ac yn wir, pan gawn ddigon o blwc i gadw fy nghyhoeddiad byddai'r noson, fel rheol, yn troi'n fethiant trychinebus. Cofiaf un noswaith o'r fath yn un o bentrefi diwydiannol y De. Roeddwn wedi paratoi clamp o ddarlith ar Islwyn, bardd 'Y Storm'. Gartref roeddwn wedi cael y wraig yn gynulleidfa i'w rihyrsio droeon. Pan ddaeth y noson penderfynodd Mati ddod hefo mi i gynnal fy mreichiau. 'Gwell ichi fynd i mewn trwy'r cefn hefo'r lleill,' meddwn i pan gyraeddasom y neuadd. A ffwrdd â hi. Dyma finnau ar y llwyfan hefo sgript drwchus, ac yn darllen y rhan fwyaf o'm truth, gan fod gennyf gof fel gogor, ac ni feiddiwn godi fy ngolygon oddi ar y sgript rhag ofn mynd yn fud. Pan godais fy ngolygon o'r diwedd gwelais res o wragedd canol oed yn y ffrynt yn hepian ac ambell un, yn wir, yn chwyrnu'n isel. A phe bawn wedi dal i edrych yn ddigon hir ar y cynhulliad mae'n debyg y cawswn fod yr un peth yn wir am y mwyafrif ohonynt. Ac i goroni'r cwbwl, pan gwrddais â Mati ar ôl y ddarlith roedd yn rowlio chwerthin. 'Wel, dyna'r blydi limit,' meddai. 'Ar ôl gwrando cymaint ar y ddarlith yna adre, bu'n rhaid imi heno dalu swllt am fynd i mewn i'w chlywed.'

Ond ambell dro byddai naws ac awyrgylch y cynhulliad mor hyfryd a chroesawus nes magu hyder ynof a chodi hwyl. Ac er mor salw y traethwn cawn fy argyhoeddi bod y noswaith wedi llwyddo. Cofiaf am dri man arbennig lle digwyddodd hyn, — yn Aberdâr a Phontypridd a Chasnewydd. Erys ar fy nghof y pleser a gefais ym

Mhontypridd pan oeddwn yn dyfynnu o awdl 'Yr Haf' Williams Parry:

> Ac yno bydd Haf ac ni bydd hafau,
> Ac yno bydd dydd ac ni bydd dyddiau,
> Diwerth yw byd wrth y bau — ddwyfol dlos,
> Pa les hir aros uwch pleser oriau.

Yn un o'r seddau blaen eisteddai geneth brydferth, athrawes Gymraeg, ac fel y llefarwn gwelwn ei gwefusau'n llunio'r geiriau i'w cydadrodd hefo mi. Ymhen ychydig amser wedyn daeth y newydd arswydus fod yr eneth annwyl honno, oedd ym mlodau ei dyddiau, wedi ei thaflu ei hun dros y graig i'r môr yn Aberystwyth. Pa les hir aros?

Efallai mai'r diffyg hunan-hyder yma, sydd wedi glynu mor ystyfnig wrthyf ar hyd y blynyddoedd, sy'n cyfrif hefyd fy mod i mor siŵr na bu imi roi pleser weithiau pan awn i annerch ambell gymdeithas. Dyna, er enghraifft, y tro, yn gymharol ddiweddar, pan euthum i siarad i'r Coleg Normal ym Mangor. Wedi'r ddarlith, ni allwn gysgu yn y gwesty oherwydd brefu truenus a pharhaus gwartheg oedd wedi eu carcharu mewn gwagenni yn y Stesion. Ac mi dreuliais weddill y nos, hyd doriad gwawr, yn eistedd ar y gwely'n smocio a thraddodi i'r drych ar y bwrdd yn y gornel y ddarlith y tybiwn y dylwn fod wedi ei thraddodi i'r myfyrwyr a'r staff Cymraeg. Ac eto roeddwn wedi clywed un o'r genethod pert fu'n gwrando arnaf yn dweud wrth eneth arall ar ôl y ddarlith: 'Ontydi'n biti na fasan ni'n medru ei gael o yma bob wythnos?' A heddiw ddiwetha dyma lythyr o'm blaen fel y sgrifennaf hyn o nodiadau, yn dweud: 'Gair byr yn unig i ddiolch ichi yn wresog a diffuant iawn am ddod atom i'r Clwb Cinio Cymraeg neithiwr ac am roddi noson mor hynod o ddiddorol a dadlennol inni. Hawdd dweud oddi wrth ymateb yr aelodau fod y noson wedi bod yn llwyddiant mawr . . .' Diolch diffuant ynteu cosi cwrtais? Tybed, mewn difri, na byddwn i wedi gwneud clamp o ddarlithydd llwyddiannus wedi'r cwbwl, yn lle llusgo ymlaen mor ddienaid yng ngwaith aliwn a diflas papurau newydd Saesneg?

Ond aeth braidd yn hwyr i resynnu, a chrwydrais innau ymhell o Gaernarfon, lle'r oeddwn yn bustachu byw a chysgod adfeilion y cartref ym Methesda yn fy rheibio ddydd a nos. Ond ynghanol hyn oll daeth tro ar fyd. Un bore galwodd W G fi i'r offis a dweud ei fod wedi penderfynu f'anfon i gynrychioli'r *Herald* yn Nyffryn Conwy, gyda Llanrwst yn ganolfan. Ac felly y ffarweliais â'r bywyd llwyd yng Nghaernarfon i gychwyn ar gyfnod byr fu gyda'r dedwyddaf a'r truenusaf yn fy hanes.

6

Mynyddoedd fy mlynyddoedd, meddai Williams Parry yn un o'i sonedau. Ond am ddyffrynnoedd fy mlynyddoedd y byddaf fi'n myfyrio wrth edrych yn ôl. Ac o'r holl ddyffrynnoedd hyn, Dyffryn Conwy yw'r prydferthaf sy'n aros ar gynfas y cof. Ond mae ei brydferthwch i mi'n gyfystyr â phrydferthwch Bet. A'm cysylltiad, neu'n hytrach fy niffyg cysylltiad, â Bet fydd un o'r pethau cyntaf i neidio i'r cof pan fyddaf yn troi a throsi atgofion am fy nghyfnod o ryw dair neu bedair blynedd yn y Dyffryn. Athrawes yn Ysgol Llanddoget oedd Bet. Fe'i gwelais hi am y tro cyntaf yn fuan ar ôl mynd i Lanrwst, pan fentrais i'r côr yn hen Eglwys Crwst. Roedd yn eistedd hefo'r sopranos gyferbyn â mi. Ac o'r funud y cyfarfu ein llygaid trawyd fi gan dwymyn na chefais lwyr wellhad ohono hyd y dydd heddiw. Hiraethwn amdani beunydd a breuddwydiwn amdani beunos. Codwn yn fore a cherdded ar hyd ffordd Llanddoget gyda'r unig bwrpas o gael troi'n ôl a'i chyfarfod ar ei ffordd i'r ysgol. Pasiai hithau fi gan edrych yn syth o'i blaen a heb gymaint a 'Bore da'. Trown i mewn i ddawnsfeydd yn neuadd yr Eglwys, nid yn wir i ddawnsio, gan na fedrwn ddawnsio, a chan amlaf wedi cael diferyn neu ddau, ond yn hytrach i eistedd a syllu ar Bet yn dawnsio â'i chymar ac i droi allan drachefn ac i mewn i far Tafarn yr Eryr i dampio fy nhwymyn ac i foddi fy siom. Ni bu fy ffyddlonach yn y côr fore a hwyr nac yn yr ysgol genhadol lle'r oedd ganddi ddosbarth Ysgol Sul yn y pnawn. Cofiaf am un noswaith druenus pan safwn â 'mhwys ar Bont Inigo Jones yn syllu i lawr ar ddyfroedd du Afon Conwy a hanner potel o chwisgi yn fy llaw yn adrodd rhywbeth o waith Keats am *unrequited love*, a Gwilym Williams yn gynulleidfa o un wrth fy ochor, yn llawn cydymdeimlad. Ac yn llawn cyfrwystra hefyd, oblegid fe gafodd heb yn wybod imi afael ar y botel chwisgi a'i bwrw yn dri chwarter llawn i gymysgu ei chynnwys â dyfroedd

Conwy. A! ferthyrdod ffôl. Pam na allai rhywun fy mherswadio bod Bet wedi rhoddi ei chalon i arall a rhoddi pen ar fy nihoeni?

Flwyddyn yr Arwisgiad, 1969, sef yn agos i hanner canrif ar ôl imi gael fy nharo gan y dwymyn, ac wythnos cyn y seremoni fawr yng Nghastell Caernarfon, yr oeddwn wedi mynd i Gaerdydd i sgrifennu am y Cymry alltud a ddaethai yno i gynnal eu Cymanfa Ganu yn Sophia Gardens. Daeth gwraig â gwên siriol, slei ar ei hwyneb ataf. 'Dydech chi ddim yn fy nghofio i, 'dw i'n siŵr,' meddai. Edrychais ar y llabed a wisgai ar ei bron. Mrs Bet Williams, meddai hwnnw. Minnau mewn dryswch hanner swil. Yna edrychais ym myw ei llygaid, ac roedd un edrychiad ar y goleudai bythgofiadwy hynny yn ddigon. 'Bet!' meddwn mewn perlewyg. A dyna'r geiriau cyntaf fu rhyngom erioed. Ac yna, yn brawf i mi fod delwedd gynnar y carwr siomedig wedi ei stampio ar ei hymennydd dywedodd, yn wên i gyd: 'Ond 'doeddwn i ddim yn disgwyl eich gweld yn edrych mor hen!' Yna daeth ei phriod atom. Sam Williams, Dyffryn Aur a Bulawayo. A phan welais Sam, mi sylweddolais pam na bu gennyf erioed y siawns leiaf o ennill calon Bet. Wedi iddynt ein gadael gofynnais i Mari'r ferch, oedd gyda mi ar y pryd, ar ôl egluro iddi pwy oedd Bet: *'And what do you think of the old man's taste?'* (Cymraeg a Saesneg bob yn ail fydd hi rhwng Mari a minnau). *'Hym-m,'* meddai hithau, *'I can see what you mean. There's still something hypnotic about those eyes of hers.'* Pan aethom yn ôl i Westy'r Angel cwrddasom â hen gydnabod eraill o Lanrwst a mawr fu'r hwyl a'r chwerthin wrth ddwyn yn ôl yr hen ddyddiau. Yno yn eu plith yr oedd fy hen gyfaill Hugh Andrew a'i briod siriol, sef merch H Parry Jones, ysgolfeistr Ysgol Ramadeg Llanrwst ac ysgolhaig disglair, wedi dod o Ganada i weld yr Arwisgo. 'Be ddaru dy gymell di i ddod, Hugh?' gofynnais iddo. 'I dalu ein teyrnged i'n Brenhines,' atebodd yn syml a diymhongar. Buasai Hugh yn uchel swyddog yn Llu Awyr Canada.

Ymhen dim amser cyfarfu Bet a minnau drachefn, yn Eisteddfod Genedlaethol Fflint. Yno'r oedd hi'n eistedd yn y gadair anrhydedd ar y llwyfan tra bod ei phriod, fel arweinydd y Cymry ar Wasgar, yn annerch y dorf. A minnau'n syllu i fyny arni â'r hen wedd addolgar o Fwrdd y Wasg. Hithau a'r llygaid hypnotig yn edrych i lawr ei thrwyn arnaf, yn union fel y gwnâi o'i sedd ymhlith y sopranos yn Eglwys Crist Crwst ers talwm. Wedi'r seremoni cawsom sgwrs fach felys ym Mhabell Harlech tra bod Sam yn mynd i hwyl ar y telefisiwn. Tynnodd Bet becyn o sigaréts o'i bag a chynnig un imi. A dyna'r unig act anghyfreithlon fu erioed rhwng Bet a minnau, — smocio tybaco Rhodesia hefo'n gilydd. Ac ym mwg y cydysmygu ciliodd gwewyr olaf y dwymyn oedd wedi peri imi, wrth edrych arni ar y llwyfan yn Seremoni'r Cymry ar Wasgar, aralleirio geiriau dagreuol y bardd W J Gruffydd wrth ganu:

O-O-O holl fe'erched y dda'aear
Hon yw'r o-orau y-y-yn y by-y-yd.

Ond dyma fi wedi mynd ymhell ar gyfeiliorn o'r dydd y cyrhaeddais Lanrwst i gychwyn ar fy ngwaith fel cynrychiolydd yr *Herald* yn Nyffryn Conwy. Y gŵr cyntaf imi alw arno oedd Morley Jones, pensaer a gohebydd lleol y *Weekly News.* Mawr fyddai'r hwyl yn darllen ei *Jottings* wythnosol yn adrodd am fân sgandalau a throeon digri a thynnu coes hwn a'r llall. Gan Morley y cefais fy nghip cyntaf ar ddirgelion crefft y gohebydd lleol, ac ef a'm harweiniodd i'm llety cyntaf. Tŷ tywyll, moel, a phob dodrefnyn ynddo'n sgleinio, wedi eu sgwrio a'u caboli hyd yr eithaf mewn caboledigrwydd. Gwraig fach brudd, swil a diddweud a gadwai'r tŷ, a rhwng ei phruddglwyf hi a'm pruddglwyf innau aeth y lle'n annioddefol a bu'n rhaid imi hel fy nhraed oddi yno ymhen yr wythnos. Wedi hynny crwydro o lety i lety yn y dref fu fy hanes nes canfod fy ninas noddfa yn Nhrosafon, gyferbyn â'r post, a chael Mrs Davies annwyl a'i merch fwyn Sali yn fam a chwaer maeth imi.

Mi wnes waith go sylweddol i'r *Herald* yn ystod yr wythnosau cyntaf yn Nyffryn Conwy a chwyddo cryn dipyn ar ei gylchrediad ac ar gyllid ei hysbysebion. Ond cyn hir cefais lythyr gan Prosser Rhys yn cynnig cynrychiolaeth y *Faner* imi, am ddegswllt yr wythnos yn fwy o gyflog, ac mi a'i derbyniais yn llawen ar ôl marathon o ffrae ar y ffôn hefo W G yng Nghaernarfon. Anfonodd yntau Gwilym Williams o'r offis yng Nghaernarfon i gymryd fy lle fel cynrychiolydd yr *Herald.* A bu hynny'n gychwyn cyfeillach glós a chynnes rhwng Gwilym a minnau hyd ei farw truenus a disyfyd y caf sôn amdano yn nes ymlaen. Yn y cyfamser yr oeddwn wedi datblygu'n bencampwr y bwrdd biliards yn y King's Head, wedi dechrau hel diod o ddifrif ac, er fy nghywilydd, wedi bod, am yr unig dro yn fy mywyd, mewn ymladdfa feddw ar y stryd ar ôl amser cau. Ac mae hyn yn f'arwain i adrodd am fel y cyflwynwyd fi i'm Hysgol Farddol gyntaf erioed.

Roeddwn wedi mynd i riportio treialon cŵn defaid Pentrefoelas i'r *Faner.* Ar ôl y treialon troais i mewn i dafarn y Foelas, lle'r oedd Lady Watkin Williams-Wynn yn cyflwyno'r cwpan i'r campwr. Yno cefais fy sugno i mewn i nythaid o feirdd-amaethwyr, gwŷr garw y tir glas, oedd yn llawen gyfeddachu mewn cornel neilltuedig, a'r annwyl Thomas Jones, Cerrig-gelltgwm, bardd yr oedd gennyf gryn edmygedd ohono, yn llywyddu arnynt. Flynyddoedd wedyn, a minnau yn gweithio yn Llundain, gwahoddwyd Thomas Jones i annerch y Cymmrodorion, ac adroddodd y *Western Mail: 'The lecturer is a farmer in the uplands of Uwchaled, a district centring around Cerrigydrudion, and has spent his whole life there, this being his first visit to London.'* Enynnodd hyn finnau i ganu iddo:

> Brysia'n ôl, dyddynnwr llawen,
> Cyn it' ddigio d'annwyl awen,
> Cyn dy ddal gan hud y ddinas
> Brysia'n ôl i dir y Foelas.

Ond fel y dwedais, y seiat yn y Foelas oedd f'Ysgol Farddol gyntaf. A chwerw fu'r wers. Ni wn am ba hyd y bu'r gyfeddach. Y cwbl a gofiaf yw deffro ar gyrrau Llanrwst mewn car, a mab y Foelas, oedd yn byw yn Llanrwst, wrth y llyw. Cefais fy ngwely a chodi drannoeth yn dost fy mhen ac yn fawr fy edifeirwch . . . Bore Sul! Cofiais ar amrantiad fy mod wedi addo wrth Mr Williams y Rheithor ddarllen llith yn y gwasanaeth boreol. Brysio gwisgo a'i throi hi tua'r Eglwys. Ac ar y Sgwâr, pwy ddaeth i'm cyfarfod, a'i Destament dan ei gesail, ar ei ffordd i Gapel Seion, ond mab y Foelas. Gwyrais fy ngolygon a mynd heibio iddo heb eu codi. Roedd sach fy edifeirwch yn trymhau o funud i funud. Gwisgais fy nghasog a'm gwenwisg a cherdded hefo'r côr i'n seddau. Yna daeth amser y llith. Cerddais yn drwm fy nghalon at y ddarllenfa. Roedd y Beibl Mawr wedi ei agor yn nhudalen y llith benodedig am y dydd, pa bynnag Sul 'gwedi'r Drindod' oedd, — rhyw bennod o Lyfr Samuel, os cofiaf yn iawn. Troais innau'r dalennau mawr yn frysiog nes cyrraedd Salm Pum Deg ac Un a'i llafaradrodd o'm perfeddion:

> Trugarha wrthyf, O Dduw, yn ôl dy drugarowgrwydd;
> yn ôl lliaws dy dosturiaethau dilea fy anwireddau.
> Golch fi yn llwyr ddwys oddi wrth fy anwiredd;
> a glanha fi oddi wrth fy mhechod.
> Canys yr wyf yn cydnabod fy nghamweddau;
> a'm pechod sydd yn wastad ger fy mron.
> Yn dy erbyn di, dydi dy hunan y pechais ac y gwneuthum
> y drwg hwn yn dy olwg; fel y'th gyfiawnhaer pan leferych
> ac y byddit bur pan farnech.
> Wele, mewn anwiredd y'm lluniwyd; ac mewn pechod y
> beichiogodd fy mam arnaf . . .
> . . . Glanha fi ag isop a mi a lanheir; golch fi a byddaf
> wynnach na'r eira . . .

Ac ymlaen fel yna hyd ddiwedd y salm. O gornel fy llygad gwelwn y Rheithor ar ei fainc yn syllu'n syn arnaf. Pan oeddym yn dadwisgo yn y festri ar ôl y gwasanaeth daeth ataf a gofyn: 'Be yn y byd wnaeth ichi newid y llith am y dydd, 'machgen i?' Cedwais innau fy llygaid i lawr. 'Felna roeddwn i'n teimlo, Mr Williams.' Edrychodd yn fyfyriol arnaf. 'Wel, wel, hogyn rhyfadd ydach chi,' meddai.

Siom, dedwyddyd, tristwch, ffolineb. Oedd, yr oedd fy hynt yn Llanrwst yn gymysgfa fendigedig. Mi wnes liaws mawr o ffrindiau yno, yn eu plith rai o brif fasnachwyr y dref. Jones y Star, William Hughes Siop Sgidiau, ei frawd, Hughes y siop bapurau, Griffiths Siop E B, Smith Williams, Jones y Library, — mae eu hwynebau o'm blaen y funud yma a'u henwi yn peri i'm calon guro'n gynhesach. Buont yn selog eu cefnogaeth i mi a'r *Faner* ac yn hael gyda'u hysbysebion i'r papur. Gwnaeth Jones y Library dro arbennig o dda imi. Sylwodd wrthyf un bore, wrth fynd heibio felpetae, fod pentyrrau o'r *Faner* yn ei seler ac na allai yn ei fyw gael neb i gyfri'r *returns.* Gofynnodd i mi a fyddwn gystal a chyfri hefo fo. Aethom i'r seler a dyna lle buom ni'n cyfrif a chyfrif nes cael bod swm ei fil yn ddeugain punt. Rhoes Jones siec am ddeugain punt imi ac anfonais hi ymlaen i Aberystwyth. Gyda'r troad cefais lythyr gan y Bos yn fy llongyfarch yn galonnog ar fedru cael y siec ac yn dweud eu bod wedi rhoi'r ffidil yn y to cyn belled ag yr oedd cownt y Library yn y cwestiwn!

Ar gorn hyn lledwyd gorwelion fy swydd i fynd o gwmpas y Dyffryn a chylchoedd ehangach i hel dyledion y cwmni oddi ar werthwyr papurau. Cefais ganiatâd y swyddfa i brynu motor beic a threwais fargen â siopwr ym Methesda am A J S ail-law am bumpunt ar hugain. Daeth y perchennog i'm cwrdd ar y beic cyn belled a Betws y Coed. Dangosodd imi sut i'w gychwyn a'i stopio ac yna fy ngadael i'm siawns. Trwy ryw wyrth cyrhaeddais Lanrwst heb fy lladd fy hun na neb arall a chyn hir yr oeddwn yn tramwyo'r Dyffryn fel Jehu. Fel mater o gofnod yn unig, gan fod y ffaith yn gwbl amherthnasol i'm stori, teimlaf y dylwn groniclo i gyn-berchennog y beic gael ei ganfod, beth amser ar ôl hyn, wedi ymgrogi yn ei siop.

Ond yn fwy perthnasol, mi gefais innau, y Jehu newydd, fy ngwers. Roedd fy ngyrru gwyllt ar hyd ffyrdd y Dyffryn wedi peri sôn amdanaf ymhlith plismyn y fro. Ac un pnawn Sadwrn, a minnau mewn siwt newydd yn ei melltennu hi trwy'r dref i gadw oed â merch fach landeg o Drefriw, cododd y plismon ar Sgwâr Llanrwst ei law. Gofynnodd am fy leisans. Roeddwn wedi gadael honno ym mhoced fy hen siwt. O, felly'n wir? Gwell iti fynd i fyny i weld Inspector Rowlands. A ffwrdd â mi i'r Rheinws. Yno cefais bregeth lem gan yr annwyl Arolygydd Rowlands, a rhybudd i feicio'n fwy gofalus neu . . . Es innau i'r oed yn ddrwg fy nhymer a chael yr eneth ddel yn disgwyl amdanaf wrth Gastell Gwydir. Cynhigiais sigarét iddi. Dew, meddwn i, does gen i ddim matsus. Rhoswch yn fanma am eiliad imi nôl bocs yn Nhrefriw. A ffwrdd â mi fel rhoced. Ac ar drofa'r ffordd dyma fynd yn bendramwnwgl i gar modur a'm lluchio dros ei fonet i'r ffos. Pan ddeffroais yr oedd car Doctor Huw wedi cyrraedd o Lanrwst, a'r A J S druan yn deilchion o dan y car a drewais. Cariwyd fi i gar Doctor Huw yn waed diferol a chludwyd fi i'm llety yn Llanrwst, — Plas Isaf, hen gartref William Salesbury, ar y pryd, — a'r hyn oedd yn greulonach na'r anafau a gefais oedd gorfod pasio'r plisman ar y Sgwâr a synhwyro'r gwawd a'r gerydd ar ei wedd. Ond mi gefais y cysur o gael yr eneth ddel o Drefriw, a oedd yn nyrs, i weini i'm doluriau yn y llety.

Tua'r adeg yma y cefais alwad i Fethesda i fynd â Mam, a oedd wedi llwyr dorri i lawr dan faich ei gorthrymderau, i'r Seilam yn Ninbych. Cofiaf ddychwelyd i Lanrwst, ar ôl y daith ofidus i Ddinbych, yn ddychryn ac yn ddagrau. Mi es yn syth o'r Stesion i Gaffi Gwydyr, lle'r oeddwn yn aros ar y pryd, — mi fûm mewn llawer llety difyr yn y dref cyn cyrraedd dinas noddfa Trosafon, — a rhoi fy mhen ar y bwrdd a chrïo, tuchan crïo'n ddistaw, a heb eto ddod ataf fy hun ar ôl profiad alaethus y dydd. Tra'r oeddwn yn eistedd felly â'm pen ar y bwrdd, roedd y ferch siriol a gadwai'r caffi yn sefyllian yn y drws yn sisial mêl wrth un o'i chariadon dan gochl y nos. Toc diflannodd y cariadlanc a daeth hithau i'r gegin. Byrlymais fy nghalon wrthi ac roedd yn llawn gras a chydymdeimlad. Yna aethom ein dau i'r gwely. Ond nid i'r un gwely, er mai dim ond ni ein dau oedd yn byw yn y lle. Bûm lawer gwaith yn rhyfeddu ein bod wedi cysgu mewn dwy stafell nesaf at ei gilydd y noswaith honno, a dyfalu pa faint mwy o gysur a gawswn pe bawn wedi mentro ceisio rhagor na'm haeddiant o'i chydymdeimlad a'i thosturi.

Ac o sôn am bethau fel hyn, cofiaf imi fynd ar feisicl benthyg (cyn dyddiau'r motor beic) ar un o'm hymweliadau cyson â Mam yn y Seilam yn Ninbych. Roedd sedd y beisicl yn rhy uchel imi ac mi straeniais un o'm ceilliau. Aeth y peth yn boenus iawn ac mi es i weld Doctor Huw. Wedi imi wyro fy nhrowsus a chael archwiliad edrychodd Doctor Huw'n amheus a braidd yn fileinig arnaf. 'Efo pwy buost ti neithiwr?' meddai. Ond roedd fy nghydwybod, ar y pryd beth bynnag, yn glir. 'Fûm i ddim hefo neb,' meddwn, ac egluro wrtho am y beic. Fe'i bodlonwyd o'r diwedd fy mod i'n lân a chefais feddyginiaeth i'm dolur ganddo.

Cefais brawf anuniongyrchol hefyd nad oedd y beisicl sedd-uchel wedi gwneud eunuch ohonof. Roedd criw ohonom wedi ffurfio cwmni drama, sef cyfaddasiad o *Rhys Lewis* Daniel Owen a chefais i ran Tomos Bartli. Mewn sgwrs â Gwynfor yn rhywle yn trafod y ddrama dywedodd wrthyf mai'r ffordd i bortreadu Tomos oedd trwy wneud iddo siarad â llais main gwichlyd. Bûm innau'n ymarfer felly yn y rihyrsals yn festri Seion. Yna, ychydig ar ôl f'ymweliad â Doctor Huw, cawsom alwad i berfformio'r ddrama yng Nglan Conwy. Ac yno, ar ganol un o areithiau Tomos Bartli, er mawr syndod i'm cyd-berfformwyr ac i'r cynhulliad yn y neuadd, torrodd fy llais gwichlyd a throi yn faritôn neu'n fas ac aros yn y cywair hwnnw. Hwnnw oedd fy mherfformiad cyntaf, — a'm holaf.

Nid nad oedd maglau lawer ar gwrs llencyndod ffôl yn Llanrwst y pryd hwnnw, fel ym mhob llan ac ar bob pryd. Un diwrnod ymddangosodd gweledigaeth o fenyw yn y dref a pheri llawer perlewyg yn ein plith ni lanciau gorawenus y lle. Ni bu dim tebyg mewn sgert i'r Fenws hon yn cerdded strydoedd Llanrwst a gallai'r hudoles feindlos gipio'r llanc a fynnai i'w rhwyd. Cipiwyd amryw ohonynt. A cholynnwyd hwy. A bu mwy nag un ohonyn nhw'n ymbil am feddyginiaeth Doctor Huw i ddolur gwaeth nag a roddodd y beisicl sedd-uchel i mi. Ni wn hyd heddiw o ble daeth y ddrychiolaeth honno a ysgubai ei ffordd ar hyd y stryd yn ddrych o ddiniweidrwydd a moryndod. Ond fe ddiflannodd mor ddisyfyd ag yr ymddangosodd.

Ymhlith fy ffrindiau yn Llanrwst hefyd yr oedd dau brif dwrnai'r dref, a hyfryd yw cael cofnodi caredigrwydd y ddau tuag ataf. Un oedd Howell Jones, gŵr gwelw ei wedd, a chywir ei fuchedd a phwyllog ei ymadrodd. Nid oedd y motor beic a ddinistriwyd yn y ddamwain echrydus ar ffordd Trefriw wedi ei yswirio ac roeddwn i, yn fy ngwaed a'm syfrdan, cyn fy nghludo i gar Doctor Huw, wedi mynnu cael fy nwyn at hen ŵr oedd yn gryndod i gyd yn y car a drewais ac ymddiheuro iddo, — y peth olaf, fel y dysgais droeon wedyn, y dylid ei wneud ar ôl damwain. Daeth bil arswydus oddi wrth berchennog y car ac mi es innau'n gryndod i gyd at Howell Jones am air o gyngor.

Sgrifennodd yntau lythyr huawdl at gynrychiolwyr perchennog y car yn pledio fy nhlodi a'r doluriau enbyd a gefais. A maddeuwyd y ddyled imi.

Y twrnai arall oedd David Thomas, tad Peter Thomas, y Gweinidog Cymreig presennol. Ni chlywais hafal i David Thomas fel erlynydd ac amddiffynnydd yn y llys. Ac rwy'n siŵr, pe bai wedi dewis estyn ei orwelion, y gallsai, pe mynnai, fod wedi dringo i uchel-leoedd ym myd y gyfraith. Yn y cylch y dewisodd droi ynddo yr oedd yn arweinydd gwiw a glew. Ni pherthynai iddo fwynder tawel, dirodres Howell Jones. Roedd yn bersonoliaeth fwy garw a llai hawdd ei drin. Ond cofiaf am un tro caredig ganddo yntau hefyd. Roedd enllib wedi llithro i'r *Faner* yn un o'm hadroddiadau o'r llys trwyddedu. A chefais wŷs i swyddfa David Thomas. I bwysleisio mor hawdd yw i riportar lithro enllib i'w bapur hoffwn gofnodi mai'r llythyren 'y' fu'n fagl i mi. Roeddwn wedi cyfeirio at 'y cyn-drwyddedwr' yn lle 'cyn-drwyddedwr'. Ond cefais dderbyniad grasusol gan David Thomas, a gynrychiolai'r sawl oedd wedi cwyno am yr enllib, a bodlonodd ar dderbyn gair o ymddiheuriad yn rhifyn dilynol y *Faner*. Ar fy ffordd allan cefais gyfarfod Peter Thomas am y tro cyntaf. Plentyn bach penfelyn del, heb fod llawer mwy na thair oed ydoedd, yn eistedd ar lin Idwal y clarc. Gafaelais ynddo a'i ddodi i eistedd ar y bwrdd. A bob tro y gwelaf Peter Thomas byddaf yn cael hwyl yn adrodd wrtho am ein cyfarfyddiad cyntaf.

Rhyfedd fel mae'r cof yn chwarae triciau. Pan dderbyniais gais Prosser i drosglwyddo fy nheyrngarwch o'r *Herald* i'r *Faner* yr oeddwn yn lletya mewn tŷ ag iddo'r enw gogleisiol *The Old Brewery*. Bu llawer o dynnu coes yn llythyrau Prosser ar gorn fy nghyfeiriad. Ond roedd yno deulu annwyl a chefais fwy na'm haeddiant o'u nawdd a'u serch ag ystyried y modd y bihafiwn ar adegau. Yn enwedig y ferch fach garuaidd o'r enw Agnes. Pan oedd yr Eisteddfod Genedlaethol yn Llanrwst ym 1951 cefais lety gan fy hen ffrindiau Ewart a Myf, oedd wedi symud o Fetws y Coed ar y pryd, dan yr un gronglwyd am yr wythnos a'r Athro W J Gruffydd. Roeddwn newydd gyrraedd ac wedi mynd i sefyll wrth y llidiart o flaen y tŷ i anadlu'r awyr atgofus a'i ddieithr ddistawrwydd pan ddaeth gwraig heibio. 'Helo,' meddai. 'Sudach-chi?' 'Reit dda wir' meddwn innau'n hurt. 'Dydach-chi ddim yn fy nghofio i?' meddai. 'Wel, rhoswch-chi, na, dydw i ddim yn meddwl,' meddwn innau'n fwy hurt fyth. 'Agnes?' meddai, a minnau'n mynd i edrych yn wirionach o hyd, ac yn methu gwybod beth i'w ddweud nesaf. 'O, wel' meddai hithau a cherdded i ffwrdd a'm gadael yn pensynnu. Troais yn ôl i'r tŷ mewn penbleth. Ac yna, fel llythrennau o dân, daeth y cof am Agnes yn ôl. Ond roedd yn rhy hwyr. Welais i ddim golwg ohoni ar hyd yr wythnos. Ddwywaith wedyn ar dro yn Llanrwst bûm yn chwilio amdani i ddweud mor ddrwg oedd gennyf imi fethu ei chofio. Y tro cyntaf, ar ôl holi, cefais mai Mrs Jones Tŷ Capel oedd hi. Mi es at y Tŷ Capel a chnocio'n y drws. Ond ni chefais ateb. Erbyn yr ail dro roedd rhywun arall yn byw yn y Tŷ Capel a methais â chael dim o'i thrywydd. Os nad aeth yn rhy hwyr efallai y caiff weld hyn o eiriau. Ac os caiff, dyma gynnig cusan hen ŵr iddi gydag ymddiheuriad.

7

Yn fuan wedi fy muddugoliaeth hefo siec ddeugain punt Jones y Library mi gefais wŷs i Aberystwyth am y tro cyntaf. Mi hoffwn fedru rhoi rhyw amgyffred o'r pleser hyderus oedd ym mêr fy esgyrn wrth gychwyn ar y daith honno. Y gyffelybiaeth agosaf sydd gennyf yw'r ias hyfryd a brofais wrth fynd ar fy nhrip Ysgol Sul cyntaf i lan y môr yn Llanfairfechan flynyddoedd cyn hynny. Neu efallai'r bore hwnnw pan gychwynnais i'r Cownti Sgŵl am y tro cyntaf. Nid oeddwn eto wedi cael cyfarfod Prosser er cymaint y llythyrau gogoneddus fu'n mynd a dod rhyngom. Ac fe gawn hefyd gwrdd â'r Bos Mawr, Bertie Read, perchennog y papurau, a ganmolai gymaint (yn ôl Prosser) ar fy ngwaith, yn enwedig ar ôl derbyn y siec ddeugain punt. A dyna lle'r oeddwn, yn bloeddio canu i rithmau'r A J S (hyn, wrth gwrs, cyn ei farwolaeth alaethus dan y car ar ffordd Trefriw) ac yntau'n fy ngyrru fel rhyw greadur adeiniog tros fawnog Trawsfynydd, trwy Ddolgellau a Machynlleth. Ac yna, ar gopa Gallt Penglais, fy nwyn i olwg y môr a'r bae a'r dref oedd yn addo cymaint imi.

Cyrraedd Terrace Road a dringo'r grisiau i Swyddfa'r *Faner,* rhyw hafan fach o gell ar y llawr uchaf, allan o sŵn a phrysurdeb y gweddill o weithgareddau cwmni'r *Cambrian News.* Cnocio'r drws a mynd i mewn. Cododd Prosser o'i gadair i'm cwrdd a'm croesawu. Yr oedd mor hardd a hawddgar ag y disgwyliais ei gael a neidiodd delweddau fel John Keats a Rupert Brooke i lygaid y cof. Dyma wyneb bardd os bu un erioed, meddwn wrthyf fy hun. Syllai'r llygaid gloywon, dwys yn freuddwydiol arnaf wrth ysgwyd llaw. A'i eiriau cyntaf wrthyf oedd geiriau Elfed:

> O'm blaen mae wynebau ag ôl y dymestl arnynt
> A chreithiau y brwydrau gynt sydd yn siarad drostynt.

Dyma'r bachgen oedd wedi anfon ei 'gofion mwynion' ataf yn fy nhrybini eithaf, a chwpled o waith Elfed a ddyfynnodd y tro hwnnw hefyd:

> Dioddef yw penyd bardd ym mhob oes
> A ffordd y gwron yw ffordd y Groes.

Gyda Phrosser yn yr offis yr oedd gŵr mewn oed a'i lygaid yntau'n loywon a'i ruddiau'n ddrychau o iechyd a chryfder a'i wallt yn glaer wyn, — y bardd Dewi Morgan, — Dewi, y cefais gymaint o'i gwmni melys ac o'i ddoethineb rhadlon, a noddfa hyfryd ar ei aelwyd dros dro. Ac yno'n lletya yr oedd myfyriwr ifanc o'r enw D Gwenallt Jones. Ymwelydd mynych ar aelwyd Dewi hefyd fyddai'r bardd T Gwynn Jones. Cofiaf ryfeddu wrth y bwrdd swper un noswaith wrth weld gwraig Dewi'n pentyrru cig gwyn ar blât Gwynn Jones. Pan holais am hyn, eglurhad Dewi oedd bod Gwynn dan yr argraff, yn gam neu'n gymwys, ei fod yn cael ei fygwth gan y diciâu a bod rhywun wedi ei gynghori i gymryd cymaint ag a fedrai o fraster. Cofiaf hefyd fod gan Ddewi ei ddull ei hun o ysgwyd llaw. Ni chredaf fod unrhyw anaf ar ei law, ond byddai ei fys bach wedi ei blygu i mewn bob amser a dim ond tri bys a bawd fyddai'n dod i'm llaw. Roedd rhaib y diciâu wedi rhoi ei anaf eisoes ar law dde Prosser druan, ac roedd yn amddifad o un bys arni. Gan Ddewi, ac i gyfeiliant y tonnau tryst-fawr ar y Prom, y cefais i ddod i adnabyddiaeth am y tro cyntaf â meistri'r gynghanedd fel Siôn Cent, Tudur Aled ac eraill.

Ond dyddiau heulog oedd y dyddiau cyntaf hynny yn Aberystwyth ac o'u herwydd mae gen i gariad arbennig at y lle. A bu felys iawn y cwrdd cyntaf hwnnw â Phrosser. Ar derfyn y dydd gwaith aethom ar y Prom a throi ar y chwith nes cyrraedd y pen pellaf, tu draw i'r hen Goleg. Yno, troi i'r chwith drachefn o'r Prom ac i mewn i dafarn bach lle'r oedd gwestywr siriol i'n cyfarch yn nhafodiaith swynol y Cardi ac estyn peint yr un inni. Ac yna Marathon o sgwrs. Am ba beth ni chofiaf ddim. A phwy sy'n malio? Ail-berfformiwyd y ddefod yma ddegau o weithiau ar fy nhroeon dilynol i Aber ac i'r swyddfa.

Nid oedd Prosser yn smociwr trwm, ond ar yr achlysuron hyn prynai baced ugain a'i roddi ar y bwrdd. Ac aem drwy'r paced a rhyw dri neu bedwar peint ar bob eisteddiad. Chwerthin, yn hytrach na geiriau sy'n glynu yn y cof o'r seiadau hyfryd hynny. *A! Dedalus, mae'r clychau yn boddi yn y glaw* . . . Ei throi hi adref wedyn i Dinas Terrace, lle byddai ei wraig-newydd-briodi, Prudence, yn paratoi gwledd anamserol o gig moch ac wyau inni. Ac wedyn, pan fyddwn yn aros hefo nhw, record neu ddwy o fiwsig gwâr cyn ei throi hi i'r gwely.

Ar yr ymweliad cyntaf hwnnw hefyd y cefais fy ngolwg gyntaf ar y Bos Mawr, Bertie Read, gŵr main, tal, llym ei foes ac union ei rodiad. Ond roedd ganddo gamau mor freision fel mai anodd fyddai cadw mewn step ag o pan âi Prosser ac yntau a minnau ar gerdded. Roedd ei dad, hen ŵr barfog a phwyllog ei air, fel y cofiaf i fo, yn Olygydd y *South Wales News* yng Nghaerdydd ar y pryd. Byddai hwnnw'n dod ar dro i ymweld â'i fab, a hawdd oedd gweld o ble cafodd Bertie ei fuchedd dra chrefyddol. Pan euthum i weithio i Gaerdydd yn ddiweddarach, un o'r straeon cyfredol am yr hen ŵr oedd profiad Percy Cudlipp, a ddaeth wedyn yn un o olygyddion amlycaf Stryd y Fflyd, pan aeth ato i ofyn am swydd ar y *South Wales News.* Cwestiwn cyntaf yr hen ŵr iddo ydoedd: *'Are you saved, my boy?'*

Ond er llymed ei foes ac weithiau ei air, yr oedd haen garedig ym mhersonoliaeth y mab, Bertie Read. Mynnai weinyddu swyddfa'r *Cambrian News* ar raddfa papur dyddiol ar linellau papur ei dad. Ac roedd yn ei ystafell fotymau liaws a ganai glychau ym mhob rhan o'r adeilad i wysio'i weision i'w bresenoldeb, a theliffonau aneirif pan oedd yr offer hynny heb fod mor boblogaidd ag ydynt heddiw.

Canlyniad ein sgwrs gyntaf oedd i Bertie Read fy narbwyllo y gallwn chwyddo f'incwm trwy werthu rhai o nwyddau'r ffyrm, — papur sgwennu, amlenni, papur pacio, bagiau papur, ac yn y blaen. Cytunais innau, er imi fod yn amheus iawn o'm cymwysterau fel gwerthwr. Y canlyniad fu gwneud parsel enfawr o'r cyfryw nwyddau a'u rhwymo wrth biliwn yr AJS. Ar fy ffordd i lawr o'r swyddfa troais i mewn i siop W H Smith a oedd ar y llawr ac yn agor i'r stryd. Yno, ar ôl troi a throsi ymhlith y llyfrau, prynais gopi o *Songs of Innocence* William Blake. Roedd Prosser, chwarae teg iddo, wedi bod yn ceisio lledu fy ngorwelion trwy anfon imi, o dro i dro, gyfrolau o farddoniaeth Saesneg fel *Lollingdon Downs* a *Dauber* John Masefield, *Shropshire Lad* Housman, a cherddi Thomas Hardy a W H Davies, a oedd yn dra phoblogaidd ar y pryd. Edrychwn innau ymlaen at fwynhau gwaith Blake ac mi roddais *Songs of Innocence* i mewn yn y parsal ar y piliwn hefo'r bagiau papur ac yn y blaen. A ffwrdd â mi dros Allt Penglais a'r A J S yn canu ei farddoniaeth ei hun odanaf. Ond ni chefais hyd yn oed gychwyn ar fy ngyrfa fel gwerthwr bagiau papur na chael darllen *Songs of Innocence.* Pan gyrhaeddais Lanrwst nid oedd hanes am y parsal ar y piliwn ac mae'n debyg gen i iddo gymryd adenydd yn rhywle rhwng Dolgellau a Thrawsfynydd.

Ond nid oeddwn yn hollol aflwyddiannus ar yr ochor fasnachol chwaith. Cawn lawer o hysbysebion i chwyddo cyllid y *Faner* ac i wneud yn siŵr o'm cyflog, er mai sgrifennu i'r *Faner* oedd fy mhriod waith. Wedi fy amddifadu o'r A J S ar ôl y ddamwain echrydus ar ffordd Trefriw, a heb bres insiwrans na phres arall i brynu olynydd iddo, teimlwn y golled yn fawr a bûm yn hir ddyfalu sut i gael un newydd. Awn o gwmpas y Dyffryn ar feisicl neu mewn trên neu ar ddeudroed ac nid oedd bywyd yn symud yn ddigon cyflym o lawer. Ar un o'm troeon ym Mae Colwyn neu'r Rhyl yn hel pres y gwerthwyr papurau i'r ffyrm, gelwais mewn garaits a chael sgwrs â'r perchennog. Cefais ei fod yn gredwr cadarn mewn hysbysebu a dechreuais restru wrtho ragoriaethau'r *Faner* fel cyfrwng hysbysebu i gyrraedd ffermwyr ifanc Hiraethog a'r cylchoedd diarffordd yn Nyffryn Clwyd. Neidiodd yntau i'r abwyd a chyn imi adael yr oeddym wedi cytuno ei fod o'n cael hysbysiad pedair modfedd ar draws dwy golofn yn y *Faner,* i redeg am ddwy flynedd, yn gyfnewid am Raleigh newydd sbon. Wedi perswadio Prosser i berswadio Bertie Read i gytuno i'r fargen roeddwn yn marchogaeth yn fuddugoliaethus trwy Abergele a Llanfairtalhaearn a Llangernyw i Lanrwst a'r Raleigh gloyw ei lwynau'n canu rhwng fy nghluniau, yn falchter ac yn hyfrydwch ei farchog.

A dyma gyrraedd penllanw dedwyddyd y cyfnod hwn yn fy ngyrfa. Roeddwn hanner can milltir o gyrraedd fy meistri ac mor rhydd â'r awel i fynd a dod fel y mynnwn. Codwn ar fore hafaidd yn llawn afiaith ac yna dewis i ble'r awn am y dydd, i gyrchu pres i'r ffyrm neu i hel tipyn o newyddion. Yr oedd imi ryddid y Dyffryn. Weithiau awn i Landudno ac wedi stelcian am sbel wrth lan y môr yno, marchogaeth ar hyd yr arfordir ac yn ôl trwy Lanfairtalhaearn. Weithiau awn i Flaenau Ffestiniog, trwy Ddolwyddelan a thros y Creimea; dro arall i Fetws y Coed a Chapel Curig. Mannau dymunol a dewisol eraill yr hoffwn roi tro iddynt fyddai pentref paradwysaidd Eglwysbach, wedi ei gau mewn dyffryndir o olwg y byd, a'r hen gerddor Owen Williams ('Sul y Blodau') yno i'm croesawu; Ysbyty Ifan a Cherrigydrudion a Chorwen hefyd. Y rhain oedd fy ngorsafoedd ac ym mhob lle yr oedd gennyf nid yn unig werthwyr y papur i alw arnynt ond pobl a ddaeth yn ffrindiau agos ac yn awduron a ffynonellau fy newyddion lleol, yn weinidogion ac yn siopwyr ac yn deilwriaid a chryddion. A byddai cwpanaid o de a chroeso a stori gan bob un ohonynt i ychwanegu at fy stôr wythnosol i golofnau'r *Faner.*

Ymhlith y rhai anwylaf ac agosaf ataf o'r rhain yr oedd y Parch Llywelyn Hughes ym Mhandy Tudur, a Phorthaethwy wedyn; y Parch J H Williams yn Nhalybont, ger Conwy; Owen Williams, y cyfeiriais ato eisoes, yn Eglwysbach; y Parch Lewis Edwards, Horeb, Llanrwst, a Birkenhead wedyn; a'r teiliwr ym Mhenmachno, John Williams. Y teiliwr siriol a ffraeth a eisteddai â'i goesau ynghroes ar ei fwrdd, yn null traddodiadol hen deilwriaid, yn pwytho'n ddiwyd a'r ffraethineb yn byrlymu o'i enau. Roeddwn yn nabod ei fab, John Ellis Williams, trwy ei dad ymhell cyn imi gyfarfod Siôn Elis, ac mi wn yn dda o ble y cafodd y mab ei ddoniau hael fel dramaydd a storïwr a dychanwr.

A'r tyneraf a'r anwylaf ohonynt oll, y Parch J P Davies, yn weinidog ifanc yn ei ofalaeth gyntaf yng Nghapel Curig. Awn ato'n rheolaidd ar y Raleigh a chaem bnawn cyfan hefo'n gilydd yn cyfnewid profiadau, yn cyffesu beiau, yn yfed te ac yn cael maeth i'r ysbryd yng nghwmni ein gilydd. A fi bob amser fyddai'n cael y fargen. Byddwn yn teimlo'n llawnach fy nghalon ac yn lanach fy meddwl ar ôl pob ymweliad â J P yn ei lety a chododd f'ysbryd o'r dyfnderoedd lawer gwaith. Roedd rhyw angerdd dwys yn perthyn iddo, a hwnnw yn fy mhorthi innau fel porthi batri gwan â thrydan. Cofiaf fynd i'r galeri yng Nghapel Seion, Llanrwst, i wrando arno'n pregethu un nos Sul. Ni chofiaf ei destun na rhediad ei bregeth. Ond mi gofiaf iddo gael yr un dylanwad dyrchafol arnaf o bulpud Seion ag a gaffai o'i gadair ac wrth y bwrdd yn ei lety. Ar ôl Capel Curig symudodd i Lanberis ac oddi yno i'w weinidogaeth faith a llwyddiannus ym Mhorthmadog. Byddwn yn meddwl llawer amdano o dro i dro ar hyd y blynyddoedd ar ôl colli'r gyfathrach, a thrist gennyf oedd darllen am ei ymadawiad yng nghwmni lliaws adfydus o weision da ei Arglwydd a'i Gymru. Daeth yn fyw ger fy mron mewn ysgrif goffa amdano gan Tudur Jones, Bangor, yn *Y Cymro* ychydig ar ôl ei farw. Ac nid rhyfedd; mae Tudur o'r un brîd ysbrydol.

Cyfeiriais eisoes at Ewart a Myf. Cyfaill agos iawn ataf fu William Ewart Roberts, a gafodd ei enw, fel llawer un arall o'i genhedlaeth, yn llewych Rhyddfrydol Gladstone. Roedd Ewart a minnau rywbeth yn debyg o ran pryd a gwedd a chymerid ni'n aml fel dau frawd. Ac ni bu dau frawd closiach at ei gilydd erioed, nac erioed gartref y bûm yn teimlo'n gymaint rhan ohono nag Arfon House, cartref Ewart a'i briod annwyl, Myfanwy, ym Metws y Coed.

Cyfarfu Ewart a minnau am y tro cyntaf pan ddaeth cnoc ar ddrws Trosafon un bore ac yntau'n introdiwsio'i hun a gofyn am fy help gyda phapur yr oedd i'w ddarllen yng nghwrdd llenyddol ei gapel yn y Betws. Dreifio'i gar fel tacsi yr oedd Ewart ar y pryd, a Myf yn llywyddu'n ddiwyd ac yn ddoeth dros y tŷ bwyta yn Arfon House. Ac o'r dydd hwnnw bu Arfon House yn gartref oddi cartref imi.

Roedd Ewart yn gapelwr selog ac ni chyffyrddai â'r ddiod gadarn, er iddo fod yn fflyrtio â hi pan oedd yn iau. Ond ym mha drybini bynnag y digwyddwn i fod, nid oedd eisiau ond gair ar y teliffon na byddai Ewart yn estyn gwaredigaeth, pa mor bell bynnag y byddwn. Byddai cerbyd yr iachawdwriaeth yn prysuro'i olwynion i'm hachub. A phan fyddwn wedi bihafio'n ffolach nag arfer byddai llygaid maddeugar Ewart, oedd yn gerydd ynddynt eu hunain, yn ddigon i'm dwyn yn ôl i lwybr uniondeb ac edifeirwch.

Un o'm siwrneiau rheolaidd ar y Raleigh fyddai f'ymweliad â Mam yn y Seilam yn Ninbych. Ond un diwrnod mi gafodd y Raleigh saib yn ei gwt ac mi es i Ddinbych hefo Ewart yn ei gar. Roedd yntau'n mynd i'r Seilam i edrych am ei frawd John. Roedd John wedi treulio rhan helaeth o'i oes fel siopwr yn y Wladfa ym Mhatagonia. Torrodd lladron i mewn i'r siop ac yn yr ysgarmes anafwyd John. Daeth gartref yn ŵr claf ac aed ag ef i'r Seilam â'i ymennydd wedi ei barlysu. Ar y daith i Ddinbych dros Hiraethog roedd Ewart a minnau'n bloeddio canu nerth esgyrn ein pennau:

> Pwy a-all bei-dio co-fio amdano,
> Pwy a-all bei-dio traethu ei glod?

Pe bai rhywun wedi digwydd ein clywed mi fyddai'n argyhoeddedig mai dau wedi dianc o'r Seilam oeddym. Ond 'ta waeth, dyma gyrraedd Dinbych a'r Seilam. Pan ddaeth nyrs â John i'r ystafell at Ewart a minnau ni allem gael gair o'i ben er treio'n galed dynnu sgwrs hefo fo. Ond pan oeddym ar ymadael dyma fo'n syllu'n freuddwydiol arnom ac yn dweud: 'Yn nhŷ fy Nhad y mae llawer o drigfannau.' A dyna'r cwbwl. Daeth y nyrs i'w arwain yn ôl i'w drigfan ei hun ac aethom ninnau i'n hynt. Ar y ffordd yno roedd ein lleisiau croch wedi cyrraedd eu cresendo yn y geiriau:

> Dyma-a ga-ariad na-ad a'n a-ango
> Tra - bo-o'r Ne-efoedd we-en yn bo-o-o-d.

Ond tawedog iawn oeddym ar hyd y daith yn ôl.

Mae'n rhaid imi ddod yn ôl at Ewart a'r caffi eto, ac yn enwedig at un noswaith fythgofiadwy a gafodd Gwilym Williams a minnau yno. Ond rhaid torri ar draws y bennod i gofnodi buddugoliaeth Prosser gyda'i bryddest 'Atgof' yn Eisteddfod Pontypŵl ym 1924. Yn gynharach yr un flwyddyn enillodd Dewi Morgan gadair Eisteddfod fawr undydd Pentrefoelas am gerdd ar y testun 'Pethau nad anghofiaf byth'. Pwynt o ddiddordeb llenyddol am y ddwy bryddest yw mai fel arall y gallai fod wedi digwydd. Bwriad cyntaf Prosser oedd anfon 'Atgof' i gystadleuaeth Eisteddfod Pentrefoelas, a Dewi wedi arfaethu anfon ei gerdd yntau i Bontypŵl. Ond cytunodd y ddau i newid meddwl gyda'r canlyniad a gofnodwyd.

Roeddwn innau wedi cystadlu ym Mhentrefoelas ac wedi canu am fy mhrofiadau wrth ymweld â'r Seilam. Cynan oedd y beirniad. Wedi gwrando ar ei feirniadaeth a'm cael rywle tua'r canol fe'm siomwyd i'n ddirfawr. Ac yn null traddodiadol collwr gwael mi anfonais lythyr chwyrn i'r *Brython,* y papur Cymraeg poblogaidd a gyhoeddid yn Lerpwl ar y pryd, — llythyr yn beirniadu'r beirniad. Trwy drugaredd mae'r gerdd honno wedi mynd ar ddifancoll ers llawer dydd, — neu rwy'n gobeithio hynny, ta beth, ac nac atgyfodir mohoni ryw ddydd ar ôl f'ymadawiad. Ond bu un canlyniad hapus iawn i'm llythyr yn y *Brython.* Yr wythnos ddilynol daeth llythyr imi i Drosafon, llythyr mwyn a charedig oddi wrth Cynan a gwahoddiad cynnes imi i ginio yn ei gartref ym 'Mhenmaenmawr, lle'r oedd yn weinidog ar y pryd.

Rowliodd y Raleigh yno nerth esgyrn ei ddwy olwyn i roddi imi un o brynhawnau hyfrytaf fy mywyd. Nid yn unig cael cyfarfod Cynan am y tro cyntaf a phrofi o groeso hael a siriol ei ford ganol dydd, ond: 'Dowch inni fynd i eistedd i'r ardd ffrynt,' meddai ar ôl cinio. 'Mi leiciwn i ichi glywed cerdd newydd sy gen i.' Ac yn yr ardd Edenaidd honno, ar brynhawn o haf hirfelyn tesog, a'r môr llwyd, breuddwydiol draw oddi tanom yn araf weddnewid i Fôr Aegea, y cefais glywed am y tro cyntaf yr awdl gyfareddol 'I'r Duw nid adweinir' a oedd, ymhen rhyw dri mis neu lai i ennill cadair Eisteddfod Pontypŵl. Daw ei hadlais fel clych arian o'r prynhawn pell hwnnw i ganu am y gwenyn yn sipio'r grawnsypiau ac mai Paradwys y Galon yw Milo'n y môr. A dyna gael mynediad y prynhawn hwnnw i gylch eang ei gyfeillion a phrofi o gyfeillgarwch na bu ball arno hyd ddiflaniad y pêr ganiedydd hwn gyda'r lliaws eraill.

Ond i fynd yn ôl at fuddugoliaeth Prosser. Yr oedd fy nhaith nesaf i Aberystwyth yn un anghyffredin o lawen. Er mai mewn ateb i wŷs teligram oddi wrth y Bos — un hoff o anfon teligramau oedd o — y neidiais ar gefn y Raleigh a'i gael i weryru dan fy nghic, fy mhrif neges answyddogol oedd cael estyn fy llongyfarchiadau i Prosser ar ei gyd-fuddugoliaeth â Chynan ym Mhontypŵl. Ym mhersonau'r ddau fardd yma, y cawswn mor ddiweddar y fraint o'u cyfeillgarwch, daeth Coron a Chadair yr Eisteddfod yn bethau mor arwyddocaol i mi â'r Greal Sanctaidd i farchogion yr henfyd. Ac roedd y teligram hefyd yn neges o lawenydd, oblegid ei phwrpas oedd fy nghadw yn Aber am ryw ddeufis i lenwi bwlch ar staff y *Cambrian News*. Dyma'r pryd y cefais am gyfnod byr gyfathrach agos â Dewi Morgan a chael maethu f'ysbryd â'i feddwl coeth ac â dewiniaeth ei leferydd doeth.

Dyma'r pryd hefyd y brawychwyd ni gan drasiedi personol yn hanes Dewi. Yr oeddym yn y swyddfa yn Terrace Road pan ddaeth y newydd fod ei briod fwyn a charedig, — un o'r gwragedd annwyl hynny sy'n medru cuddio blinderau'r galon a'r meddwl dan wên serchus a gair cysurlon, — wedi syrthio o ffenestr y llofft a'i chael yn gelain ar y palmant. Cofiaf fynd i'r Capel hefo Dewi y nos Sul ar ôl diwrnod y cnebrwng a rhyfeddu, pan oeddwn yn gwyro mewn gweddi wrth ei ochr, fel yr oedd wedi ymateb mor ddewr i'r ergyd. Roeddwn eisoes wedi cael profi o'i ddewiniaeth a'i ddoethineb ac wedi cael f'ysgafnhau lawer gan ei chwerthin a'i hiwmor iach. Ond roedd y cadernid y bûm yn dyst ohono'r nos Sul yma yn y capel yn rhywbeth na wyddwn i ddim am ei ansawdd. Bu'n briod ddwywaith wedyn, a phan elwais unwaith yn ei gartref o a'i ail wraig yn Bow Street cyflwynwyd baban chwe mis oed imi. Cyflwynwyd o wedyn imi ymhen blynyddoedd mewn noson lawen fel Elystan Morgan, y cyfreithiwr disglair a'r seneddwr huawdl. Bu Dewi fyw i basio'i ddeg a phedwar ugain, ac er bod amser wedi pylu gwawr yr hen gyfathrach felys, fer, aeth ochenaid fach na ŵyr y byd amdani i'w hebrwng oddi yma.

Daeth y saib hyfryd ar y *Cambrian News* yn Aber i ben yn llawer rhy fuan. Ond ni ddylwn ei gadael heb o leiaf un enghraifft o natur garedig a thadol y Bos Bertie Read ac ar yr un pryd eich cyflwyno i'm hen gyfaill Bobby Burns. Oherwydd rhyw anghaffael yn nyddiau babandod diffoddwyd cannwyll fy llygad chwith ac roedd tro ynddi a roddai imi lygaid croes. Parai hyn lawer o ofid imi pan ddeuthum yn ymwybodol nad oedd fy ngolygon yn union fel rhai fy nghyfoedion. Ac mae'n amlwg ei fod wedi cyffwrdd teimladau tadol y Bos. Ychydig ddyddiau cyn imi droi'n ôl am Lanrwst, galwodd fi i mewn i'w gysegr.

'*Look here, my boy,*' meddai — a minnau, mae'n debyg yn ymddangos fel pe'n edrych i rywle arall. '*You should wear spectacles. Take this note to the optician in Terrace Road, it's only a few doors away. Get a pair of glasses and tell him to send the bill to me.*'

'*And, by the way*' meddai pan oeddwn yn cilio tua'r drws gan fwmian fy niolch. '*Did you know you could get that eye put straight by a simple operation?*'

Sefais yn astud. '*Could I, sir?*'

'*Certainly. You just go to the Eye and Ear Hospital in Liverpool and ask them to do it for you. It'll only take a couple of days.*'

Ac felly y bu. Wel, nid yn union felly chwaith. Bûm yn yr ysbyty yn Lerpwl am saith wythnos, a chael dwy driniaeth. Wedi'r gyntaf, a berfformiwyd gan rywun dibrofiad, mae'n amlwg, ac wedi bod dan fwgwd yn y tywyllwch eithaf am bythefnos, cafwyd fod y llygaid, pan dynnwyd y mwgwd, yn fwy croes na chynt. Pan ddaeth y pen meddyg i archwilio gwaith ei ddisgyblion arnom ni, yr hanner deillion, edrychodd yn syn arnaf fi. 'Fedrwn ni ddim gadael hwn allan fel hyn,' meddai. 'Rhaid ei gadw yma nes iddo gael triniaeth arall gen i fy hun.' A hynny fu. Ond yn yr ysbaid rhwng y ddwy driniaeth awn o amgylch y ward a chadach am un llygad. A dyma'r unig dro, cyn belled ag y cofiaf, imi fod yn euog o lunio graffiti mewn tŷ bach. Cyn ei adael un bore, sgrifennais mewn llythyren fras â phensal las:

> Y llygad dwys dan ddwys ddôr,
> Y llygad na all agor.

Yn yr ysbaid hwn hefyd y deuthum yn ymwybodol am y tro cyntaf o bresenoldeb Bobby Burns. Gorweddwn un nos rhwng effro a chwsg, yn sŵn digalon ambell gŵyn a griddfan tawel, fel y disgwylid mewn ward o rai cystuddiol, pan rwygwyd yr hanner distawrwydd gan y rhegfeydd a'r llwon mwyaf uffernol a glywais yn fy mywyd erioed. Bobby Burns oedd yn deffro o gwsg y dideimladwr, wedi cael tynnu allan un llygad, neu'r hyn oedd yn weddill ohono. Cawsom gwrdd â'n gilydd ar ôl fy ail driniaeth i, fu beth yn fwy llwyddiannus na'r gyntaf. Eisteddem wrth y bwrdd brecwast yn wynebu'n gilydd, fo â chadach dros ei lygad de, ac un dant mawr yn denant unig ei enau rheglyd, a minnau â chadach dros fy llygad chwith.

Ar ôl brecwast aethom i eistedd hefo'n gilydd wrth y ffenestr a chefais beth o'i hanes. Hanai o bentref yn Nyffryn Clwyd. Ie'n wir, meddai, Bobby Burns oedd ei enw bedydd o. Wedi bod yn hir ar ddisberod cafodd waith fel nafi yn Nolgarrog, a'r nos Sadwrn gyntaf iddo gael ei gyflog, bu mewn ffrwgwd yn un o dafarnau'r dyffryn a rhoddodd rhyw ddiawl flaen esgid yn ei wyneb a dolurio'i lygad. Aed ag ef i Dloty Llanelwy ac oddi yno y daethai yma i gael gwared â'r llygad dolurus. Erbyn hyn yr oedd galwad y Ffordd Fawr yn ôl yn ei wythiennau ac roedd yn dyheu am gael ei ryddhau o'i garchar newydd. Fel yr oeddwn innau, yn wir, erbyn hyn.

'Ond fedra i ddim mynd o'ma yn yr hen siwt yma,' meddai Bobby. Siwt o frethyn llwyd garw ydoedd, wedi ei rhoddi iddo ar ôl ei ymgeleddu yn Wyrcws Llanelwy. 'Mae nhw wedi addo anfon fy nillad fy hun imi. A'r feiolin hefyd.'

Roeddwn i wedi clywed eisoes gan Bobby am ei feiolin a'i berfformiadau proffidiol o *Ave Maria* yn y strydoedd ar hyd a lled y wlad. *'Bobby Burns gone out of tune'* oedd disgrifiad un o'm cydhanner deillion ohono. Beth bynnag, yn y ffenestr y bu Bobby a minnau am rai dyddiau wedyn yn cyd-ddihoeni ac yn cyd-ddyheu — fo am gael ei ddillad a'i offeryn o Dloty Llanelwy, a minnau am y gair a'm gyrrai'n ôl i ryddid a chynefin Dyffryn Conwy. A chwarae teg i Bertie Read unwaith eto, roedd wedi anfon fy nghyflog llawn imi'n rheolaidd bob wythnos i'r ysbyty.

O'r diwedd gwawriodd y dydd. Cyrhaeddodd y parsel o Dloty Llanelwy a chefais innau'r gair a'm gollyngai'n rhydd. Ac ymadawsom ein dau â'r ysbyty hefo'n gilydd, un â chadach dros ei lygad de a'r llall â'i lygad chwith dan fwgwd.

'Aros di'n fan'ma am eiliad,' meddai Bobby wrthyf wedi inni gyrraedd y stryd fawr boblog, llawn traffig. A gwibiodd ar draws y stryd. Ymhen llai na phum munud roedd yn ei ôl, a phapur chweugain yn ei law. 'Gweld rhywun o'n i'n nabod,' meddai. 'Ac mi roddodd hwn imi.'

Wedi gorllwyth o bryd bwyd mewn caffi nad oedd yn nodedig am ei lanweithdra, ffarweliodd Bobby a minnau. A'r olwg olaf, dybiwn i, a gefais arno oedd yn sefyll ar fwrdd y cwch yn croesi'r afon ac yn chwifio'i law mewn ffarwel. Dychwelais innau i Lanrwst â'm golygon yn unionach nag y buont. A'r peth cynta wnes i oedd mynd i siop Alfred Hughes i gael tynnu fy llun, a holl falchder f'ugeinmlwydd yn fy safiad ac yn fy syllu syth i lygad y camera.

8

Yn ôl yn Llanrwst byddwn yn treulio oriau lawer yn f'ystafell yn Nhrosafon yn sgrifennu a dydd-freuddwydio, a'r sbardun oedd ysbrydoliaeth y gyfathrach a gawn, yn bersonol a thrwy lythyrau, â rhai fel Morris Williams, Prosser, Dewi, Cynan, a'r cwmni cynhyddol o ffrindiau yn y Dyffryn a thu draw iddo. Anfonwn delyneg yma a phryddest acw, weithiau'n ennill ac weithiau'n colli. A sgrifennwn lawer heb gymhelliad cystadleuaeth. Ond ar ôl buddugoliaethau Prosser a Chynan ym Mhontypŵl ym 1924 roedd y cymhelliad i gystadlu yn yr Eisteddfod yn dechrau grymuso. Ac mae'n siŵr gen i iddo rymuso mwy wedi cadeirio Dewi Morgan yn Eisteddfod Genedlaethol Pwllheli y flwyddyn ddilynol am ei awdl 'Cantre'r Gwaelod'. Er mai beirniadaeth ddigon swta a gafodd gan Syr John Morris-Jones, mi wyddwn i fod Dewi'n fardd oedd yn llenwi ei gadair i'w hymylon.

Hyd yma, er fy mod wedi ennill rhai cadeiriau mewn eisteddfodau lleol yma ac acw, nid oedd yr Eisteddfod Genedlaethol ond rhywbeth yr oeddwn wedi darllen a chlywed amdani. Ac yn wir, er i'r Raleigh a minnau roi tro i Bwllheli pan oedd Eisteddfod 1925 yno, chawsom ni ddim mynd i'r Ŵyl. Yr agosaf y daethom iddi ydoedd cael sedd yn y caffi yn y dref, lle'r oedd rhieni Cynan yn byw, a'i wylio yntau'n llywyddu yno dros lys o geiliogod llenyddol ifanc. Yn eu plith yr oedd Prosser a JT Jones (John Eilian), cyd-awduron *Y Gwaed Ifanc,* Iorwerth Peate, Idwal Jones y dramaydd ac amryw eraill yr oeddwn yn edmygydd anfeirniadol ohonynt a'u gweithiau. Ond un o bobl yr ymylon oeddwn i, heb eto ennill mynediad helaeth i mewn i'r frawdoliaeth frwd. A rhyngof fi a'r fraint honno yr oedd blwyddyn Eisteddfod Abertawe, 1926, i basio cyn imi gael croesi'r bont a chyrraedd y Porth Prydferth yng Nghaergybi y flwyddyn ddilynol.

Mor astud y byddwn yn gwrando ar straeon Prosser ac eraill, pan awn ar fy nhro i Aberystwyth, am yr Ŵyl gofiadwy a gawsant yn Abertawe. Campau rhyfedd ac ofnadwy y bardd-ar-wasgar, Dewi Emrys, a enillodd y Goron â 'Rhigymau'r Ffordd Fawr'; cadeirio awdl 'Y Mynach' Gwenallt, y bardd ifanc yr oeddwn wedi bod yn cydletya ag ef am gyfnod byr dan gronglwyd Dewi Morgan. Uchel fu'r chwerthin am gaff gwag Pedrog yn ei englyn cyfarch i fardd y Gadair, cadair a ddaethai o Hong Kong, wedi ei cherfio'n gain ac addurnol gan grefftwyr Tsineaidd, a'r llinell olaf, deilwng o unrhyw Ornest y Beirdd:

'Y dyn â tseina dano.'

Cefais fwynhau llawer seiad fin nos wythnos yr Eisteddfod er hynny, ond ni bu cymaint o wefr yn yr un ohonynt ag yn y seiadau yn Abertawe, y clywais amdanynt yn seiadau Aberystwyth yn ail-law.

Un o 'gymeriadau' anwylaf y gwmnïaeth eisteddfodol yn y cyfnod hwnnw ydoedd Isander, sonedwr a bridiwr cŵn hela. Cafwyd cystadleuaeth yn un o seiadau Abertawe i lunio englyn beddargraff iddo, a Gwynn Jones, yn ôl yr hanes, aeth a'r maen i'r wal hefo englyn rywbeth yn debyg i hyn:

Canodd eiriau cynddeiriog — carodd feirdd,
    Carodd fir ewynnog;
    Aeth i'r farn ar ôl sgwarnog,
    Dyma ei dwll a dim dog.

Byddwn yn mynd yn ôl i'm cylchdaith yn Nyffryn Conwy wedi fy mywiogi a'm hadnewyddu ar ôl pob un o'r seiadau straellyd yma hefo Prosser a Dewi. Ac yn y gylchdaith roedd pob dydd yn hir ac yn felys, a digon o hamdden gennyf i freuddwydio a phensynnu, er cymaint o amser a dreuliwn yn perffeithio fy miliards ymhlith pencampwyr Llanrwst yn y King's Head.

Ac mae'n rhaid mai breuddwydio a phensynnu uwch un o delynegion fy mhryddest 'Y Briodas' yn f'ystafell fach glyd yn Nhrosafon yr oeddwn un prynhawn pan glywais ffidil yn wylo *Ave Maria* yn y stryd. Edrychais trwy'r ffenestr a dyna lle'r oedd o, Bobby Burns yn ei ddillad ei hun. Ac roedd tua blwyddyn er y ffarwelio ar lan Mersi yn Lerpwl.

Rhedais i'r drws yn gyffro i gyd, mor falch o'i weld a phetae yn frawd nas gwelswn am dymor maith. Gelwais arno a daeth i mewn. Nid oedd bellach fwgwd dros y gwagle lle bu ei lygad de, ond roedd y dant mawr unig yn gwenu'n braf arnaf. Roedd yn crynu gan oerfel a brysiodd i ymdwymo wrth y tân wedi rhoi ei ffidil yn ofalus ar y bwrdd. Wedi sgwrs a chael peth o hanes ei grwydro, cefais gan Mrs Davies fwyn dorri brechdan a chig iddo. Rhoddais dop-côt iddo a phapur chweugain — gan gofio'r papur chweugain a ddaeth mor wyrthiol i'w law ar y stryd yn Lerpwl. Cododd yntau ei ffidil ac i ffwrdd â fo. Ond nid dyna'r olwg olaf ges i arno chwaith. Nos drannoeth, sef nos Sadwrn, pan gerddwn heibio'r Sgwâr, roedd y band Salfesion yn ei lawn hwyl, ac yn rhyw hanner sefyll yn y cylch, â'i ffidil ar ei ysgwydd, roedd Bobby Burns, yn feddw gaib. Nid oedd dim o'r Samaritan ynof fi'r tro hwn. Edrychais dros y sbectol oedd yn helpu i gadw fy ngolygon yn union ac, fel y Lefiad, mi es innau o'r tu arall heibio. A'r cysylltiad olaf rhyngof fi â Bobby Burns fu llythyr a gefais oddi wrtho o wyrcws yn Swydd Derby yn dweud mor braf oedd ei fyd ac yn sôn yn eiddgar am ei ragolygon am waith ar Dwnel Mersi, oedd yn cael ei godi ar y pryd.

Mae'n anodd bod yn hollol onest wrth sôn am y modd yr ymserchwn mewn cymeriadau fel Bobby Burns. Mae'n debyg mai rhyw gymysgedd o dosturi ac edmygedd oedd yn fy nhynnu atynt. Ond mwy o ramantu, hwyrach, na dim arall. Ac effaith darllen rhai llyfrau efallai. Llyfr oedd mewn cryn dipyn o fri ar y pryd oedd *The Autobiography of a Super Tramp* gan y bardd W H Davies. Ac onid oedd 'Rhigymau'r Ffordd Fawr' Dewi Emrys newydd ennill y Goron yn Eisteddfod Abertawe? Onid rhyw drempyn oeddwn innau, heb gartref sefydlog, heb unrhyw rwymau teuluol, ond eto'n arswydo rhag tlodi eithaf y gwir grwydryn, bod heb geiniog goch na rhagolwg am bryd o fwyd? Ond roedd dau gymhelliad cryf yn brwydro â'i gilydd, y naill i fod yn Neb a'r llall i fod yn Rhywun. Roedd y demtasiwn i syrthio allan o gymdeithas yn un gref. A phêr ei flas oedd penrhyddid.

O edrych yn ôl, synnwn i ddim na ellid tadoli, neu, yn fwy cywir, daidoli pob hipi o'r genhedlaeth hon ar feirdd rhamantus a lliwgar fel W H Davies a Dewi Emrys. Ond gan fy mod i eisoes wedi profi doluriau bod heb geiniog goch na phryd o fwyd, yr oedd y demtasiwn i fod yn Rhywun yn gryfach. Dyna, mae'n debyg, y cymhelliad a barodd imi geisio efelychu camp Prosser a Dewi a Chynan trwy ymgeisio am glod a llifolau'r Eisteddfod. Ond wfft i'r athronyddu ffôl yma gan un nas cynysgaeddwyd ag adnoddau athronydd.

Gan mai trempyn ar fotor beic oeddwn i, efallai mai dyma'r man i groniclo diwedd alaethus y Raleigh. Cariodd fi'n ffyddlon a di-ddamwain o fan i fan yn y Dyffryn ac yn ôl a blaen rhwng Llanrwst ac Aberystwyth am dymor go dda. Ond daeth y diwedd ar daith yn ôl o Aber un pnawn Sul glawog. Roeddwn wedi aros wrth garaits ym Machynlleth a chael cyflenwad helaeth o betrol ac olew, a chychwynnais tua Dinas Mawddwy a'r tanc yn llawn hyd ei ymylon. Ac yn un o unigeddau Dinas Mawddwy y digwyddodd. Yn sydyn clywais sŵn fel tegell yn berwi drosodd yn rhywle ym mherfeddion y beic oddi tanaf, ac yna fflam dân yn ymblethu amdanaf. Stopio a neidio oddi ar y beic a'i adael i orwedd ar ymyl y ffordd a'r fflamau'n chwyddo amdano. Ni allwn wneud dim ond edrych yn fyfyriol arno'n marw. Yna daeth dau neu dri Samariad ar eu ffordd i'r Capel heibio. Rhuthrodd un i dŷ cyfagos a dod yn ôl â rhaw yn ei law. Ac â llaw brofiadol un o weithwyr y tir, dechreuodd fwrw pridd ar y fflamau a'u diffodd, ond nid cyn iddynt adael corff gogoneddus y Raleigh yn ddim ond ysgerbwd haearn. Ar hyn cerddodd gweinidog rhadlon ei olwg o'r tŷ lle cafwyd y rhaw, a dechreuodd pawb gydymdeimlo â mi. Ceisiais innau guddio fy ngofid â thipyn o glownio ysgafn a dweud rhywbeth am 'y pridd i'r pridd a'r lludw i'r lludw' ac awgrymu cael gwasanaeth claddu. Ond yn ddistaw bach roeddwn mewn panig dychrynllyd. A thawelwyd f'ofnau dros dro gan y gweinidog rhadlon, na allaf yn fy myw gofio pwy oedd, pan gynigiodd imi wely am y nos.

Aethpwyd â'r sgerbwd i garaits yn y pentref agosaf ac yno dyfarnwyd nad oedd obaith am atgyfodiad iddo. Ond yr hyn a barai bryder i mi ar fy ffordd yn ôl i Lanrwst hefo'r trên oedd sut i dorri'r newydd i'r Bos. A gwaeth na hynny, sut i dorri'r newydd fy mod wedi esgeuluso insiwrio'r beic a'i fod yn golled farw ymhob ystyr i'r ymadrodd. Yr unig ffordd amdani oedd llythyr torcalonnus at Prosser a'i gadael hi rhyngtho fo, yn ei fawr ddoethineb, a'r Bos yn ei fawr wylltineb. Ni bu olynydd i'r Raleigh a mawr fu fy hiraeth ar ei ôl. O hynny ymlaen bûm yn drempyn ar droed ac ar drên nes fy symud o Ddyffryn Conwy.

Fy mhartner yn y dyddiau paradwysaidd hynny ydoedd Gwilym Williams. Fel y cofnodais eisoes, pan drosglwyddais fy nheyrngarwch o'r *Herald* i'r *Faner*, anfonodd yr *Herald* Gwilym i gymryd fy lle. A gan fod y gylchdaith wedi ei helaethu i gynnwys bro Ffestiniog, lle'r oedd mynd da ar yr *Herald*, gorchmynnwyd Gwilym i osod ei babell yno. Er ein bod yn cystadlu am ddarllenwyr, roedd dealltwriaeth a chytgord perffaith rhyngom. Treuliai Gwilym ran helaeth o'i amser yn fy mhorfa i yn Llanrwst a'r Dyffryn a minnau yn ei borfa yntau yn 'Stiniog. Ac i chwyddo ein dwybunt a chweugain yr wythnos byddem yn anfon straeon i'r papurau dyddiol ac yn rhannu'r ysbail. Ond roedd Gwilym yn fachgen llawer mwy trefnus a darbodus na mi, ac o'r herwydd, gan ei fod yn cadw cownt manwl o bob ceiniog o'i gyfran ef, byddai ei ran o'r ysbail ar ddiwedd pob mis yn llawer mwy na'm un i.

Yn yr elfen gystadleuol o'n gwaith roedd Betws y Coed yn rhyw fath o Dir Neb, rhyw *No Man's Land* rhwng Llanrwst a 'Stiniog, a chaffi Ewart a Myf yn Arfon House yn fan cyfarfod llawen. A bob tro y byddaf ar fy hynt yn croesi Pont Waterloo yn y man hyfryd hwnnw byddaf yn dwyn i gof un esiampl o gydweithrediad hapus Gwilym a minnau yn ein gwaith beunyddiol. Roedd o wedi trefnu i ddod hefo'r trên o'r Blaenau i'm cyfarfod yn Llanrwst, a minnau'n mynd ar neges ar y Raleigh (yn nydd ei nerth) i Bentrefoelas cyn awr ein cyfarfod.

Pan yn pasio Pont Waterloo gwelais dwr o bobl a phlisman yn sefyll yno. Nid wyf yn siŵr pa un ai'r Raleigh ynteu fi oedd y cyntaf i synhwyro stori, ond fe droesom ein dau ar y bont ac aros. Roedd bwlch llydan yn y canllaw ar y dde ac yng nghanol yr afon islaw safai ffordyn ar ei bedwar olwyn. O holi cawsom fod rhyw wraig, a oedd yn cael cwrs o ddysgu dreifio gan ei mab, wedi rhoi ei throed ar y cyflymydd pan ddylsai fod ar y brêc, a'r car wedi mynd trwy'r canllaw, gan fynd din-dros-ben a glanio ynghanol yr afon ar ei bedwar olwyn, heb fawr o niwed i'r fam na'r mab. Rhoddais gic i'r Raleigh ac aethom ein dau ar wib i siop Mr Parry Chemist a gofyn iddo ddod hefo ni i dynnu llun. Cydsyniodd yntau'n garedig a pharod. Daeth â'i dreipod i lan yr afon a chymryd llun o'r car, gyda'r ysgrif ar fwa'r bont yn gefndir iddo: 'This bridge was built to commemorate the Battle of Waterloo'. Tra bu Mr Parry yn paratoi copïau o'r lluniau, gwibiodd y Raleigh a minnau yn ôl i Lanrwst, codi Gwilym ar y piliwn, a gwibio'n ôl i'r Betws. Cafodd Gwilym sgrifennu'r stori i'r papurau dyddiol a minnau anfon y lluniau. A llawn fu cynhaeaf y stori honno, gan na fynnai Mr Parry ddim mwy na phumswllt am ei holl drafferth.

Ac yma'r hoffwn i ddod yn ôl at y noson gofiadwy a gawsom yng nghaffi Ewart a Myf. Roedd Gwilym, fel y sylwais, yn genedlaetholwr selog a gweithgar. Ar ôl dod o Gaernarfon y cafodd o'r dwymyn. A'r un a roes y tân yn ei fol oedd H R Jones, ysbryd byw'r deffroad a roes ystyr a bod i Blaid Cymru. Trafeiliwr blawd oedd H R a byddai o dro i dro yn dod i aros y nos yn y *Boot* yn Llanrwst. Ac yno y byddem ni, hyd oriau mân y bore, yn gwrando arno'n parablu'n ddi-daw am ei freuddwyd am Ymreolaeth i Gymru. Bachgen mwyn a chynnes ei galon oedd H R, a'i lygaid yn llosgi yn ei wynepryd llwyd, a'r diciâu yn araf losgi'r bywyd allan o'i gorff bregus. 'Dallwn i yn fy myw ei gymryd o ddifrif, ond parablai ymlaen er pob gwawd a sen. Ac yn achos Gwilym fe syrthiodd yr had ar dir da a ffrwythlon.

Y noswaith dan sylw roedd Gwilym wedi trefnu cyfarfod i hyrwyddo achos y Blaid ym Metws y Coed, ac wedi llwyddo i gael Ambrose

Bebb a'r Athro Jack Daniel i ddod o Fangor i annerch. Cafwyd neuadd weddol lawn a'n gwefreiddio gan huodledd y ddau. Beth bynnag fu eu hapêl i eraill, ac rwy'n siŵr iddi gael dylanwad emosiynol dwfn arnom oll, eu modd yn hytrach na'u mater oedd yn fy swyno a'm cyfareddu i. Roedd eu hiaith mor loyw, eu harddull mor hyfryd i'r glust, a'u hymadroddion yn ffrydio'n glir ac yn groyw o ddwy ymennydd wedi eu disgyblu a'u cynysgaeddu â doniau na fendithir ond lleiafrif dethol â'u cyffelyb. Pe baem wedi cofnodi'r ddwy araith a gawsom air am air mewn llawfer, gallent fod wedi addurno tudalennau unrhyw gylchgrawn Cymraeg heb newid gair na brawddeg. Ac mae'n siŵr gen i fod peth o'r had a heuwyd gan Bebb a Daniel y noswaith honno, fwy na hanner can mlynedd yn ôl, yn blodeuo ac yn aeddfedu yn y Betws dwristaidd sy ohoni heddiw.

Wedi'r cyfarfod aethom â'r ddau siaradwr am swper i gaffi Ewart a Myf, a bu siarad melys a brwd ar draws y bwrdd. Cofiaf i un ohonom ddatgan siom na chawsom fynd ymlaen o'r ysgol i'r coleg fel hwy. Roeddwn i newydd ennill cadair mewn eisteddfod fach ym Mhenmachno, ac meddai Bebb fwyn a'i lygaid yn pefrio: 'Coeliwch chi fi, mae ennill cadair yn llawer gwell camp nag ennill gradd.' Wedi iddynt ffarwelio â ni a'i throi hi'n ôl tua Bangor, daliodd y sgwrs ymlaen rhwng Gwilym a minnau, ein dau dan eneiniad y ddau ddewin o Fangor. Chymerodd y naill na'r llall ohonom ddim sylw o'r cloc. Ond ymhen ysbaid dyma fi'n troi a thynnu'n ôl y cyrten ar y ffenestr wrth ein bwrdd. Ac roedd yn olau ddydd.

'Wel, dydy hi ddim iws meddwl am wely bellach,' meddai Gwilym. 'Beth am fynd allan am dro?'

A ffwrdd â ni ar hyd y briffordd dawel, a thros Bont y Pair a dringo i fyny'r llethrau uwch y Betws ar fore hafaidd, heulog, a'r hud arnom tra cerddem am filltiroedd cyn dod yn ôl i frecwast canol dydd.

Er imi gael llawer o'i gwmni wedyn ar ôl symud i Gaerdydd ac yna i Lundain, am y noson honno a'r bore hwnnw y cofiwn pan sgrifennais, ar ôl ei farw, un o englynion 'Galar am Gwilym':

Ni ddaw heno ddiddanydd — i rodio
Dros y gwridog foelydd;
Diystyr dwy stori'r dydd,
Rhin awen papur newydd.

Pan fyddai'n llwm arnom am stori, aem ati i greu. Un enghraifft a barodd inni'n dau wrido cryn dipyn oedd yr hyn a ymddangosodd yn rhai o'r papurau ar ôl i das wair fynd ar dân yn Llanrwst. Awgrymodd rhywun y gallai fod tramp wedi bod yn cysgu yn y das ac wedi ei losgi'n golsyn. Gwnaethom ninnau fôr a mynydd o hyn a chael penawdau brawychus yn y papurau. Achosodd hyn gryn dipyn o bryder i'r plismyn a bu'r Arolygydd Rowlands yn ddig iawn wrthym. Mewn cwest drannoeth ar ryw drempyn yn y tloty fe wnaeth brotest gyhoeddus. Dyna lle'r oeddym ninnau'n cymryd nodiadau gan gadw ein pennau i lawr; a bu raid rhoddi cyffelyb amlygrwydd yn y papurau drannoeth i brotest yr Arolygydd tadol a thirion.

Ond os oedd rhai agweddau ar fy ngwaith yn codi gwrid i'r wyneb, byddai weithiau don o falchder hefyd. Daw dwy enghraifft yn fyw a chynnes i'r cof. Y balchder cyntaf oedd cael darllen y darn Saesneg cyntaf o'm gwaith a gafodd olau dydd yn y *Manchester Guardian* (y *Guardian* erbyn hyn). Ei ysbrydolwr oedd barnwr wedi ymddeol o'r India ac yn byw yn hen Abaty Maenan (sydd bellach yn westy braf a moethus). Roedd y barnwr yn hynafiaethydd ac wedi bod yn cloddio ar dir yr Abaty a gwneud darganfyddiadau diddorol. Mi es innau yno i gael sgwrs hefo fo a chael deunydd stori dda i'r *Guardian*. Yr hyn a'm plesiai wrth ddarllen y prentiswaith cyntaf hwnnw oedd y ffaith ei fod wedi ymddangos yn union fel y sgrifennais o, heb i'r is-olygydd newid un gair na brawddeg.

Ond yr ail enghraifft a ystyriwn fel fy mhrif gamp newyddiadurol yn Nyffryn Conwy, a'r profiad mwyaf syfrdanol a gefais yno hefyd. Maenan oedd y lleoliad eto, ond y ffermdy y tro hwn ac nid yr Abaty. Digwydd galw wnes i un bore ar y Parch Lewis Edwards, gweinidog Horeb y Wesleaid, yn ei gartref yn Llanrwst. Byddwn bob amser yn siŵr o ryw bwt o newydd diddorol mewn sgwrs â'r hen gyfaill annwyl hwn. Ond tra rhagorodd y tro yma.

'Wyddech chi fod George Davies wedi dod i aros i Faenan?' meddai. 'Pam na threfnwch chi gael sgwrs hefo fo?'

George Maitland Lloyd Davies, wrth gwrs, yr heddychwr, 'Seraff yr Efengyl Seml', gwrthrych cofiant diddorol y Parch E H Griffith, un o olynwyr Lewis Edwards yn Llanrwst. Trefnais y sgwrs, a'r canlyniad fu clamp o erthygl ddwy golofn yn y *Faner*. Cafodd yr erthygl dderbyniad brwd yn yr offis, ond, ar wahân i'r cyfeiriadau ati yn y cofiant gan E H Griffith, nid erys dim o'i chynnwys yn y cof. Ond erys yn fyw iawn y cof am y profiad syfrdan â'r Efengylydd a'r Heddychwr a oedd yn gymaint swmbwl yng nghnawd Sefydliad ei ddydd ac ar yr un pryd yn foddion gras i bwy bynnag a ddôi wyneb yn wyneb ag ef.

Hogyn swil ac ofnus a gurodd ar ddrws y ffermdy ym Maenan a chan ei fod hefyd yn dra anwybodus, ni wyddai ar y ddaear beth i'w ddisgwyl. Ond pan agorwyd y drws gan ŵr hardd ac urddasol ei wedd, a phlentyn bach pen-felyn wrth ei lin, teimlai'r hogyn yn hollol gartrefol a llifai trwy ei feddwl ymadroddion fel Tywysog Tangnefedd, Rhosyn Saron, Y Person Mwyaf Hardd, a'u cyffelyb, wedi eu cywain o'r emynau oedd yn nhrysordy ei ymwybyddiaeth. Nid oedd ball ar addfwynder y croeso a dderbyniais a phan ddaeth cwpanaid o de yr oeddwn yn sgwrsio mor rhwydd ac yn wir mor feiddgar nes synnu at fy llais fy hun. Atebai George Davies fy nghwestiynau'n bwyllog ac ystyriol ac roedd popeth yn mynd ymlaen yn hwyliog a naturiol. Yna, megis ar amrantiad, newidiodd yr awyrgylch. Cododd George Davies a dechreuodd gerdded yn ôl a blaen heb gymryd y sylw lleiaf o'i ymwelydd.

A dechreuodd lefaru — efallai mai gormodiaith fyddai dweud ei fod yn llafarganu — darnau o'r Ysgrythur wrtho'i hun. Rwy'n siŵr ei fod mewn rhyw fath o berlewyg ac nid wyf yn siŵr erbyn heddiw nad gormod dychymyg o'm heiddo i a barodd imi weld rhyw oleuni dieithr ar ei wedd a thân dieithr yn ei lygaid. Ond cofiaf, fel petae doe, ddwy o'r amryw adnodau a lefarodd y pnawn rhyfedd hwnnw. Un oedd o Lyfr y Proffwyd Esaiah:

'Deuwch yr awr hon ac ymresymwn, medd yr Arglwydd; pe byddai eich pechodau fel ysgarlad, ânt cyn wynned â'r eira; pe cochent fel porffor, byddant fel gwlân.'

A'r llall o Efengyl Ioan:

'A defaid eraill sydd gennyf, y rhai nid ŷnt o'r gorlan hon; y rhai hynny hefyd sydd raid i mi eu cyrchu, a'm llais i a wrandawant; a bydd un gorlan ac un bugail.'

Mor hawdd yw gweld yn glir wrth edrych yn ôl. Yr haul yn gwasgar ei belydr trwy'r ffenestr y pnawn hwnnw a roes y llewych dieithr ar ei wedd, mae'n ddigon tebyg, ond roedd yno gwmwl bach hefyd, yn darogan y dymestl oedd i'w ysgubo ymhen rhai blynyddoedd wedyn i'w ddiwedd alaethus yn y Seilam yn Ninbych. Ond melyster oedd y cwbl a brofais i ar fy ffordd yn ôl o Faenan i Drosafon — melyster ei groeso addfwyn, melyster ei lais melodaidd, melyster harddwch ei bryd a'i wedd, melyster yr angerdd sanctaidd a'i gyrrodd i'w berlewyg, a melyster fy anwybodaeth innau. Ar wahân i ryw frawddeg neu ddwy a ddyfynnwyd yn y cofiant gan E H Griffith, nid oes gennyf ddim cof am yr hyn a sgrifennais i'r *Faner* ar ôl yr ymweliad â Maenan. Ac nid yw o bwys yn y byd. Ond arhosodd adlais y ddwy adnod yna, fel y llefarwyd hwy gan George Davies, i ddychwelyd ar ysbeidiau annisgwyl, fel y gloch fach yn y glust, a chadw rhyw gymaint o George Davies yn fyw ar hyd y blynyddoedd meirwon. Ond tybed nad hunan-dwyll yw hyn oll? Oblegid mi gofiaf gwrdd â George Davies unwaith wedyn, mewn rhyw eisteddfod, a'r pryd hwnnw ni adawodd unrhyw argraff arnaf, na da na drwg.

Efallai mai dull gofidus ymadawiad George Davies sydd wedi lliwio f'argraffiadau o'r cyfarfyddiad cyntaf cynhyrfus hwnnw. A gallwn dybio'r un peth am Bebb, a gwympodd yn farw ar y stryd ym Mangor, ac am Jack Daniel a laddwyd mewn damwain ar y ffordd, ac am Gwilym, fu farw bron mor ddisyfyd â'r ddau. Roeddwn i wedi symud i Lundain ar y *News-Chronicle* erbyn hynny, ac yntau'n cynrychioli'r *Guardian* yng Ngogledd Cymru.

Canodd cloch y teliffon yn y tŷ un bore, a'i lais siriol yn dweud ei fod ar ei ffordd yn ôl i Gymru wedi bod ar wyliau yn yr Almaen. Roedd wedi aros dros y nos mewn gwesty yn Llundain ac yn awyddus am aros ddiwrnod neu ddau yn hwy. 'Wel dowch yma i aros hefo ni, nenw'r Tad,' meddwn wrtho. Heliodd yntau ei bac a dod atom. Roedd wedi bod yn cerdded llawer ar ei wyliau, a chwynai gan ddolur ar ei droed. Ond er ein taer erfyn ni fynnai unrhyw driniaeth iddo.

Er ei fod yn genedlaetholwr pybyr ei uchelgais fawr, fel eiddo mwyafrif newyddiadurwyr, oedd cael blasu cyfnod ym Mecca'r alwedigaeth yn *Fleet Street*. Roeddwn i ar y pryd yn brif Is-olygydd tramor y *News-Chronicle* a mawr oedd edmygedd a chenfigen iach Gwilym o'r herwydd. I mi'r oedd y swydd yn ddiflastod a'm cenfigen o'i swydd yntau'r un mor iach. Ac wedi mynd am dro i gyfnewid profiadau fe drawsom fargen, sef cynllwynio i gyfnewid swyddi. Gwnâi ef ei orau i'm cael i yn ei le ar y *Guardian* yng Nghymru ac mi wnawn innau a fedrwn i'w gael i'm swydd i ar y *News-Chronicle*. Ac ar y deallturiaeth hwn euthum i'w ddanfon i Euston. Cofiaf y trên yn gadael a ninnau'n chwifio dwylo ar ein gilydd. Cyn pen tridiau roedd wedi marw, o *septic pneumonia* mewn canlyniad i wenwyn o'r dolur yn ei droed. A dyna ddiwedd ar y fargen.

Ond cyn gadael Llanrwst mi ddylwn ddweud gair am gyfansoddi pryddest 'Y Briodas'. Fe'i sgrifennwyd fel y dwedais, yn Nhrosafon, a hynny dan amgylchiadau delfrydol. Roeddwn yn byw fel y dylai bardd gael byw, heb ormod o waith ac ar gyflog bychan, a oedd yn ddigon i fyw arno o ddydd i ddydd. Y testun a osodwyd ar gyfer Eisteddfod Caergybi oedd, os cofiaf yn iawn: 'Unrhyw ramant a glannau Menai yn gefndir iddi.' Rhydd i bob barn ei llafar ac i bob bardd ei ddehongliad, er nad oedd pob beirniad cyfoes yn cytuno â hynny. I siwtio'r thema bu'n rhaid imi grwydro pum milltir o lannau

Menai i Ddyffryn Ogwen a throi'r rhamant yn 'rhamant dau enaid'. Roedd y gân wedi ymlunio yn y meddwl ers tro byd cyn meddwl am Eisteddfod Caergybi, ond erbyn hyn roeddwn yn dynn yng ngafael yr ysfa gystadlu, ac ar ôl rhoi'r gerdd wrth ei gilydd byddwn yn cael pleser digymysg yn ei darllen i Prosser a Dewi pan ar dro yn Aber ar y Raleigh (yn nydd ei nerth). Cofiaf bnawn hyfryd hefyd, pnawn Sul, pan gefais y pleser o'i hadrodd — roedd pob gair ohoni ar fy nghof — i Gwilym R a'i frawd Dic ar lechwedd heulog yn Nhalysarn.

Ar ôl penderfynu ei hanfon yn ddistaw bach i gystadleuaeth y Goron yng Nghaergybi, rhaid oedd cael ei hanfon yn y diwyg gorau posibl. Neidiais ar y Raleigh a thros y Crimea i swyddfa'r *Rhedegydd* ym Mlaenau Ffestiniog. A chefais ei phrintio'n addurnol am ddwy-bunt gan y perchennog mwyn a rhadlon, Mr Davies. Wedyn cael gan Morley Jones, a oedd yn artist cymeradwy, wneud tri llun du a gwyn i'w haddurno, gyda dyfyniad dan bob llun. Ac felly, wedi ei phacio'n ofalus, yr aeth 'Y Briodas' i gystadleuaeth Eisteddfod Caergybi.

Ryw ddiwrnod neu ddau ar ôl ei phostio roeddwn yn eistedd yn cael te yng nghaffi Ewart a Myf ym Metws y Coed, fy ail gartref, fel y dwedais. Pan oedd Bess y forwyn yn tywallt te imi, 'Daria,' meddai, 'mae'r hen debot 'ma wedi mynd yn hysb'. Neidiais o'm cadair fel 'taswn i wedi eistedd ar res o binnau. Hysb? Hesb? Yn fy mhryddest roeddwn i wedi sôn am 'freuddwyd hesb y nos'. Breuddwyd hysb ddylai fod, siŵr iawn, meddwn i wrthyf fy hun, bron â'm tagu gan y llwnc o de o'r tebot.

Rhuthrais allan o'r caffi a neidio ar y Raleigh. Y stop nesaf oedd Caergybi, a buan y deuthum o hyd i gartre'r ysgrifennydd, John Bellis. Eglurais iddo f'anhawster, ac wedi ymliw ag o am beth amser, cefais ei ganiatâd i ddadbacio fy mhryddest a newid 'hesb' i 'hysb'. Roeddwn wedi gofalu peidio a'i phlygu mewn amlen, ac wedi ei rowlio tu mewn i rolyn o gardbord. Ac wrth ei thynnu allan bûm yn ddigon aflêr i wneud rhwyg bychan yn y copi. Teimlwn mor flin ynghylch y peth a phe bawn wedi rhoddi fy mys ym mheiriant y Raleigh a'i anafu. Ond roedd y gair wedi ei gywiro a hwyliodd y Raleigh a minnau'n llawen a soniarus dros Bont y Borth ac yn ôl i'r Betws.

Deuthum i gysylltiad damweiniol ag un o'r beirniaid, Bob Williams Parry, ryw fis cyn wythnos yr Eisteddfod. Cerddodd i mewn i gaffi Ewart a Myf pan oeddwn i yno'n cael te. Gydag ef yr oedd ei gyfaill Gwilym Evans, fu'n athro arna i yn Ysgol Glanogwen. Daethant i eistedd at fy mwrdd a chael cwpanaid o de. Atgofiais Gwilym Evans am fy nyddiau dano yng Nglanogwen. Mi atgofiais o am un tro pan safem yn rheng o'i flaen a phan roddodd gansen yn ddigon ysgafn ar goesau Bob Robaits am sefyll allan o'r rheng. Cododd Bob Robaits ei ddyrnau a gafaelodd Gwilym yn ei wâr a'i fwndlo i mewn i'r ysgol. 'Hen athro cas oeddech chi' meddwn i'n ysgafn. Ond cymerodd fi o ddifrif ac nid oedd yn barod i chwerthin. Yn hytrach taerai fy mod yn annheg ag ef. Awgrymodd rhywun ein bod yn symud i Westy Gwydyr am gêm o filiards a chlywais Bob Parry yn datgan syndod wrth Gwilym at fy medr i hefo'r peli. Ar ôl y gêm, eistedd i lawr i gael llymaid a sgwrs. Ac fe ddechreuodd Bardd yr Haf draethu ar weithiau Ceiriog. Roeddwn innau'n dal ar bob gair er bod llawer o'i ddoethinebau tu hwnt i'm dealltwriaeth anaeddfed. Pan gododd a'n gadael am funud bûm mor ddiniwed a gofyn i Gwilym a glywsai gan Bob pwy oedd i gael y Goron. Edrychodd Gwilym yn un mor ddiniwed arnaf a datgan anwybodaeth llwyr. Ond roedd y dewis wedi ei wneud ymhell cyn hynny. O edrych yn ôl, gallaf bellach ddeall pam yr oedd Bob Parry mewn hwyl mor dda yn traethu ar rinweddau Ceiriog. Ond roedd y si ar led, yn fuan ar ôl hynny, mai fi fyddai'n cael y Goron.

Byddai pawb ond creadur mor naîf a diniwed â mi wedi bod yn ddigon sicr. Ond yn llawn amheuon ac ansicrwydd y bu'r hwylio i fynd i'r Eisteddfod — yr Eisteddfod Genedlaethol gyntaf imi fynd iddi. Ond roedd Prosser Rhys, a wyddai bob rhyw fân-siarad llenyddol, yn eithaf sicr. Mi es i fwrw'r Sul yng nghartre Morris Williams yn y Groeslon. Roedd Prosser wedi dod i fyny hefyd o Aberystwyth. A chawsom fynd am dro ar lan y môr yn Ninas Dinlle bnawn Sul. A Prosser, fel gŵr o brofiad, yn fy siarsio sut i fihafio trwy'r Coroni. Roedd Morris yn ei seithfed nef hefyd, wedi syrthio mewn cariad â Kate Roberts ond yn mynnu ei galw yn Miss Kate Roberts bob tro y cyfeiriai ati.

Ond er holl siarsio Prosser, rhyw fihafio'n ddigon rhyfedd wnes i yng Nghaergybi. Aethai si ar led fod Bardd y Goron i'w arwisgo am y tro cyntaf. A hynny mewn gwisg ryfedd ac ofnadwy. Sgrifennais lythyr at yr Archdderwydd Elfed yn dweud y gwrthodwn gael fy nghoroni yn hytrach na gwisgo'r wisg ddychrynllyd, ac yn galw beirdd yr Orsedd yn asynnod. Fuo rioed ffasiwn helynt mewn Eisteddfod. Ni sylweddolais faint fy nhrosedd nes gweld y papurau drannoeth, a thrennydd, a thradwy. Yn wir aeth y stori rownd y byd a mawr fu'r ffrae a'r dadlau am wythnosau. Cafodd hyd yn oed *Punch* hwyl fawr arni.

Yn sgîl hyn oll, cefais gynnig swydd dda ar y *Daily Mail* ond cefais ddigon o ras i'w gwrthod. Yn fuan wedyn daeth gwahoddiad oddi wrth Syr William Davies, Golygydd y *Western Mail,* imi ymuno â'r staff yng Nghaerdydd. Ac wedi peth petruso fe'i derbyniais, gan dawelu cydwybod â'r ffaith fy mod, er yn gadael papur wythnosol Cymraeg am bapur dyddiol Saesneg, a hynny am ddwbl cyflog y *Faner,* yn aros yng Nghymru. Buan y dadrithiwyd fi.

9

Ar ôl bywyd hamddenol, cymdogol, Cymraeg Dyffryn Conwy yr oedd byd a bywyd Caerdydd yn hollol aliwn i mi. Ni allwn ddygymod â rhuthr y tramiau a'r bysiau, y palmentydd poblog ac arogleuon y ddinas ar ôl glendid a llonyddwch Llanrwst. Ni allwn ddygymod â Saesneg ar y stryd a Saesneg yn y swyddfa. Ac roedd gorfod sgwennu yn Saesneg i'r papur yn boen ac yn flinder imi. Methais yn lân a chymryd at y bywyd newydd ac roeddwn yn druenus o ddibrofiad yn y gwaith o riportio mewn dinas.

Daw un enghraifft ddigrif i'r cof. Roedd un o'm hen ffrindiau yn Llanrwst, Jones y Star, wedi fy siarsio wrth ffarwelio: 'Cofia fynd i weld Jack Ifans a dweud 'mod i'n cofio ato.' Jack Ifans oedd un o sêr tîm pêl droed Caerdydd. Ac roedd Jones ac yntau yn yr ysgol hefo'i gilydd yn y Bala. Rhoddodd Jones gyfeiriad Jack imi yn Canton. Fel y digwyddodd hi, un o'r tasgau cynta ges i gan y *Western Mail* oedd mynd i riportio angladd yn Canton. Ac roedd y tŷ galar o fewn drws neu ddau i gartref Jack Ifans. Pan gyrhaeddais roedd yr hers a'r cerbydau a'r galarwyr wedi ymgynnull. Curais innau wrth ddrws Jack a chael croeso i mewn. A bu'r sgwrs mor felys nes imi anghofio am yr angladd. A'r peth nesaf welais i oedd yr hers a'r cerbydau'n pasio'r ffenestr. Mi frysiais innau allan a dilyn yr orymdaith drist o gerbydau. Ond pan ddaeth y cerbydau i'r stryd fawr dechreuodd yr orymdaith gyflymu. A bu'n rhaid imi redeg bob cam ar ei ôl i fynwent Caerdydd, a chyrraedd glan y bedd yn chwŷs ac yn lludded a'm gwynt yn fy nwrn. Yn y fynwent daeth gŵr mewn het silc ataf a dweud: 'Dyma ichi restr y galarwyr.' Ac felly y dysgais sut oedd riportio angladd heb fynd ar ei gyfyl, heb sôn am redeg ar ei ôl ar draws y ddinas.

Mae dwy ffaith arall, hollol ddigyswllt, i'w croniclo am fy wythnos gyntaf ar y *Western Mail* yng Nghaerdydd. Dyna'r pryd y gwelais ferch yn noethlymun am y tro cyntaf, a dyna pryd y gwelais fy ngwraig am y tro cyntaf. Gedwch imi bwysleisio eto fod y ddwy ffaith yn gwbl amherthnasol i'w gilydd.

Trefn y dydd ar y papur fyddai cerdded i mewn i'r swyddfa tua deg y bore a bwrw golwg dros ddyddiadur y Golygydd Newyddion lle'r oedd rhaglen waith y dydd wedi ei pharatoi ac i bawb ei neges. Mae'n rhaid fod cynlluniwr rhaglen y dydd wedi gweld yn ei was newydd ryw gyffelybiaeth i dderyn corff, oblegid yr hyn a ddarllenais yn y dyddiadur drannoeth ar ôl yr angladd oedd: *11am, Mortuary Inquiries — Prichard.* Wedi coffi brysiog yng nghaffi Rabaiotti, y drws nesa i'r offis, lle byddem yn ymgasglu'n gwmni llawen, straellyd, cyn dechrau ar waith y dydd, cyfeiriais fy nhraed tua'r tŷ corff. Ac yno y gwelais hi.

Gorweddai ar slab o garreg fel morforwyn ar werth mewn rhyw siop bysgod hunllefol, a cheidwad y tŷ corff yn sefyll uwch ei phen fel doctor ar gychwyn triniaeth mewn ysbyty. Roedd wrthi'n brysur yn ceisio tynnu modrwy a lynai'n gyndyn wrth un o'i bysedd — modrwy briodas. Ni allai fod yn llawer mwy nag ugain oed, gallwn dybio, a hyd yn oed yn ei chyflwr y munud hwnnw roedd yr wynepryd, a fferrwyd gan angau, yn dlws a deniadol. Ac nid oedd eisiau llawer o ddychymyg i'w chyffelybu i forforwyn. Roedd ei dwy goes a'i chluniau mor glòs wrth ei gilydd fel mai'r unig arwydd o ymraniad oedd y tusw bach trionglog o flew du lle deuai'r ddwy glun yn rhan o'r torso. Cofiaf sylwi ar y gwahaniaeth lliw rhwng y tusw bach trionglog a'r gwallt gwinau, matiog a dyfrllyd a oedd eto heb ei gribo'n ddestlus am ei phen. Ond wedi'r sioc a'r cywreinrwydd cyntaf, sylwais fod y corff wedi glasu a daeth cyfog arnaf.

'Wedi'i chodi o'r afon y bore 'ma,' ebe'r Archoffeiriad Tŷ Corff. 'Does neb ar y ddaear yn gwybod pwy ydy hi eto. Ond o'r Rhondda mae'r rhan fwya ohonyn nhw'n dod.' Bûm yn swp sâl am weddill y dydd ac mewn cyfyng gyngor a ddylwn i bacio 'mag ar unwaith a'i throi hi'n ôl am lendid a gwyrddlesni Dyffryn Conwy.

Ond roedd pethau'n well drannoeth. Pan gerddais i mewn i'r offis i weld y dyddiadur, y gorchymyn a ddarllenais oedd: *2pm, Cardiff High School for Girls Speech Day — Prichard.* Pan gyrhaeddais yr ysgol roedd bachgen arall yn eistedd yn un o'r ddwy ddesg a neilltuwyd i gynrychiolwyr y Wasg. Sais o'r enw Meadowcroft ydoedd, a daethai yno ar ran y *South Wales News,* papur dyddiol arall Caerdydd ar y pryd, ond a lyncwyd gan ganibaliaeth y *Western Mail* yn fuan wedyn. A dyna lle buom ni â'n pennau i lawr yn cymryd nodiadau o adroddiad yr ysgolfeistres ac anerchiadau'r gŵr gwadd ac eraill. Yna cawsom saib i wrando ar ddatganiad gan gôr yr ysgol, y grŵp pertaf o enethod y dymunai dau fachgen edrych arnynt.

Ac ebe Meadowcroft: *'If you had your choice, which of those pretty girls would you like to have?'*

'That one,' meddwn innau, gan gyfeirio'i olygon at eneth eurwallt oedd â'i cheg yn llydan agored ac yn canu nerth esgyrn ei phen. *'And what about you?'*

'That one,' ebr yntau, gan ddangos imi gywen fach dlos, bryd du, heb fod yn llawn mor frwd yn ei datganiad.

Ac yn rhyfedd, rhyfedd iawn, er na chawsom gyfle i rwydo ein dewis forynion y pnawn hwnnw, daeth yr eneth a ddewisodd o yn wraig iddo a'r un a ddewisais i yn wraig i minnau.

Cyn gadael yr ysgol, mae'n rhaid imi gael dweud gair am yr ysgolfeistres honno, Miss Frances Rees. Er na chefais y fraint o'i chyfarfod yr adeg honno, mi glywais gymaint o straeon amdani ac o glodfori arni gan Mati'r wraig nes ei bod yn rhan o'r chwedloniaeth deuluol. A chawsom gyfarfod yn Eisteddfod y Barri, 1968, pan gawsom barti yn ein gwesty i ddathlu pen blwydd Mari'r ferch yn un ar hugain oed. Roedd Miss Rees erbyn hynny ar drothwy ei phedwar ugain a derbyniodd wahoddiad i'r parti, gan ei bod yn byw ym Mhenarth. Roedd mor heini â'r un ohonom a chawsom air o anerchiad doeth a dwys ganddi. Syrthiais dros fy mhen a'm clustiau mewn cariad â hi, a'r Nadolig dilynol anfonais gân serch ar gerdyn iddi, yn Saesneg.

Ond fel dwedais i, methais yn lân a chymryd at y bywyd a'r gwaith newydd yng Nghaerdydd ac mi ddechreuais edrych o 'nghwmpas yn wyllt am ddihangfa. Yn ffodus roeddwn wedi cael llety o fewn drws neu ddau i Sam Jones, cydweithiwr ar y *Western Mail* ar y pryd, a byddai cael troi i mewn i'w gwmni o a'i gydletywr, William John Parry o'r Bwrdd Iechyd, bachgen ffraeth a llawn chwerthin, o Benygroes, Arfon, yn fendith ac yn ysgafnhad. Roedd Morris Williams a Kate Roberts erbyn hyn yn briod ac yn byw yn Rhiwbeina. A chawn weithiau ddianc atyn nhw.

Un diwrnod mewn ffit o banig a digalondid mi gymerais y trên i Abertawe a mynd i weld Saunders Lewis yn y Coleg. Roeddwn wedi bod yn Ysgol Haf y Blaid yn Llangollen yr Haf hwnnw ac wedi cael y fraint o ddod i'w nabod o a Lewis Valentine a D J Williams a lliaws o rai o gyffelyb fryd. Ni bu fawr o sgwrs rhwng Saunders a minnau yn Abertawe. Er 'mod i'n meddwl y byd ohono roeddwn i'n rhy swil i agor fy nghalon wrtho. Ond mi gofiaf ei gyngor imi. 'Pam nad ewch chi'n ôl i Ddyffryn Conwy?' meddai. Bûm yn pendroni'n hir uwchben y cyngor hwnnw. Ac o edrych yn ôl mae'n dda gennyf na dderbyniais mohono.

Nid oedd troi'n ôl i fod. A'r dewis ydoedd chwilio am gymaint ag a allwn o ynysoedd dianc. Yn ffodus i mi yr oeddwn i ganfod cyflawnder o'r rhain. Un ohonyn nhw oedd tafarn y Cottage yn St. Mary Street. Ond nid oedd yno bellach ond gweddill gwan y cwmni siriol y byddai Williams Parry yn llywyddu arnynt pan oedd yng Nghaerdydd. Dim ond Idwal Jones, y bardd o Benygroes, a Louis Thomas, cofrestrydd Coleg Caerdydd, ac un neu ddau arall. A chwpled Williams Parry yn dal i godi hwyl:

> Wyt ti yma, Louis Tomos,
> Yn dal jwg i Idwal Jôs?

Ynys fwy dymunol oedd llety darlithydd Cymraeg ifanc yn y stryd nesa imi. Yr oedd Tom Parry, — 'y Tom gwylaidd twymgalon' — ar y pryd ar staff Coleg Caerdydd dan yr Athro W J Gruffydd. A mawr yr hwyl a gaem yn parodio'r beirdd ac yn rhoi'r byd yn ei le.

Ynys arall a roddai loches Cymraeg imi oedd honno yn un o stafelloedd cefn yr Amgueddfa, lle'r oedd Iorwerth Peate yn breuddwydio ac yn cynllunio ar gyfer campwaith ei yrfa ddisglair — yr Amgueddfa Werin yn San Ffagan. Byddwn yn troi i mewn yno'n aml ac yn siŵr o sgwrs fendithiol a chroeso bob amser. Yno ac yn ei gartre dedwydd yn Rhiwbeina.

Rhwng yr ynysoedd hyn a'm hynys i fy hun yn fy llety mi ddois o dipyn i beth i ddygymod â'r gwaith diflas ar y *Western Mail*.

Un peth a'm poenydiai'n fawr. Roeddwn wedi colli'r ymweliadau cyson â'r Seilam yn Ninbych, a'r cyfle wythnosol i ymdrybaeddu ym mhwll fy hunan-dosturi. Un noswaith yn fy llety agorais y Beibl a dod ar ddamwain ar draws yr adnod ryfedd hon yn Llyfr y Datguddiad:

> 'A rhoddwyd i'r wraig ddwy o adenydd eryr mawr fel yr ehedai hi i'r diffeithwch i'w lle ei hun, lle yr ydys yn ei maethu hi yno dros amser, ac amseroedd, a hanner amser, oddi wrth wyneb y sarff.'

Testun y Goron yn Eisteddfod Genedlaethol Treorci oedd 'Penyd'. Ac mi gefais weledigaeth. Yn lle'r ymweliadau wythnosol â Dinbych mi gawn fynd i mewn i fywyd Mam yno a'i fynegi a'i ddehongli. Cymerais dair wythnos o'm gwyliau a'm carcharu fy hun yn y llety. Y canlyniad fu'r bryddest 'Penyd' a Choron Treorci.

Rhywbeth yn debyg fu'r patrwm ar gyfer Eisteddfod Lerpwl y flwyddyn ddilynol. Cymryd tair wythnos o wyliau a chloi'r byd allan o'm stafell yn y llety. 'Y Gân ni Chanwyd' oedd y testun y tro yma, ond yr un oedd y pry dan y croen — yr ymdeimlad o euogrwydd ac o ddiawledigrwydd oherwydd y fam a yrrwyd i'r Seilam. 'Gwyn eu byd y rhai pur o galon canys hwy a welant weledigaethau', meddwn mewn llythyr at gyfaill gyda chopi o bryddest 'Y Briodas'. Ni allwn, hyd yn oed ar ôl sgrifennu'r gerdd 'Penyd', ymguddio rhag wyneb y sarff. Ond y drydedd waith, yn lle sôn am greadures o gnawd a gwaed, mynnwn ddwyfoli'r Fam a'i throi'n Fatriarch. I ddyfynnu o'r 'Gân ni Chanwyd':

> A gwelodd yr Anwylyd arfaeth oes
>   Yn troi'n ddyryswch, ac ni welodd mwy;
> Clybu'r gynghanedd yn gwallgofi'n groes
>   A'r glust oedd fain ni chlybu ddim yn hwy;
> Drosti daeth tristwch parlys mud, a ffoes
>   O ŵydd yr harddwch oedd yn gwawdio'i chlwy
> I hedd y fro nas cyfaneddodd cnawd
> Lle dychwel nodau'r gân pan ddarffo'u rhawd.
>
> Dychwelant yn lluddedig at y Fam,
>   Hithau ni bydd edifar ganddi Ei gwaith;
> I'w chlust yn newydd gerdd, i'w threm yn fflam,
>   Daw gorffenedig lun Ei chread maith . . .

A! wel, hen bethau . . . Ond rhag ofn y bydd rhywun yn troi at y gerdd hon rywbryd eto, hoffwn roddi ar gof a chadw air am yr hyn a dybiwn i oedd yn saernïaeth berthnasol i gerdd ar destun fel 'Y Gân ni Chanwyd'. Wedi canu corff y gân ar un mesur mydr ac odl, newidiais y cywair a rhoddi cynffon iddi. Trwy hyn ceisiwn roddi'r argraff o lais yn distewi neu o oleuni'n diffodd. Ac yn wir fe droes yn seren wib, neu'n 'seren gynffon' fel y byddem ni blant yn dweud, a fflachio'i llifolau gwibiog a darfodedig ar ei hawdur fel Bardd y Tair Coron. Ond yn ôl y derbyniad a gafodd gan rai ni lewyrchodd y goleuni o gwbl, heb sôn am ddiffodd.

Wedi ennill Coron Lerpwl cefais wadd, gyda Chynan a Phrosser ac un neu ddau arall, i dreulio wythnos ym Mrynawelon, cartref Lloyd George yng Nghricieth. Wythnos gofiadwy. Ac un atgo'n sefyll allan. Mynd mewn *Rolls-Royce* hefo'r hen ŵr a'i ferch, Megan, i brynu llyfrau Cymraeg ym Mhwllheli. Torf yn casglu o gwmpas y car ac yn banllefu. A'r hen ŵr yn edrych arna i â'r dagrau'n powlio i lawr ei ruddiau ac yn dweud mewn llais crynedig: 'Fy mhobol i. Fy mhobol i ydyn nhw'.

Am y gweddill o'm hamser yng Nghaerdydd mi gefais sylweddoli un breuddwyd hoff. Sef cael mynd i'r Coleg ac astudio am radd. Mi wnes hyn fel myfyriwr amser llawn yn talu fy ffordd fy hun heb grant gan neb. Ac ar yr un pryd gweithio'r nos ar y *Western Mail*. Parhaodd hyn am dair blynedd a chefais fy rhyddhau'n ddigyflog o'r *Western Mail* am y tri mis olaf o'r cwrs. Dau beth roes foddhad mawr imi ar ôl graddio oedd cymeradwyaeth fyddarol fy nghyd-efrydwyr yn seremoni'r Capio, a llythyr oddi wrth fy hen ysgolfeistr D J Williams, o Ysgol Sir Bethesda, yn fy llongyfarch.

Roeddwn wedi rhyw hanner roddi fy mryd ar yrfa academig Gymraeg. Ond buan y sylweddolais nad oedd gennyf mo'r ddawn i fod yn ddarlithydd na'r dyfalbarhad i ddatblygu'n ysgolhaig. Felly doedd dim amdani ond mynd yn ôl i ddiflastod gwaith ar y *Western Mail* a chwilio am ryw ddihangfa arall. Fe ddaeth y ddihangfa ar ffurf hysbysiad yn un o'r papurau dyddiol: *Wanted: Two Super Sub-editors.* Mi es innau i Lundain i geisio perswadio Aylmer Vallance, Golygydd y *News-Chronicle,* mai fi oedd un o'r *Super Sub-editors.* Gwrandawodd yntau'n astud arnaf. Ac yna sgriblodd nodyn i'w brif Olygydd Nos: *'Don't you think it a shame to bring this man away from his own country?'* Sgotyn oedd Vallance. Ond Cymro oedd ei brif Olygydd Nos, sef Anthony Davies (Llygad Llwchwr). Ac roedd arno fo eisiau rhywun i edrych ar ôl tudalen Gymreig y papur. Ac felly y neidiais o badell ffrio Caerdydd i'r tân yn Llundain.

Wel, nid yn union i'r tân chwaith. Roedd hwnnw i ddod hefo'r bomio erchyll adeg y rhyfel. Yn y cyfamser yr oeddwn wedi darganfod ynys newydd yn nhudalen Gymreig y *News-Chronicle* a chael hunan-lywodraeth ar fy ynys. A bûm yn ddigon hapus yn y gwaith am gyfnod. Ond teimlwn ias o euogrwydd ac o chwithdod. Roedd rhywbeth ar goll. Roeddwn bellach nid yn unig yn alltud o Ddyffryn Conwy a Dyffryn Ogwen, ond yn alltud o Gymru. Roeddwn yn gyflawn alltud. Roeddwn hefyd yn teimlo fy mod wedi taflu o'r neilltu y dalent a roddwyd imi, — y dalent delynegol a roes fod i bryddestau'r 'Briodas' a 'Penyd'. Ac wedi ei chyfnewid am iaith papur newydd. Roedd sach f'euogrwydd yn trymhau. Rhoddais beth mynegiant i'r euogrwydd a'r chwithdod mewn cerdd o'r cyfnod hwn yn dwyn y teitl 'Yr Alltudion'.

> Codwn ein golygon i'r awyr efydd,
> Chwiliwn orwelion am yr awel na chwyth
> A dychwelwn i'n pebyll unnos
> I lenwi'r gwydrau ar y bwrdd
> Â llwnc o grefydd.
> Odid y clywir cyn hir flinedig duth
> Yn rhagflaenu buain gysgodion cyfnos
> Ac y daw cennad o Fabilon i'n cwrdd.
>
> Teithiasom bellach ers talm
> Rhwng addewid y crog delynau
> Sydd uwch ei hafonydd hiraethus hi
> A gwrthodedig chwerthin mynyddoedd
> Seion y salm . . .

Ond cafodd yr ymdeimlad ei lawn fynegiant yn yr unig gerdd o bwys a sgrifennais yn y cyfnod yma, sef 'Terfysgoedd Daear'. Cyffes ffydd hunan leiddiad oedd y bryddest hon. Ac onid hunan leiddiad llenyddol oeddwn innau? Roedd y derbyniad, neu'n hytrach y gwrthodiad, a gafodd y gerdd yn Eisteddfod Dinbych Mil Naw Trideg Naw yn ffitio'r patrwm. Gwrthodwyd y Goron iddi, er mai hi oedd y gerdd orau, am nad oedd ar y testun. Ac yn ychwanegol at ei ffawd chwerthinllyd yn Ninbych cafodd 'Terfysgoedd Daear' un derbyniad oedd yn fwy digri fyth.

Penderfynodd Anthony Davies ei chyhoeddi yn ei chrynswth yn nhudalen Gymreig y *News-Chronicle*. Trwy ryw amryfusedd ffeindiodd ei ffordd hefyd i argraffiad Gorllewin Lloegr. A chafodd darllenwyr y papur ar hyd a lled Dyfnaint a Chernyw eu gwala a'u gweddill o Gymraeg y diwrnod hwnnw. A phan ddychwelais innau'n ôl i'r offis o Ddinbych yr oedd poster mawr yn fy nisgwyl ac arno'r geiriau:

> *Hail to thee, blithe spirit,*
> *Bard thou never wert.*

Chwarae teg i Llygad Llychwr hefyd. Bu'n garedig iawn wrthyf ar y *News-Chronicle*. Ac roedd am fynnu fy ngwthio ymlaen. Ond buan y deuthum i sylweddoli mor gïaidd a chreulon yr oedd bywyd yn uwch i fyny. Ac wedi sylweddoli hyn mi gedwais fy mhen i lawr a gwrthod cymryd fy ngwthio ymlaen. Fy mhrif ddymuniad oedd dod i delerau â'r bywyd a ddewisais a'i wneud mor hawdd ei fyw ag y gallwn.

Deuai pyliau o hiraeth am Gymru ac awn innau ar wib sydyn yno mewn car neu yn y trên. Ond gorfod troi'n ôl bob tro heb ganfod yr hyn a geisiwn. Ceisiais am swydd yng Nghymru fwy nag unwaith ond methu ei chael neu ei gwrthod bob tro.

Yna daeth y Rhyfel, a chyfnod chwerw o ryw ddwy flynedd yn y Fyddin. Ac wedyn cael dianc o'r Fyddin i ddiffeithwch corfforol, moesol ac ysbrydol India am ddwy flynedd arall, i weithio i'r Swyddfa Dramor, fil o filltiroedd oddi wrth unrhyw gyflafan.

Pan ddychwelais adref ym mil naw pedwar deg a chwech nid oedd pethau'r un fath ar y *News-Chronicle.* A chroesais y Stryd i weithio ar y *Daily Telegraph.* Yno cefais ynys arall, sef cornel i mi fy hun yn yr adran Seneddol. A chan nad oeddwn bellach yn arddel yr un blaid, ac yn fwy o Geidwadwr na dim arall, bu fy ffordd yn ddigon esmwyth. Bûm yn eitha bodlon i gadw fy mhen i lawr yn fy nghornel. A chael llonydd i sgrifennu a phrydyddu tipyn yn Gymraeg yn fy oriau hamdden.

Am yn agos i chwarter canrif bodlonais ar y dull hwn o fyw. Ym mil naw chwech a dau enillais Gadair Llanelli am awdl ar y testun 'Llef un yn Llefain'. Nid yn unig yr oedd y testun yn un addas, ond roedd ennill y Gadair yn brawf i minnau nad oedd y cwbl wedi ei golli. Roedd hefyd i mi yn gyfiawnhad o'm dull o fyw, — yn dawel, heb uchel geisio nac isel ymgreinio. Yr unig edifarhau oedd gennyf i'w wneud oedd na chawswn ddigon o ddyfalbarhad i gynhyrchu mwy. Ac i wneud mwy o'r dalent fechan a gefais.

10

Gofynnwyd imi mewn seiat brofiad lenyddol fach dro'n ôl beth oedd y cymhelliad i sgrifennu'r bryddest 'Terfysgoedd Daear', y cyfeiriais ati eisoes, cerdd yn cyfiawnhau hunanladdiad. Roedd yn gwestiwn da, mor dda yn wir fel y bu'n rhaid imi osgoi ei ateb trwy fanylu ar y modd y sgrifennais y gerdd yn hytrach na pham. Dwedais mai ynghanol trwst a dwndwr swyddfa'r *News-Chronicle* y sgrifennais y rhan fwyaf ohoni, a hynny yn yr ysbeidiau byr a gaiff is-olygydd ar bapur dyddiol rhwng trin a thrwsio straeon y dydd, yn ddigrif a difrif, yn ysgafn ac yn erchyll. Ac yna cymryd pythefnos o wyliau haf a chael benthyg bwthyn yn Llanmadog, ar Benrhyn Gŵyr, a'i chwpla yno mewn llonyddwch hyfryd, gydag ambell dro bach segur i fâr y Farmers Arms. Ond beth am y cymhelliad? Teimlaf bellach nad anniddorol fyddai ceisio rhoddi ateb llawnach.

O sefyll ar y naill ochr i'r hunan sy'n carlamu tua'i henaint, i fwrw golwg dros daith yr anialwch, a chaniatáu nad oes diffyg hanfodol ar yr ymennydd, mae'n weddol hawdd canfod ym mhle y bu weithiau droi i'r aswy ac weithiau droi i'r dde, a pha bryd y bu'r llaw wrth y llyw yn cadw at y llwybr cul ac union. Cefais archwiliad manwl dan ddwylo meddyg profiadol yn ddiweddar ac fe'm sicrhaodd, heb imi ofyn iddo, fod yr ymennydd o leiaf mor iach ag y dymunai iddo fod mewn gŵr o'm hoedran i. Ac felly, er mai hawdd yw cwympo i bwll tro wrth drafod pwnc o'r fath, teimlaf y gallaf ddal i sgrifennu ymlaen yn weddol hyderus, er bod anchwiliadwy feithderau o'r ymennydd heb eto'u darganfod na'u hesbonio.

Tasg anodd, os nad, yn wir, peryglus, yw mynd ati i geisio dadansoddi'r hunan yma, pan na bo cefndir eang o wybodaeth, o ddarllen ac o ddysg, i gynorthwyo'r dadansoddiad. Rhaid i mi ddibynnu ar faes cyfyngedig iawn yn y cyfeiriad hwn a rhoddi fy mhwysau'n drwm ar brofiad personol, gyda chynhorthwy tipyn o ffansi, o ddamcaniaethu ac o ffug-athronyddu.

Ar brofiad personol y dibynnais am bopeth o'r bron y ceisiais lunio gwaith llenyddol ohono, ac nid yw 'Terfysgoedd Daear' yn eithriad, fel y ceisiaf ddangos. Bûm yn or-hoff, fel llawer awdur o'm blaen ac o'm hôl, o ymdrin, weithiau'n farddonol ac weithiau'n farddonllyd, ag angau, hiraeth, serch a holl *repertoire* y bardd ifanc anaeddfed yn ogystal â'r hen a'r aeddfed. Ond themâu sylfaenol fy nhipyn cynnyrch llenyddol, am hynny mae'n werth, fu'r meddwl claf a'i amryw gysylltiadau. Ac o ail-ddarllen y pethau a sgrifennais caf fod haen o niwrosis yn rhedeg trwy'r rhan fwyaf ohonynt. Gallwn ddyfynnu beirniaid o fri a gyfeiriodd at y 'canu patholegol' yn fy ngwaith, a'r tyndra a roes fod i'r niwrosis yma. Ond cyn i hyn o lith ddirywio'n feirniadaeth lenyddol gan awdur ar ei waith ei hun, mi brysuraf ymlaen â'r stori.

Cyrhaeddodd y niwrosis yma ei frig yn y flwyddyn 1938. Roeddwn bryd hynny yn 34 mlwydd oed, union hanner yr oed a gyrhaeddais heddiw, os yw ffigurau o unrhyw arwyddocâd. Dyma hefyd, sef 34, fel yr adroddais eisoes, yr oed a gyrhaeddodd fy nhad pan laddwyd ef yn y chwarel. Ac ar noswaith fy mhen blwydd yn 34, un o'r ychydig bennau blwydd a gofiaf, safwn yn disgwyl y bws yn *Fleet Street,* ar fy ffordd adref o'r offis. Ac yno, yn sydyn, y sylweddolais fy mod wedi cyrraedd oedran fy nhad. Dyna'r math o fflachiadau o fyfyrdod fydd yn ysbrydoli cân ac fe ddaeth rhyw fwriad cerdd i'r meddwl ar y pryd — un o'r bwriadau barddol fu'n hedeg fel gwenoliaid dros wyneb yr ymwybyddiaeth mor aml, heb adael dim o'u hôl. Yn ôl f'arfer, troais am beint myfyriol i un o'm hoff dafarnau yn y Strand. Ac ar ôl y peint cyfeillgar, mynd i lawr y grisiau i orsaf danddaearol yn Sgwâr Trafalgar i ddal y trên gartref i Golders Green. Cofiaf godi tocyn a mynd i mewn i'r trên yn y Tiwb. Yn ystod y daith aeth popeth yn dywyll a disgynnodd llen drwchus dros y meddwl. Nid oeddwn dan ddylanwad diod; rhaid fyddai cael mwy na pheint i gyrraedd y stad honno. Y peth nesaf a gofiaf yw eistedd mewn cadair yn wynebu gorsaf-feistr un o'r gorsafoedd rhwng y Strand a Golders Green. Gallaf weld ei wyneb y munud yma, yn eistedd wrth ei ddesg gyferbyn â mi. Roedd ganddo fwstas bach melyn a gwisgai sbectol ymyl aur. Edrychai arnaf yn dosturiol-ddifrifol.

'Rydych yn un o'r dynion mwyaf lwcus dan haul,' meddai. 'Roeddych yn gorwedd yn y trac o fewn rhyw fodfedd neu ddwy i'r lein drydan. A phe baem wedi bod funud neu ddau'n hwy yn eich codi oddi yno fyddech chi ddim yma'n gwrando arna i.'

Roeddwn i'n crynu fel deilen a'r cwbl fedrwn i wneud oedd ymddiheuro iddo am y drafferth, diolch iddo ac ysgwyd llaw. Dal y trên nesa tuag adref ac eistedd yn ceisio'n ofer ddwyn i gof beth a ddigwyddodd imi. Yn ôl y gorsaf-feistr, roeddwn wedi syrthio ar y lein oddi ar y platfform a rhywun a ddigwyddai fod wrth law wedi neidio i lawr a'm cael i fyny funud neu ddau cyn i drên chwyrnellu i mewn i'r orsaf. Yng nghadair y gorsaf-feistr y codwyd y llen oddi ar fy meddwl.

Nid oes un amheuaeth gennyf nad ymgais fwriadol ydoedd, dan orchymyn yr is-ymwybod, i ymado â'r fuchedd hon yn wirfoddol. Oblegid dyma'r union adeg yr oeddwn yn troi a throsi yn fy mhen y syniad o gerdd am hunan-ddistryw. Nid rhyfedd i feirniaid Eisteddfod Dinbych ei gwrthod ar y dybiaeth nad oedd 'ar y testun'. Doedd hi ddim. Myfi ddaru dybio gweld y cysylltiad rhwng fy argyfwng a'r teitl 'Terfysgoedd Daear'. Ac efallai y goddefir imi ddyfynnu paragraff o feirniadaeth yr Athro J Lloyd Jones, bardd awdl 'Y Gaeaf' ac un o flaenaf ysgolheigion ei ddydd. Gwnaf hynny nid yn unig am fy mod yn ymfalchïo yn ei eiriau ond am fy mod hefyd yn credu, fel y ceisiaf ddangos, fod y dyfarniad yn berthnasol nid yn unig i werth profiad mewn llenyddiaeth greadigol ond hefyd yn berthnasol i'r ddamcaniaeth – neu'r ffansi – sydd gennyf am hunanladdiad llenyddol. Dyma'i eiriau:

> 'PERERIN — Heb unrhyw amheuaeth, dyma fardd mawr
> y gystadleuaeth, a rhagora'i bryddest gymaint mewn

angerdd barddonol, ffansi gyfoethog a mynegiant addurnol ar gynhyrchion ei gydymgeiswyr, nes gwneuthur y rhai gorau ohonynt hwy bron yn dila wrthi hi. Y mae "Pererin" yn fardd gwych, a'i gerdd yn gampwaith artistig. Ond — ac ni bu "ond" mwy alaethus a thristach i feirniaid erioed — ni ellir dweud iddo ganu ar y testun. Pe dileid y teitl, ni freuddwydiai neb, o ddarllen y gân, mai "Terfysgoedd Daear" fyddai ei thestun. Apologia ac apotheosis hunan leiddiaid ydyw.'

Ac eto, os goddefir, dyma baragraff o feirniadaeth yr Athro Syr Thomas Parry Williams, a phwy, ar ei ffordd i'r trigfannau fry, a ddymunai well testimonial?

'Y mae "Pererin" yn arbennig yn y gystadleuaeth hon ar fwy nag un cyfrif. Ganddo ef y mae'r afael sicraf ar ei grefft. Hwn hefyd yn y gystadleuaeth hon a lwyddodd orau i ddwyn i'w gynnyrch barddonol y gyfaredd honno sy'n stamp diamheuol ar greadigaeth lenyddol wir. Y mae cyffyrddiad meistrolgar ganddo a rheolaeth lwyr ar ei arddull o ran ieithwedd a mydr. Fe ofalodd (fel y dylid) fod ei gelfyddyd yn gallu rhoddi trefn a dosbarth ar orffwyll ei weledigaeth.'

Mewn achosion o hunanladdiad, ffordd go ddoeth a chywir allan ohoni i'r Crwner yw'r rheithfarn *Suicide while of unsound mind* a ffurf farbaraidd ac annynol yw'r rheithfarn honno — a geir mewn ieithwedd sy'n sawru o greulonderau'r Canol Oesoedd — ac oesoedd diweddarach o ran hynny — yn y geiriau: *Felo de se*. Anaml, os byth, y clywir y ffurf yma ar reithfarn mewn cwest bellach. Nid oes amheuaeth nad yw rhai pobl yn trefnu i ymadael yn wirfoddol ac mewn gwaed oer dan amgylchiadau arbennig. Gallwn enwi mwy nag un o'm ffrindiau a ddwedodd wrthyf iddynt wneud pob paratoad ar gyfer eu hymadawiad eu hunain a'u hanwyliaid pe bai Hitler wedi goresgyn y wlad hon.

Erbyn hyn hefyd mae cyffuriau modern wedi llwyddo i esmwytho ffordd y ddihangfa. Ond hyd yn oed i feddwl claf, mae arswyd yn y syniad o hunanladdiad ac nid yw'n bosibl dirnad y weithred ond y tu ôl i'r llen dywyll a ddisgynno. A chyrraedd penllinyn y niwrosis a wneir pan ddisgynno'r llen. Bu llawer tro pan gefais achos i lawenychu am gael bod yn fyw a chael anadlu awyr iach ar lan môr neu ar lechwedd mynydd. Ond ni bu'r un o'r rheiny'n ddim i'r gwerthfawrogiad a brofais o awyr iach y nos — wel, cymharol iach — yn Golders Green wrth ddod allan o'r trên wedi'r profiad alaethus yn y Tiwb. Ac mae'n sicr gen i mai yng nghatharsis y gerdd 'Terfysgoedd Daear' y cefais i'r gollyngdod a'r ddihangfa na allai'r un siop gyffuriau na seiciatrydd eu gwerthu imi.

Ond pam anfon y gerdd hon i gystadleuaeth y Goron yn Eisteddfod Dinbych a minnau eisoes wedi cael tair Coron am bryddestau? Credaf mai un ateb syml yw mai Morris Williams ydoedd ysgrifennydd yr Eisteddfod a bod Prosser Rhys yn un o feirniaid y Goron. Ac ni bu ynof gymhelliad cryfach wrth sgrifennu'r un gerdd, nac unrhyw ddarn arall o lenyddiaeth o ran hynny, nag ennill cymeradwyaeth y rhai anwylaf ymhlith fy nghydnabod. Ateb arall yw bod y cysylltiad ag Ysbyty'r Meddwl — y Seilam — yn Ninbych yn dal yn ddolur parhaus. Yno, ymhlith y deiliaid, roedd y fam a ysbrydolodd bob un o'm pryddestau blaenorol a'r llinyn umbilical yn dal heb ei dorri. Ac onid ymgais i'w dorri fu dan orchudd y llen a ddisgynnodd yn y Tiwb?

Ond i geisio gwasgar niwl unrhyw len fo'n bygwth disgyn dros feddwl darllenydd y bennod yma, mi grwydraf am eiliad i adrodd hanes cyhoeddi'r bryddest 'Terfysgoedd Daear' yn llyfryn bach chwecheiniog ar faes yr Eisteddfod.

Roedd Morris, gyda'i wybodaeth gyfrinachol am y dyfarniad, yn rhinwedd ei swydd fel ysgrifennydd yr Eisteddfod, wedi paratoi'r llyfryn yn ei wasg ei hun, a'r cwbl oedd yn eisiau i'w anfon allan i'r priffyrdd a'r caeau fel y Bryddest Ddi-goron oedd caniatâd yr awdur.

Hefo fo'n bargeinio â mi yr oedd Prosser, a rwystrwyd rhag gweithredu fel beirniad swyddogol oherwydd gwaeledd tost. Wedi tipyn o fargeinio â hwy setlais ar ddeuddeg punt a llond tanc fy nghar o betrol o'r garaits lle'r oedd Morris yn gwsmer, am yr hawlfraint ar y llyfryn, a bu gwerthu da arno. Drannoeth ei gyhoeddi roeddwn yn sefyll yn nrws gwesty'r Bull pan gerddodd cydnabod o Gymro eisteddfodol heibio.

'Dew, mi ges i hwyl ar dy bryddest ti,' meddai. 'Darllan hi wnes i yn y gwely neithiwr, a 'rydw i newydd ei gwerthu hi'n ail-law am dair ceiniog.'

Dyna ichi, greda i, beth ydy beirniadaeth onest, nid yn unig ar werth parhaol y gerdd ond hefyd ar bryniant a diffyg pryniant llyfrau Cymraeg. Ond taer obeithiaf nad effaith y bryddest oedd ar y gŵr ifanc yng ngholer gron ei Urddau Sanctaidd a welais ychydig yn ddiweddarach yn ei heglu hi o ddrws yr *Hawk and Buckle* i ganol y stryd, ac yno, yn wyneb haul a llygad goleuni, yn chwydu llond perfedd allan ar ganol y stryd. Rhyw ŵyl felly oedd Eisteddfod Dinbych, 1939, heb iddi na Choronfardd na Chadeirfardd.

Ond erys dau atgof achubol. Un oedd cerdyn mwyn oddi wrth y bardd T Gwynn Jones yn datgan ei edmygedd o'r gerdd ac yn dweud y buasai ef wedi bod yn fodlon ei choroni. A'r atgof arall — treulio teirawr mewn ystafell gwesty heb fod ymhell o Ddinbych — Bodfari, os cofiaf yn iawn — yn gwrando ar y cyfaill bonheddig Syr Rhys Hopkin Morris, yn adrodd rhai o'i brofiadau fel ynad yn Llundain, ac anghofio'n lân am y peint o gwrw wrth fy mhenelin. Er y dyddiau pell hynny cefais ragor na theirawr o ddiddanwch cyffelyb yn gwrando ar ei fab yng nghyfraith, Alun Williams, sydd a'i ddoniau amryfal yntau'n llawer trech na hud a lledrith peint wrth y penelin.

Ac yn awr, y Pam â'r brif lythyren. Pam, mewn gwirionedd y disgynnodd y llen? Er mai cofnod o brofiadau personol sydd yma, go brin y byddai'n werth y drafferth i chwilio am yr ateb pe byddai'n ddim ond ymgais i egluro argyfwng personol unigolyn. Prin iawn yw mesur parch a chydymdeimlad dyn at gyd-ddyn fo'n glaf ei feddwl.

Mae'r meddwl claf yn ddieithriad yn wrth-gymdeithasol a'r ymateb greddfol tuag ato yw ei roddi dan glo. Dyna pam, er yr holl dyneru a dyneiddio fu ar wasanaethau cymdeithasol yn ein dyddiau ni, bod stigma'n glynu wrth bob ymennydd claf a greddf hunan-gadwraeth yn peri bod deddf grym yn gweithredu i reoli pob ymddygiad a ystyrir yn arwydd o wendid meddwl. Byr yn ei hanfod yw amynedd yr iach at y claf, y cryf at y gwan. A chyn pallu o amynedd y darllenydd brysiaf i bwysleisio mai ymgais sydd yma i chwilio neu i ffansio os mynnir, arwyddocâd y cymhellion a roes fod i bryddest a gyfrifir ymhlith cerddi Cymraeg gorau'r ganrif ond sydd ar yr un pryd yn gynnyrch meddwl claf ac, yn ôl deddfau naturiol perthynas dyn a'i gyd-ddynion, yn wrth-gymdeithasol.

Ag ystyried nifer darllenwyr Cymraeg, fe gafodd gylchrediad eang, a chyfyd hyn hefyd y cwestiwn o gyfrifoldeb. Cofiaf ddarllen, yn fuan ar ôl cyhoeddi'r bryddest, hanes yn y papur newydd am hunanladdiad chwarelwr o Gymro. A bûm yn pryderu tybed a oedd wedi darllen y gerdd ac a oedd hi wedi bod yn gyfrifol, mewn rhyw fodd, am ei ymadawiad. Byddai hwnna'n destun dadl reit ddadlennol. Roedd artist ac awdur adnabyddus y crybwyllais fy mhryder wrtho yn hollol bendant ar y pwnc. Yn ei farn ef nid oedd artist nac awdur i'w ddal yn gyfrifol am y dylanwad a gaffai ei waith ar ei gyd-ddynion. Unig ddyletswydd artist ac awdur oedd ei fynegi ei hun yn y dull gorau o fewn ei gyrraedd. Ofnaf na lwyddodd i'm llwyr ddarbwyllo ar y pwnc. Ond gan imi fod mor hy â disgrifio'r gerdd ar dystiolaeth ei beirniaid swyddogol fel un o oreuon y ganrif, gwell imi geisio cadw draw o'r trobwll a cheisio perthnasu'r gerdd a'i chymhellion i'w dydd a'u hamgylchedd. Dyddiau llwyd oedd y rheiny 34 mlynedd yn ôl ym 1938, dyddiau o bryder ac ofn, a'r cymylau'n casglu i daenu drosom y fagddu fawr a ddug yr Ail Ryfel Byd yn fwgwd dros fywyd pob un ohonom. A chynhaliwyd Eisteddfod Dinbych o fewn mis i'r dydd y disgynnodd llen y fagddu fawr.

Mewn cyfnod o'r fath, rhan y gwan yw gwanychu, ac i'r gwrol y rhoir ymwroli. Un o'r gweiniaid oeddwn i. Ar y silff-ben-tân yma mae llun o'r wraig a minnau y tu allan i Babell y *Faner* ar faes Eisteddfod Dinbych. Chwyddwyd y llun i ddangos yr holl ragoriaethau a'r diffygion. Mae golwg lewyrchus arnom ein dau, ond o graffu ar y llun i gadarnhau'r hyn a sgrifennir yma, gwelaf lawer o arwyddion y gwendid a fu, ac ychydig, ar wahân i'r siwt drwsiadus, o'r glendid a fu. Yr wyneb yn llawn ond yn llwyd ac arno'r grechwen slei yn brawf o'r euogrwydd oedd yn pwyso arnaf. A rhwng y bysedd, yr hen dragwyddol sigarét A chynnwys cyfnodau byrion o ymatal a derbyn cyfartaledd mor isel â deuswllt y dydd, mae swm frysiog yn dangos imi wario ymhell dros fil o bunnoedd ar smocio er y diwrnod hwnnw ar y maes yn Ninbych.

Ni allaf olrhain fy llinach ymhellach na'm taid ar un ochor a'm nain ar yr ochor arall. Ac ni chefais eu nabod hwy'n ddigon hir i fedru hawlio bod ynddynt unrhyw gadernid moesol oedd yn eithriadol. Bu'n rhaid iddynt hwy a'm rhieni frwydro â thlodi a chaledi a oedd yn weddol gyffredinol ymhlith y gymdeithas yr oeddynt yn perthyn iddi. A diau i'r brwydro hwnnw roi rhywfaint o wytnwch corff a meddwl ynddynt. Ac fel yn achos pob teulu, roedd ymhlith fy nheulu innau anwyliaid lawer a'u safonau moesol yn weddol gymeradwy, ac yn wir yn uchel iawn mewn ambell un. Ond ni allaf feddwl am yr un o'm tylwyth y gallwn ymfalchïo ynddo a dweud: 'Dyna ichi gawr o ddyn, yn gorff a meddwl'. Ac o'r herwydd, nid etifeddais ddim, cyn belled ag y gwn i, a'm cynysgaeddai i arddangos unrhyw fath ar ddewrder, yn gorfforol na meddyliol. Nid pethau i ymffrostio ynddynt yw llwfrdra a gwendid cymeriad, ond mae'n ollyngdod cael cyfaddef hyn wrth y cwmni bychan sy'n debyg o ddarllen hyn o eiriau. Synnwn i ddim mai rhyw deimlad tebyg a gafodd Williams Parry pan ganodd y soned 'Gair o Brofiad' y byddaf mor hoff o'i dyfynnu:

> Llwfr ydwyf, ond achubaf gam y dewr,
> Lleddf ydwyf, ond darllenaf awdur llon . . .

Ac ymhlith pethau eraill, mae'r cwpled yna'n dwyn ar gof imi, rhwng cromfachau megis, y noson y daeth y newydd i swyddfa'r *News-Chronicle* am danio'r ysgol fomio ym Mhenyberth gan y tri chenedlaetholwr y soniais eisoes amdanynt. Ar fy ffordd adref gyda'r nos, neidiais ar fws yn mynd i lawr y Strand. A phwy oedd yn eistedd yn y sedd o'm blaen ond Gwynfor a Williams Parry, wedi bod ar grwydr gwyliau yn y ddinas. Ac yn y bws hwnnw, gennyf fi, un o negeseuwyr buain y wasg, y cawsant y newydd syfrdan am Benyberth oedd i synnu'r holl wlad fore trannoeth. Ac mae crybwyll hyn yn f'arwain oddi wrth f'etifeddiaeth deuluol a'i gwaddol llwm at yr etifeddiaeth fwy a gefais fel Cymro a'r argyfwng a ddaeth yn ei sgîl.

O fwrw golwg dros feirniadaethau Dinbych fel y gwnes gynnau gwelaf mai fy nghyd-athrylith yn yr Eisteddfod honno oedd John Gwilym Jones. Fe wnaeth ef y gamp o ennill y 'Fedal Rhyddiaith Bur' (fel y'i gelwid bryd hynny) am nofel yn ogystal â gwobr y Ddrama Hir am 'Diofal yw Dim'. Ond mae dau wahaniaeth o leiaf rhyngom sy'n arwyddocaol. Yn gyntaf, aeth John Gwilym oddi wrth ei waith at ei wobrau lle ni chefais i ond deuddeg punt slei a llond tanc o betrol. Ac yn ail, tra bod fy meirniaid i yn dra chlodforus ni ddefnyddiodd y naill na'r llall y gair 'athrylith'. Ond yn ei feirniadaeth graff a phwyllog ar y ddrama, mae Saunders Lewis yn fwy pendant: 'Y peth hapusaf a'r peth mwyaf anarferol a allo ddigwydd i feirniad ar gystadleuaeth yw darganfod yn sydyn waith o athrylith, a chael cyhoeddi hynny yw ei wynfyd a'i wobr. Er ei hanaeddfedrwydd y mae'r ddrama hon yn ddigwyddiad eithriadol; y mae hi'n ddarn o lenyddiaeth greadigol bwysig, yn waith llenor, gwaith artist a gwaith meddyliwr cywir, dwys.' Hyn oll i brofi hefyd fod rhai o'n beirniaid yn y tridegau yn broffwydi go dda. Beirniad y Goron a'i 'ond' alaethus, a beirniad y Ddrama a'i 'wynfyd a'i wobr'.

Gan fod nofelydd a dramaydd Eisteddfod Dinbych a minnau'n nabod ein gilydd yn weddol dda ers llawer blwyddyn, rwy'n siŵr y bydd yn barod i faddau'r nodyn personol yma. Ond fel rhagair y mynnwn y cyfeiriad ato i sylw arall a wnaed gan Saunders Lewis, y cywiraf a'r dwysaf o'n haml broffwydi, yn ei feirniadaeth ar y ddrama arobryn.

'Am unwaith,' meddai, 'dyma drin cenedlaetholdeb Cymreig yn wrthrychol, gweld ei ran ym mywyd llencyndod, gweld ei nobiliti ond heb sentimentaleiddio amdano, a gweld y gwir diogel fod ynddo hadau poen a dioddef a merthyrdod.'

Mae dros ddeng mlynedd ar hugain er pan sgrifennwyd y geiriau yna ac ni a welsom, yn y dyddiau diweddar yma, ym milwriaeth a gwrolaeth y genhedlaeth ifanc gyfoes rai o chwerwon ffrwythau'r hadau y cyfeiriwyd atynt. Gwelsom hefyd y dirywiad cynhyddol yn y Cymreigrwydd a etifeddodd fy nghenhedlaeth ifanc i hanner canrif yn ôl o'r deffroad llenyddol a gafwyd yn chwarter cyntaf y ganrif. Ac ni allwn ni, y rhai diargyhoeddiad a diasgwrn cefn a safodd yn y rhengau ôl, wneud mwy bellach na syllu'n edmygus ac yn edifarus ar y rhai sydd heddiw 'yn cario'u hiaith fel cario croes'. Onid hynny hefyd a wnaethom ninnau yn ein gwendid a'n diffyg ffydd? Ynteu ai rhamantu'r wyf a gwrthod wynebu'r ffaith nad oes gennyf, yn f'etifeddiaeth fel Cymro, mwy nag yn f'etifeddiaeth deuluol, ryw lawer, mewn gwirionedd, i ymfalchïo ynddo?

Gwir mai, oherwydd hap a digwydd fy ngeni a'm magwraeth, Cymry a gefais yn ffrindiau anwylaf ac agosaf at fy nghalon; gwir hefyd mai ymhlith Cymry fy nghenhedlaeth fy hun y canfum y cyfoedion mwyaf dewr a daionus a dilychwin; mai yn y genhedlaeth Gymraeg a'i rhagflaenodd y cefais yr esiamplau gorau ar gyfer patrwm bywyd delfrydol. Bûm yn darllen amryw gofiannau'n ddiweddar a chredaf y byddwn, er enghraifft, yn barod i fod yn ddall o'm babandod pe cawswn fod yn ymgnawdoliad o'r Parchedig John Puleston Jones a byw ei fywyd ef. Ac yn olaf, a phwysicaf, Cymraeg fu'r iaith y gellais erioed deimlo'n fwyaf cartrefol ynddi. Beth, gan hynny, fu fy argyfwng i? Yn syml, hyn. Diffyg argyhoeddiad fod y Gymru gyfoes yn deilwng o ymroddiad awduron heb ddarllenwyr, diwygwyr heb ddiwygiadau a phregethwyr heb gynulleidfaoedd. A gan imi, eto trwy hap a digwydd amgylchiadau, dreulio rhan helaethaf fy ngyrfa'n gweithio yn y Wasg Saesneg, a thu allan i'r gymdeithas fwyn Gymraeg, cael yr ymdeimlad cynhyddol o ragoriaeth y Saesneg ar y Gymraeg fel cyfrwng mynegiant a chyfathrebu.

Bu hyn yn achos tyndra parhaus ac yn gyfraniad sylweddol i'r niwrosis y cyfeiriais ato. Cymraeg oedd yr iaith anwylaf ond Saesneg yr odidocaf. Mewn sgwrs â Sais huawdl a diwylliedig yn ddiweddar cefais mai'r iaith odidocaf yn ei farn ef yw'r Ffrangeg. Ond nid oedd unrhyw arlliw o dyndra nac o niwrosis yn ei lais. Fy nghywilydd a'm heuogrwydd i yw mai'r Gymraeg yw ein hargyfwng arbennig ni, a anwyd ac a fagwyd arni fel ein hiaith gyntaf.

Ond o edrych arni gyhyd o'r tu allan tra'r oedd hithau 'oddi mewn yn creu hyfrydwch nad oes mo'i gyffelyb ef', anodd yw osgoi'r casgliad bod y Gymru gyfoes mor gynhennus, mor rhanedig ac mor graciog yn ei hadeiladwaith ag ydoedd yn nyddiau'r Henfeirdd ac yn Oes y Tywysogion. Yr unig wahaniaeth sylfaenol, hwyrach, yw bod y dulliau cyfoes o setlo cwerylon, yng Nghymru hyd yma, beth bynnag, yn llai gwaedlyd nag oeddynt yn y Gymru Fu. Ac fe droes yr argyfwng yn ffasiwn yn y farddoniaeth a'r rhyddiaith fodern (lle gellir gwahaniaethu rhyngddynt). A'r ffasiwn yw rhamantu pinaclau niwlog ein hen hanes, fel y datguddiwyd hwy inni, trwy lafur ac ymroddiad dyfal, gan ein dysgawdwyr.

Barnwyd haneswyr yn llym o dro i dro am y modd y buont, yn nhyb eu barnwyr, yn gwyrdroi cwrs bywyd yr hil o oes i oes. Ond oni bu'n rhaid i'n haneswyr ninnau ddethol a rhamantu o dro i dro er mwyn creu'r ddelwedd dderbyniol o'r Gymru Fu? Bûm yn bwrw golwg y dydd o'r blaen, fel y byddaf yn gwneud yn aml o ran hynny, ar gampwaith safonol ein prif hanesydd, Syr John Edward Lloyd, sef ei ddwy gyfrol Saesneg *History of Wales*. Sgrifennodd fel ysgolhaig manwl ac ymchwiliwr dyfal am y gwir. Ac enillodd ei lafur glod a mawl a bri am ddwy gyfrol mor orlawn o wybodaeth ac ar yr un pryd mor ddarllenadwy. Ac er mai dyma'i brif gamp, nid oedd ond cyfran fechan o lafur a gweithgareddau ei yrfa ddisglair. Ond roedd yn sgrifennu hefyd fel Cymro twymgalon oddi ar ei orsedd fel Athro Hanes yng Ngholeg y Brifysgol ym Mangor. Arswydaf wrth feddwl bod corrach di-ddysg fel fi, nad astudiodd hanes ei wlad mor drylwyr ag y dylai, yn beiddio gweld yng ngwaith ein prif hanesydd ryw led amheuaeth o'r rhamantu yma. Ond be wnawn ni, feidrol ddarllenwyr, o ddyfyniad fel hwn yn adrodd am ddiwedd alaethus ein Llyw Olaf?

> 'He died, not at the head of his army in a well fought fray, but almost alone, in an unregarded corner of the field, as he was hastening from some private errand to rejoin the troops who were holding the north bank of the Irfon against a determined English attack. The man who struck him down with his lance, one Stephen Frankton, knew not what he had done, and it was only afterwards that the body was recognised. It is probable that the true story of that fateful 11th of December [y flwyddyn oedd 1282] will never be rightly known and, in particular, why Llywelyn, with dangers on every side, had thus allowed himself to be separated from his faithful troops.'

Fel hen sowldiwr a haliwyd o flaen ei well am drosedd milwrol cyffelyb, mi allwn i, a phob hen sowldiwr arall, ddyfalu'n fwy neu lai cywir beth oedd y 'private *errand*' a sicrhau unrhyw hanesydd ynghylch canlyniad y fath esgeulustod mewn byddin fodern, os nad mewn byddin Ganoloesol. Na ato Duw imi wamalu am waith y rhoeswn i o leiaf fy llaw chwith am fod wedi medru ei gynhyrchu. Ond myfyrio y bûm, yn rhai o'm munudau golau, ar ba fath o ddylanwad a gafodd ac a gaiff y rhamantu yma ar y sawl a fegir ac a feithrinir dan ei dywyniad gwridog. Ond am rai o anturiaethau llai rhamantus yr hen sowldiwr rhaid imi droi i'r bennod nesaf.

11

Ymhen llai na mis ar ôl Eisteddfod 1939 yn Ninbych, a minnau wedi bod yn bwrw ysbaid yng nghartre'r wraig yng Nghaerdydd, gwawriodd bore'r Sul tyngedfennol hwnnw, y trydydd o Fedi, pan dorrodd yr argae a chyhoeddi'r Ail Ryfel Byd. Roeddwn i ar gychwyn yn ôl yn fy nghar i Lundain pan ddaeth llais llesmeiriol Chamberlain ar y radio i ddweud wrthym y newydd iasol. Ac mae'n rhyw adlewych gwan o gyflwr ymenyddiau'r dydd a'r awr imi berswadio'r wraig i aros yng Nghaerdydd efo'i rhieni, galw yn swyddfa'r heddlu i ofyn a oedd rhyw neges y gallwn ei chario i'r Gehenna ar lan Tafwys (nac oedd, thenciw, dim un) a'i melltennu hi fy hunan bach dewrgalon yn y car tua'r Anwybod Mawr yn Ninas Llundain. Onid oeddwn i wedi canu'n broffwydol yn fy mhryddest?

> Ni pheidia'r mellt ac ni thau taranau'r blynyddoedd
>   pan aeth fy nghenhedlaeth i huno o'i hanfodd hael;
> mae'r fflach a'r ffrwydro fyth y tu ôl i'r mynyddoedd
>   yn chwyddo byddinoedd heddychlon y lleiddiaid gwael.
> Cyn rhwygo'r cwmwl, cyn torri o'r storm anorfod
>   â newydd gynddaredd dros newydd-flodeuog dir,
> mi fynnaf ddewrach, tecach enw na lleiddiad gorfod
>   a sicrach ffordd i dangnefedd yr hawddfyd hir . . .

Ond ymuno â'r Fyddin fu raid, ac ymarfogi ac ymbaratoi i fod yn lleiddiad gorfod. Caf adrodd sut y bu hynny yn y man. Yn y cyfamser, ar ôl cyrraedd Llundain y pnawn Sul hwnnw a chanfod y lle mor dawel a heddychlon ag y bu erioed, ar ôl ychydig o banig fu yn y bore wedi crochlefain damweiniol seiren, ffoniais Mati yng Nghaerdydd i ddweud bod y ffordd yn glir iddi i ddilyn ei gwrolddyn yn y trên i Gehenna. Ond cyn bo hir daeth y blits i rwygo'r tawelwch ansicr. Yn y llyfr rhyfedd hwnnw a sgrifennais flynyddoedd yn ddiweddarach dan y teitl *Y Genod yn ein Bywyd,* mi ddisgrifiais gerdded i lawr y stryd ym mraich putain o'r enw Gilda, a'r gynnau mawr yn taranu o bob tu a chawodydd dur y fflac yn clecian ar y llawr o'n cwmpas, wedi inni fod yn eistedd mewn tafarn yn gwrando araith adfywiol Churchill am 'eu hymladd ar y bryniau ac ar y traethau'. Wel, coeliwch fi neu beidio, Mati'r Wraig oedd Gilda'r Butain, ac roeddym wedi bod yn gwrando ar araith Churchill yn y Prince Albert, ein tafarn lleol yn Golders Green, ac yn orlawn o wrolaeth yr ifanc. Enghraifft arall o werth profiad i lenor, tybed?

Yn swyddfa'r *News-Chronicle* aeth amodau gweithio o ddrwg i waeth dan y tymhestloedd dur a thân a dŵr nes o'r diwedd benderfynu rhannu'r staff yn ddwy ran, y naill i weithio un hanner yr wythnos a'r llall yr hanner arall. Fe olygai hyn dreulio tridiau a theirnos yn y swyddfa a ffoi am loches a thawelwch y wlad am y gweddill o'r wythnos. Yn fy henfro yn Nyffryn Ogwen y cefais i a Mati loches bwthyn, ymhlith llawer o ffoaduriaid eraill. Ond bu'r teithio'n ôl ac ymlaen yn ormod o straen ar gorff a phwrs a gwnaethom ein nyth yn uffern drachefn. Roedd Ffrancwr cyhyrog yn byw'r drws nesaf inni a buom yn gwylio ac yn gwrando arno'n ceibio a thyrchu'n ddyfal yn ei ardd. Canlyniad ei lafur caled fu dwy stafell danddaearol na ddymunai neb eu gwell mewn gwesty o'r radd flaenaf ar wyneb y ddaear. A chaem letygarwch tanddaearol a diogel ganddo pan fyddai pethau'n waeth nag arfer.

Ac yna daeth yr alwad. I'r gad! Ond nid yn union fel yna chwaith. Roedd sistem ar droed o gaffael gohirio'r alwad am dymor o chwe mis ar y tro i weithwyr papur newydd. Ac, wrth gwrs, dewis-ddynion y Golygydd fyddai'n cael y fraint hon bob chwe mis. Goroesais i dri thymor chwe mis dan y fraint amheus. Yn ystod y pedwerydd tymor, a ninnau bellach yn y flwyddyn 1942, aeth yn wermod o ffrae rhyngof fi a Jim yn y Press Club un noswaith. Ac yn anffodus i mi, gan Jim yr oedd yr awdurdod ar f'adran i o'r papur ar y pryd. A'r canlyniad fu imi gael fy mhapurau ar ddiwedd y tymor chwe mis nesaf. Nid oedd gennyf nerth nac ysbryd, nac yn wir argyhoeddiad, i wynebu treibiwnal fel gwrthwynebydd cydwybodol. Nid nad oeddwn i'n cenfigennu wrth un neu ddau o'r bobol gydwybodol hynny. Yn enwedig un bachgen a gydweithiai â mi. Cafodd hwnnw ollyngdod gan y treibiwnal am fod bodiau'i draed, yn lle ymsythu i gyfeiriad ei gerdded, yn plygu ac ymgrymu'n iselfoes tua'r ddaear. Ac un o'r rhai cyntaf a welais wedi dychwelyd i'r offis ar ddiwedd y Rhyfel oedd bachgen y bodiau traed, yn lifrai'r Brenin a thair seren ar ei ysgwydd yn dynodi ei raddfa fel capten. Roedd erbyn hyn yn *Special War Correspondent*. Oes, mae hogiau clyfar iawn yn Stryd y Fflyd. Ond mi dderbyniais i'r alwad yn llawen a chael, yn ystod y tymor cyntaf o ymarfer, wyliau fu ymhlith y rhai dedwyddaf a mwyaf llesol i gorff ac ymennydd a gefais erioed. Un peth a lesteiriai fy malchder yn fy siwt newydd oedd nad oeddwn wedi pasio'n A1. Bu'n rhaid imi fodloni ar A4 oherwydd y llygad diffygiol y soniais amdano eisoes. Adroddais rai o brofiadau'r cyfnod hwn mewn dyddlyfr main a gyhoeddwyd dan y teitl *Rwyf Finnau'n Filwr Bychan*. Felly dechreuaf lle terfynodd y dyddlyfr.

Aldershot! Cefais agoriad llygaid pan bostiwyd fi i'r ganolfan filwrol adnabyddus honno ar ôl yr wythnosau hyfryd cyntaf yn Donnington, Sir Amwythig. Roedd fel symud o'r ysgol elfennol i'r cownti sgŵl ers talwm. Yma'r oedd milwyr profiadol i'w hedmygu a barics llawer mwy llewyrchus yr olwg arnynt na'r pethau dros-dro y buom yn byw, symud a bod ynddynt yn Donnington. Braidd yn niwlog yw'r atgofion ar wahân i'r miloedd tatws a bliciais a'r llestri diderfyn a olchais. Ond erys ambell atgof mwy poenus na'i gilydd. Roeddwn un pnawn yn y gwt yn disgwyl cwpanaid o de yn y Naafi, wedi bod trwy'r dydd yn cymryd rhan mewn proses o ddileuo plancedi, gorchwyl llafurus a drygsawrus i'r eithaf. Ac mae'n rhaid fy mod yn edrych mor llwyd â lleuen ac yn peri bod y neb a safai o fewn dwylath neu dair imi yn medru 'ffroeni'r helfa o bell'. Codais fy wyneb budr, chwyslyd i dderbyn fy nghwpanaid a chefais fy hun wyneb yn wyneb â gwraig siriol ei gwedd. Yn sydyn clywais hi'n dweud f'enw a sylweddoli mai perthynas i'r wraig ydoedd, a'i phriod yn uchel swyddog mawr ei barch yn y Fyddin. Dyna un o'r mynych droeon yn ystod fy ngyrfa filwrol fer y bûm yn deisyfu gweld y llawr yn agor danaf a'm llyncu.

Ambell i record hefyd. Nid am saethu na dim o'r fath mae'n wir, ond am yr amser byrraf y bu punt milwr, o'i enillion prin a'i aml gur, yn nwylo awdurdod Cynhilion y Swyddfa Bost. Roeddwn yn cychwyn ar *leave* ac wedi codi fy nghyflog am bythefnos neu dair wythnos — o leiaf ymddangosai'n gymaint â hynny, a theimlwn innau'n anghyffredin o gefnog. Mewn ffit sydyn o ddarbodaeth euthum i'r swyddfa bost yn Aldershot a gosod punt o'm harian ymhlith ei gynhilion a chael llyfr cynhilo'n dyst o hynny. Gan fod gwaharddiad ar deithio trwy Lundain, rhaid oedd anelu am Reading a dal trên oddi yno i Gaerdydd. Cyrraedd Reading a chael bod awr i aros am y trên i Gymru. Yn y bar agosaf, cwrdd ag Americanwr o filwr ifanc agored ei geg a'i galon. A rhaid wrth gwrs oedd talu hael am hael. Ond mewn cystadleuaeth â'r goludog o'r Unol Daleithiau isel iawn oedd fy siawns. Pan welais pa mor gyflym yr oedd fy mhwrs yn gwacáu ymesgusodais a rhuthro i'r swyddfa bost. Ac yno, wedi iddi fod lai nag awr yng ngofal y banc cynhilo, fe ddychwelwyd y bunt i'm pwrs a dychwelais yn dalog ac anrhydeddus i'r bar i barhau'r gystadleuaeth dra anghyfartal â'r llanc o Ianc a dorrodd fy manc. Un o bynciau mwyaf dibwys yr Ail Ryfel Byd erbyn heddiw, os nad y mwyaf dibwys, yw a oedd clarc y post ar fai'n rhoddi'r bunt imi.

Ac o sôn am glarc, dyna, yn swyddogol, enw fy ngalwedigaeth bellach ar lyfrau a ffurflenni'r RASC, y *Royal Army Service Corps*. A'r tro mwyaf ffodus yn fy rhawd anffodus yn Aldershot oedd imi eistedd un diwrnod wrth fwrdd cinio yn y cogdy yn nesaf at gydwladwr o'r enw Ifans. Un tawedog oedd Ifans ond fe ddwedodd ddigon wrth y bwrdd cinio i newid cwrs ein gyrfa ni'n dau yn y Fyddin.

'Welaist ti hwn?' meddai, a gosod ffurflen wrth ochor fy mhlât.

'Naddo' meddwn innau gan ei astudio'n ofalus rhwng fforcheidiau o stwnsh tatws a phys. Gwahoddiad ydoedd i glercod, a dybiai fod ganddynt y cymwysterau, i eistedd arholiad. A'r wobr? Tri mis o gwrs llawfer a theipio yn Llundain. Tri mis! Yn Llundain!

'Beth amdani?' meddai Ifans. Nid oedd raid iddo yngan gair pellach. Aethom ein dau'n syth i'r swyddfa, cawsom eistedd yr arholiad a chlywed ymhen deuddydd ein bod ein dau wedi pasio gydag anrhydedd, fwy neu lai. Ymhen llai nag wythnos yr oeddym, gyda'r gweddill dethol a lwyddodd, yn pacio'r citbag ac yn dal y trên i Lundain.

Cawsom fod ein barics yn Mecklenburgh Square, bron y drws nesaf i Glwb Cymry Llundain yn Grays Inn Road. Oddi yno roedd yn rhaid martsio'n ddwy reng drefnus i'r ysgol yn Islington, ryw filltir neu ddwy o ffordd, i fynychu'r cwrs dyddiol. Dyma, yn wir, a defnyddio iaith y Fyddin, beth oedd *Right about*. Roeddwn yn ôl o'r cownti sgŵl yn yr ysgol elfennol. Cawsom athro llawfer penigamp ac roedd gan y feistres a oedd yn ein dysgu i deipio gynhorthwy miwsig piano i gydfynd â thap-tap-tap y dwylo ar y teipreitar. Roedd gen i eisoes grap a chyflymder go dda mewn llawfer, ac ni bu hwnnw yn broblem imi. Ond yn fy myw, er dyfal donc, ni allwn ddysgu teipio'n 'ddall' fel y gofynnid gennym. Ond roeddwn yn ôl yn yr ysgol o ddifrif. I dorri ar yr undonedd caem *'playtime'*, yn union fel yr arferem gael yn blant yn yr ysgol, gyda chwpanaid o goffi neu de yn fesur helaeth. Ac i wneud yn siŵr nad oeddym, druain bach, mewn perygl o dorri'n calonnau uwch y llawfer a'r teipio, caem ambell wers elfennol mewn Saesneg gan athrawes ifanc landeg. Dyna, i mi, un o olygfeydd rhyfeddaf yr Ail Ryfel Byd. Gweld dosbarth o lanciau rhywiog a chyhyrog yn eistedd wrth ddesgiau plant yn gwrando'n astud ar yr athrawes ifanc yn darllen stori.

Ond roedd darganfyddiad arall i ddod yn fuan iawn. Nid wyf yn siŵr pa un ai Ifans ynteu fi fu'r cyntaf i ddarganfod y pryf yn y pren. Y pren oedd y sarsiant yr oeddym dan ei ofal a'r pryf oedd ei orhoffedd o'i lymaid. Am gildwrn rhyfeddol o rad cawsom ein dau, yr oedd ein cartrefi yn y ddinas, ganiatâd swyddogol i fyw gartref ac i fynd yn syth oddi yno i'r ysgol bob bore ac ar yr un pryd dynnu lwfans cynhaliaeth, am nad oeddym yn brecwasta nac yn swpera yn y barics yn Mecklenburgh Square. Roedd Eidalwr yn cadw caffi bach clyd ar gornel y stryd yn ymyl yr ysgol, ac yno y byddwn yn cael gwledd o frecwast bob bore cyn mynd at fy ngwersi. Roedd y trefniant yma'n un hwylus i Mati hefyd gan ei bod hithau bellach yn gwasanaethu ei

Gwlad a'i Brenin, a hynny'n llawer mwy defnyddiol a deheuig na'i phriod. Gan y byddai hi'n gweithio'n hwyr, gwell fyddai gennyf sleifio'n ddistaw o'r tŷ yn y bore rhag tarfu ar ei gorffwys. Roedd ei dyletswyddau'n gyfrinach swyddogol a phan eglurais hynny i un o'r tafodau ffraeth yn yr ysgol filwrol un bore, *'Ah!'* meddai. *'She snoops to conquer.'*

Gwibiodd y tri mis hyfryd heibio a phostiwyd ein criw ni i Byfleet, yn Surrey. Ac yno, drachefn, bu dechrau gofidiau. Daeth yn amlwg i Ifans a minnau a'r gweddill fod paratoi dyfal ar droed i'n drafftio dros y môr. Ac mae'n rhaid mai tua'r adeg yma yr aeth y Petisiwn i'r Swyddfa Ryfel. Ni allaf warantu'r stori ond bu Mati'n tyngu lawer gwaith ei bod yn wir. Neges y Petisiwn oedd dweud bod Cymru wedi colli un o'i phrif feirdd, Hedd Wyn, yn y Rhyfel Byd Cyntaf, ac yn erfyn ar y Swyddfa Ryfel i beidio â'm hanfon i, un arall o'i phrif feirdd, dros y môr yn y Rhyfel hwn *'unless it is absolutely necessary'*. Gwir neu gelwydd, cawsom lawer o hwyl ar y stori.

Drannoeth ein dyfod i Byfleet, cawsom anerchiad rywbeth yn debyg i Hanes yr Achos yn y Lle gan y Sarsiant. Mewn llais tadol, tyner, rhybuddiodd ni am y tri tŷ tafarn yn yr ardal. Ni chofiaf eu henwau heddiw ac ni bûm fyth ar gyfyl yr ardal i geisio helpu'r cof. Ond dyweder mai yr Arth, y Llew a'r Ddraig oeddynt, rhywbeth yn debyg i hyn oedd neges y Sarsiant yn ei anerchiad:

'Heno, mae'n debyg gen i y bydd llawer ohonoch yn rhoi tro i'r tafarnau yma. Cymerwch gyngor a gair o brofiad gen i. Fe gychwynnwch y daith yn yr Arth yn ymyl y stesion. Oddi yno byddwch yn mynd dros bont y gamlas i'r Llew, ac fe orffennwch eich taith yn y Ddraig, yn uwch i fyny'r stryd. Mae piano yno ac fe fyddwch yno hyd amser cau.

'Wel, dyma'r cyngor rydw i am ei gynnig ichi. Ar eich ffordd yn ôl fe'ch temtir yn fawr i dorri'r daith yn fyr i'r barics trwy groesi'r gamlas yn ymyl y Ddraig, lle mae bôn coeden wedi ei thaflu drosti. Gwrthodwch y demtasiwn a cherddwch ymlaen at y bont yn ymyl y Llew, a chroesi yno.'

Ac mor sicr â bod amser cau i dafarn, fe wrthododd chwech ohonom gyngor y Sarsiant a syrthio — syrthio i'r demtasiwn o groesi dros fôn y goeden ac, wrth gwrs, syrthio dros ein pennau i'r gamlas. Buom yn fawr ein parch i'r Sarsiant o hynny ymlaen.

Temtasiwn arall y syrthiodd Ifans a minnau iddi unwaith — ond dim ond unwaith — fu sleifio i fyny i Lundain ar y trên. Roedd gennym bob ei becyn bychan, yn cynnwys ein dillad ein hunain. Mynd i'r lle chwech a newid i'r rheiny ar y trên, a chyrraedd Waterloo a chartref yn ddidramgwydd. Bu'n rhaid gofalu ein bod yn cyrraedd y gwersyll yn ôl erbyn hanner nos. Ni bu gan Ifans na minnau ddigon o blwc i herio Rhagluniaeth fwy nag unwaith â'r fath antur.

Weithiau byddai Mati'n dod i lawr ar y trên i edrych amdanaf pan fyddai ganddi ddiwrnod yn rhydd o'i gwaith. Ran fynychaf, byddai'r ymweliadau hyn yn dilyn galwad ar y ffôn oddi wrthyf fi, a chost yr alwad wedi ei drosglwyddo, yn gofyn faint o bres oedd ganddi i'w sbario. Daeth i lawr unwaith yn fawr ei ffwdan a'i phryder wedi clywed ein bod ar ddrafft ac y byddem yn mynd dros y môr ymhen ychydig ddyddiau. Aethom i far yr Arth ger y stesion am sgwrs.

'Ylwch,' meddai, gan dynnu o'i bag bwrs bychan crwn oedd ynghrog wrth ddolen hir o linyn. 'Mae papur pumpunt yn y pwrs bach yma a phan fyddwch chi'n mynd dros y môr rydw i am ichi ei hongian am eich gwddw o dan eich crysbais wlanen. Fe ddaw'n handi ichi os caiff eich llong chi dorpedo a chitha'n gorfod nofio i'r lan yn rhywle.'

'Wel, syniad ardderchog,' meddwn innau. 'Mi gaiff fynd am fy ngwddw i heno nesa.' A bu ffarwelio dwys yn y stesion. Ond gohiriwyd y ddrafft am bythefnos arall, ac yn lle hongian am fy ngwddw, mynd i lawr fy ngwddw i a rhai o'm cymdeithion yn yr Arth a'r Llew a'r Ddraig ddaru'r bumpunt. Ac yn ystod yr wythnos olaf buom yn rhy brysur yn caboli'r gêr, gwyngalchu'r strapiau, a chyflawni'r holl ofer orchwylion hynny a gyfenwid dan y teitl cynhwysfawr *bull* i wastraffu myfyrdod ar berthnasau ac anwyliaid oedd yn ffwdanu a phryderu amdanom.

Caem fwy o hwyl hefyd, y nosweithiau olaf hynny, yn y barics nag yn yr un o'r tafarnau anifeilaidd a enwais. Roedd y Sarsiant yn ein cwt ni yn fachgen llawn hiwmor, yn hen filwr profiadol ac yn ddifyr ei straeon a doeth ei gynghorion am fanylion byw y bywyd milwrol dros y môr.

'Roeddem ni yng Nghairo unwaith,' meddai un noson. 'Ac aeth rhai o'r bechgyn allan ar sbri. Aeth dau ohonynt allan o'r cwmni hefo dwy ferch ddrwg, ond dim ond un ohonyn nhw ddaeth yn ôl, ac ni wyddai hwnnw beth oedd wedi digwydd i'w gydymaith a'i bartneres. A chlywodd neb arall ddim o'i hanes byth. A bu raid anfon y neges brudd i'w deulu yn dweud: *Died on active service*'

Ar wahân i'r Sarsiant, y twrn gorau yn y nosau llawen hynny yn y cwt fyddai eiddo'r ieuengaf ohonom, bachgen bach boldew a'i wallt yn felyn a'i lygad yn las, a'i wyneb yn olau gan wên siriol, barhaus. Ei hoff dwrn fyddai dringo i fyny ar y bwrdd a rhoddi dawns inni a chanu mewn llais baritôn cryf. Ei hoff gân oedd *Dan, Dan, the lavatory man.* Gallaf ei weld a'i glywed y munud yma ond alla i yn fy myw gofio'i enw.

Roedd pethau'n ddigon tawel y noswaith cyn bore'r ymadael ar y ddrafft, a phawb ohonom yn gorweddian ac yn smocio a darllen ac ambell ddau yn sisial sgwrsio. Yn sydyn, dyma'r drws yn agor a llais y Sarsiant yn gweiddi yn ei dôn swyddogol: '*Privates Evans and Prichard wanted at the office!*' Neidiodd Ifans a minnau oddi ar ein bynciau a martsio'n filwrol a chrynedig tua swyddfa'r CO. Fi oedd y cynta i gael fy hebrwng i mewn. Martsio, sefyll yn warsyth o flaen y CO, a eisteddai wrth ei ddesg, a saliwtio. Cododd y swyddog ei ben, ac efallai mai fy nychymyg ofnus i ydoedd, ond tybiais weld rhyw olau mileinig yn ei lygaid. Ac yna ynganodd bum gair gwefreiddiol: '*You're off the draft. Dismiss*'. Cefais innau nerth o rywle i ateb: '*Thank you, sir,*' cyn troi ar fy sawdl a'i gwneud hi am y drws. Ond cyn imi gyrraedd y drws, dyma lais y Sarsiant fel bwled yn treiddio pen isaf fy asgwrn cefn. Bloeddiodd: '*Haven't you forgotten something?*' Troais innau ar fy sawdl drachefn, fel peiriant wedi ei weindio, a rhoddi'r saliwt a anghofiais i'r C O cyn troi am y drws drachefn. Aeth Ifans i mewn ar f'ôl, a'r un oedd y neges gwta gafodd yntau. Wedi cyrraedd y cwt yn ôl, sibrydodd Ifans dawedog yn fy nghlust: 'Rydan ni'n dau wedi ein dewis i fynd am gomisiwn'.

O'r stesion nesaf, Woking, y cychwynnodd y ddrafft drannoeth a gorchmynnwyd Ifans a minnau i helpu hefo llwytho a dadlwytho'r gêr. Ond roedd baich ein heuogrwydd wrth ffarwelio â'r hogiau yn y stesion yn llawer trymach na beichiau'r gêr y buom yn eu llwytho a'u dadlwytho a theimlai'r ddau ohonom yn ddigon aflawen wrth droi'n ôl i Byfleet yn y lorri.

'Sut cefaist ti wybod ein bod ni wedi ein dewis i fynd am gomisiwn?' gofynnais i dorri'r distawrwydd dwys rhyngom.

Chwythodd Ifans bwff anystyriol o fwg ei sigarét i ganol fy wyneb. 'Gesio'r ydw i,' meddai'n gynnil. 'Wyt ti'n cofio'r llythyr hwnnw ddaru ti sgwennu i'r M P?'

Syllais mewn syndod arno. 'Naci,' meddai, 'nid y Military Polis. Yr Aelod Seneddol hwnnw.'

Roedd Ifans nid yn unig yn ddyfalwr cywir ond roedd ganddo gof eliffant hefyd. A chofiais innau. Roedd ymhell dros dri mis, rywdro cyn ein symud o Aldershot i Lundain ar y cwrs teipio a llawfer, ers pan oeddwn wedi sgrifennu o Aldershot at gyfaill o Seneddwr yn dweud fy nghwyn. Mewn ffit o ddigalondid ar ôl pwl hir o blicio tatws a dadleuo plancedi, dywedais wrtho mor ddifeddwl ac anystyriol yr oedd y Swyddfa Ryfel yn gwastraffu talentau disglair fel yr eiddo Ifans a minnau ar y fath ofer ac isel ddyletswyddau, ac oni allai ef wneud rhywbeth i ddiwygio'r fath Fyddin? Ni chefais ateb nac unrhyw fath o gydnabyddiaeth i'm llythyr dolefus. Ond gwyddwn o brofiad cynharach yn fy mywyd suful mor araf y gallai olwynion y Swyddfa Ryfel droi. Ac er na chefais fyth unrhyw oleuni ychwanegol ar y mater, roeddwn yn barod i gytuno â dyfaliad Ifans. Ac fe'i cadarnhawyd yn swyddogol drannoeth. Anfonwyd ni ill dau ar gwrs tridiau. Gan mor fileinig y tridiau hynny, gwell taenu llen dyner drostynt a bodloni ar ddweud i Ifans a minnau ddychwelyd a chael inni ein dau fod yn fethiant truenus. Yn fuan wedyn fe'n gwahanwyd. A hyd y dydd heddiw ni wn beth ddaeth o Ifans. Ond gwn mai naid o'r badell ffrio i'r tân a roddais i eto. Postiwyd fi i Wimbledon ar gyrrau Llundain, lle'r oedd y blits wedi cyrraedd ei frig. Ac yno y bûm yn dihoeni, yn gyntaf fel batmon, gyda chriw yr oedd yn eu plith y bechgyn mwyaf rheglyd a dilywodraeth a gafwyd erioed mewn byddin. Ac yn teyrnasu arnom roedd y Sarsiant mwyaf cythreulig a wisgodd dair streipan erioed.

Dyma'r pryd yr haliwyd fi o flaen fy ngwell, fel y crybwyllais eisoes. Ac fel hyn y bu. Roedd ein barics mewn tai preifat a feddiannwyd gan y Swyddfa Ryfel. Ac ar gornel gyfagos yr oedd tafarn cynnes a chroesawus ei awyrgylch. Un noswaith, a minnau ar ddyletswydd gwyliwr tân, yn cerdded yn ôl a blaen yn y stryd, a'r fagddu fawr mewn llawn grym a rhuo'r gynnau'n llond yr awyr, mentrais droi i mewn i'r tŷ croesawus ac aros yno beth yn hwy nag a fwriedais. Allan yn y fagddu roedd rhes o bobl yn aros am y bws, ac er nad oedd ond rhyw un stop ymhellach ymlaen i gyrraedd y barics, teimlais mai aros i'r bws fyddai'r ffordd gyntaf i'w gyrraedd. Tra'n aros am y bws agorais fy nghalon wrth y gŵr a safai wrth f'ochor yn y tywyllwch, ac mi draethais wrtho farn go lem am ein Sarsiant. Yna daeth y bws, a phan aethom i mewn gwneuthum y darganfyddiad syfrdan mai'r gŵr y bûm yn sgwrsio ag o oedd — pwy ddyliech chi? — ie, wrth gwrs, y Sarsiant ei hun. Edrychodd yn fileinig arnaf a'r cwbl a ddwedodd oedd: 'Cawn weld ein gilydd bora fory'.

Mae'n deg imi yma hefyd dalu teyrnged i degwch cyfraith y Fyddin ac eiddo rhai o'i barnwyr, yn enwedig y swyddog a weithredai fel barnwr arnaf fi pan hebryngwyd fi o'i flaen gan y Sarsiant ar gyhuddiad o grwydro'r tu allan i gylch fy nyletswydd. Cefais nerth o rywle i ddadlau'n rymus fy mod, ar y pryd, *within the precincts,* yn ôl Llyfr Rheolau'r Brenin, neu'r *King's Regs.* ar lafar gwlad Wimbledon. Ac mi ddehonglais y gair *precincts* gyda'r fath huodledd anarferol nes darbwyllo fy marnwr a'i berswadio i'm gollwng yn rhydd gyda dim mwy ceryddol na rhybudd, neu, i droi eto at lafar gwlad, *caution*. Ac mi ges innau'r cyfle i dalu'r pwyth yn ôl i'r Sarsiant ymhen ychydig ddyddiau. Aethpwyd â ni i chwarae gêm bêldroed ar dir comin Wimbledon ac yn chwarae gyferbyn â mi'r oedd y Sarsiant. Mewn un ymgyrch canwyd y bib am 'ffowl' yn f'erbyn i. Roeddwn wedi baglu'r Sarsiant a'i yrru din dros ben yn y llaid. Ac er mor ddyfal y bu'n ceisio am weddill y gêm, ni lwyddodd i gael ei draed danaf fi.

O hynny ymlaen daeth agwedd fwy addawol ar fy ngyrfa. Dyrchafwyd fi o fod yn fatmon i'm priod swydd fel clerc, ac enillais ffafr un swyddog siriol pan roddais, ar ei gais, ddarlith awyr agored i'm cymdeithion ar fywyd mewn swyddfa bapur newydd. A chefais yr ymdeimlad cyfrin fod olwynion araf y Swyddfa Ryfel yn dal i droi.

Yn fuan ar ôl fy narlith awyr agored, archwyd imi fynd gerbron treibiwnal o dri — cyrnol yn y gadair a dau uwch-gapten, un o boptu iddo, — i roi cyfle iddynt farnu fy nghymwysterau i ymuno â Chorfflu Addysgol y Fyddin — yr *Army Educational Corps*. Gofynnwyd imi fynd ag unrhyw dystysgrif oedd gennyf yn fy meddiant i'w dangos iddynt. Roedd nifer o fechgyn eraill, athrawon gan mwyaf, yn disgwyl am fynediad trwy'r porth cyfyng. Synnwyd a chalonogwyd fi'n fawr gan y derbyniad croesawus a gefais gan y cyrnol a'i gyd-swyddogion, a phan ddangosais iddynt fy nhystysgrif B A o Brifysgol Cymru, roedd eu diddordeb yn amlwg. Ond roedd yn amlwg hefyd oddi wrth eu sylwadau mai'r prif ddiddordeb oedd yn yr enw a arwyddodd y dystysgrif. Ac nid rhyfedd, oblegid yr enw oedd eiddo Edward Tywysog Cymru. Ef oedd Canghellor y Brifysgol ar y pryd.

Aeth rhai wythnosau heibio cyn imi glywed canlyniad f'ymweliad â'r treibiwnal. Ond pan ddaeth, yr oedd sioc syfrdan arall yn f'aros. Daeth gwŷs i'm galw o flaen y C O am ddeg un bore hafaidd, ac erbyn canol dydd roeddwn allan o'r Fyddin ac yn gwisgo fy nillad fy hun. Ond nid cael fy nhaflu allan wnes i. O, nage. Roeddwn i erbyn hyn yn glerc cymeradwy, yn gweithio i dri swyddog, un ohonynt yn Gymro. Ei enw oedd Cyrnol Rees-Williams — Arglwydd Ogmore ar ôl hynny — ac nid oedd ball ar ei frolio wrth ei ddau gyd-swyddog am gampau barddol eu clerc. Bu ef wedi hynny yn llywydd Cymdeithas Cymry Llundain, a minnau'n golygu cylchgrawn y Gymdeithas, *Y Ddinas,* a pharhaodd ein hedmygedd o'n gilydd hyd y dydd hwn.

Ond i fynd yn ôl at f'ymadawiad â'r Fyddin. Pan gerddais yn smart i mewn i swyddfa'r C O, gwenodd yn siriol a chroesawus arnaf.

'Mae gen i ddau gynnig ichi yma,' meddai. 'Un yw eich postio i Wakefield i'r *Army Educational Corps* lle cewch reng Sarsiant (dechreuodd fy nghalon guro'n gyflymach). A'r llall yw, eich rhyddhau o'r Fyddin i waith gyda'r Swyddfa Dramor.'

Daeth fflach ddireidus i lygad y Cyrnol. 'Mae'n debyg gen i eich bod wedi gwneud eich dewis yn barod.'

Ond yn wir, mi betrusais am hanner eiliad. Roedd rhywbeth yn hynod ddeniadol yn y syniad o gael y dair streipan yna. Ond dim mwy na hanner eiliad o betruso. 'Wel do am wn i, syr.'

Gwenodd y Cyrnol. 'Wrth gwrs, wrth gwrs. Wel, ewch i bacio'ch bag a gofalwch eich bod gartref erbyn deuddeg. Gofynnir ichi riportio am naw bore fory yng nghanolfan y *Ministry of Information.'*

Yr enw poblogaidd ar ganolfan y Weinyddiaeth yn adeiladau Prifysgol Llundain yn Malet Street yn ystod y Rhyfel oedd 'Y Tebot'. Hyd y gwn i, tarddiad yr enw hwn ydoedd hoffter y deiliaid o'r llestr hwnnw ac amlder eu defnydd ohono bob dydd. Yn ôl fy hen arfer bellach, codais ar lasiad y dydd drannoeth ac roeddwn ym mhorth yr adeilad, yn teimlo dipyn yn od yn fy nillad fy hun, ac yn llygadu'n euog am rai o'r plismyn milwrol y byddwn gymaint o'u hofn. Ond gydag insiwrans y papurau'n dangos fy rhyddhau o'r Fyddin yn fy mhoced gesail, hyrddiais ymaith bob ofn a cherdded yn hy i'r cyntedd ac at y cownter. Y tu ôl iddo safai geneth fach ddel a'r cwsg heb eto lwyr gilio o'i llygaid duon. Gofynnais am y gŵr â'r enw Gwyddelig — beth bynnag oedd — y gorchmynnwyd imi riportio iddo am naw. Syllodd y ferch fach mewn syndod arnaf. 'Dydy Mr Hwn a Hwn heb gyrraedd eto,' meddai. 'Treiwch eto tuag un ar ddeg.' Ac mi es i hel fy nhraed (yn eu hesgidiau ysgafn) hyd Tottenham Court Road ac yfed llawer cwpanaid o de. Teimlais y byddai hynny'n help imi wynebu'r Tebot drachefn. Pan ddychwelais am un ar ddeg roedd Mr Hwn a Hwn wedi cyrraedd a chymerais y lifft i fyny i'w stafell. Croesawodd fi'n wresog a'r cwestiwn cyntaf a ofynnodd imi oedd: 'Pryd cawsoch chi *leave* ddiwethaf?'

Â llond ceg gelwyddog o ystryw hen sowldiwr profiadol atebais ar unwaith: 'Dim ers y Nadolig'. Roedd hi bellach yn wythnos y Pasg ac nid oedd ond wythnos ers pan ddychwelswn i Wimbledon ar ôl pythefnos o *leave*.

'O, wel,' meddai â holl hynawsedd y Gwyddel ar ei wedd, 'Gwell ichi gael tipyn o orffwys cyn dechrau ar eich gwaith newydd. Cymerwch dipyn o *leave* a dowch yma eto bythefnos i heddiw.' Brysiais innau'n ôl a pheri i Mati bacio'i bag, a ffwrdd a ni i'r wlad am saib hyfryd ymhell o sŵn y byd a'i boen.

Pan ddychwelais yn llon fy ysbryd i'r Tebot a'm hail ymweliad â Mr Hwn a Hwn, rhoddodd ddwy gyfrol drwchus o bapurau wedi eu teipio yn fy nghôl a'm tywys i ystafell fach ym mhen draw'r coridor. 'Cewch ryw wythnos i astudio'r rhain cyn eich symud allan i New Delhi,' meddai.

Edrychais arno braidd yn amheus. 'Ond roeddwn i'n meddwl mai i Chungking, rochor arall i'r Himalayas, yr oeddwn i fynd,' meddwn.

'Na, mae'r Cynllun wedi ei newid,' meddai. 'Darllenwch chi'r rheina ac fe ddaw popeth yn glir ichi. Rhowch wybod os bydd eisiau rhywbeth arnoch.'

Ac yn yr ystafell fach honno y bûm, ar fy mhen fy hun, yn astudio'r Cynllun am wythnos, ac am wythnos arall, ac am hanner wythnos arall. Yna rhoes rhywun ei ben trwy'r drws. 'Byddwch yn barod i gychwyn am New Delhi bore dydd Gwener,' meddai. A dyna'r cwbl. Daeth Mati i'm hebrwng i'r stesion yn Paddington, a bu ffarwel ddwys arall. Ond fi oedd yn y trên y tro hwn, ac yn trafaelio yn y

Dosbarth Cyntaf a hynny dan gochl y Cyfrinachau Swyddogol, fel y cefais ar ddeall yn fuan. Yn rhannu'r compartment hefo mi roedd hen Was Suful, wedi riteirio, ac ar yr un perwyl a minnau. Roedd Mati wedi ffonio'i rhieni yng Nghaerdydd i ddweud fy mod i ar y trên, ond, yn lle cael y fraint o ddod i ysgwyd llaw â mi yn Stesion Caerdydd, cael ymweliad ddaru nhw gan gudd-swyddog a'u rhybuddio i gadw draw. Pen cyntaf y daith ryfedd hon oedd Dinbych y Pysgod, a threulio noswaith fel dau uchelwr yn yr Imperial Hotel. Yn y gwesty, chwyddodd y cwmni o ddau i bedwar, un yn ŵr mewn oed yn lifrai cadlywydd a'r llall yn ŵr ifanc o uwch-gapten. Yn ôl y gorchmynion dirgel yr oeddym i ddal llong awyr yn Aberdaugleddau nos Sadwrn, ond yn gynnar yn y bore daeth neges i ddweud nad oeddym i gychwyn hyd nos Sul. A chawsom dreulio'r Sadwrn heulog ar y traeth, a chael y traeth i gyd i ni'n hunain gan ei fod ymhlith y traethau gwaharddedig i'r werin gyffredin ar y pryd.

Ac yno cofiais am Glyn Walters, hen gydweithiwr ar y *Western Mail* ers talwm. Erbyn hyn, Glyn oedd perchen a golygydd y papur lleol, y *Tenby Observer* ac anelais at ei gartref hardd ar ochr y llechwedd uwchben y dref i ddweud ffarwel. Cefais groeso brwd a swper hyfryd hefo fo a'i briod brydferth Freda. A chafodd Glyn a minnau roi tro i lawr i dafarn yr *Ivy* a chael peint y ffarwel olaf yno hefo'n gilydd. Dyna'r ail ffarwel olaf i Glyn a minnau ei chael hefo'n gilydd. Bu'r gyntaf rai blynyddoedd ynghynt. Yn fuan ar ôl cychwyn ar ei orchwylion gyda'i bapur ei hun clywsom ei fod wedi ei gymryd yn wael ac yn orweiddiog yn y sanatoriwm yn Nhalgarth. Aeth Mati a minnau i lawr yno i edrych amdano. Erbyn hynny'r oedd yn cael codi a cherdded o gwmpas. A phan gerddodd i lawr y coridor ar ôl ymgom drist-felys, a chodi ei law mewn ffarwel, mi ddwedais wrth Mati: 'Wel, mae arna i ofn mai dyna'r olwg olaf a gawn ar Glyn druan'. Ond un campus am gadw at y rheolau fu Glyn erioed, ac fe wnaeth hynny mor dda nes iddo nid yn unig wella, ond byw i lwyddo'n rhyfeddol yn ei fusnes. Ac edrychaf ymlaen heddiw at drydydd ffarwel olaf cyn bo hir.

Daeth neges arall i'r *Imperial* yn gohirio'r cychwyn ar y plên unwaith yn rhagor, hyd nos Lun, a chawsom ddiwrnod hyfryd arall yn torri'r Saboth ac yn torheulo ar y traeth unig. Ond roedd popeth yn iawn ddydd Llun ac aeth car swyddogol a'r pedwar ohonom i ddal y plên yn Aberdaugleddau gyda'r nos.

Os iawn y cofiaf, penwythnos y Sulgwyn oedd hwn, ac o fewn ychydig ddyddiau i *D-Day,* y glanio yn Ewrop. Fel y cerddai'r pedwar ohonom yn orymdaith fach dawel tua chyfeiriad y plên roedd bagad o ddynion yn sefyll yn ein gwylio. Gallwn feddwl mai cyn-filwyr o'r Rhyfel Cyntaf oedd ambell un ohonynt ac wedi bod yn ymdrwytho yng nghlwb y cyn-filwyr neu ryw glwb arall. Ac wrth inni fynd heibio, meddai un ohonynt, nad oedd yn rhyw sad iawn ar ei draed: 'Monty, myn yffach i,' a rhoi clamp o saliwt i'r gŵr yn lifrai'r cadlywydd. Ac erbyn meddwl, gallai gŵr heb fod â'i draed yn rhy gadarn dano yn hawdd gamgymryd ein cad-lywydd ni am y Cad-lywydd Montgomery, oedd yn meindio'i fusnes ei hun mewn rhan arall o'r wlad ar y pryd. Clywais yn ddiweddarach fod Glyn a Freda wedi bod yn chwifio hancetsi ar ddwy blên a welsant yn yr awyr ddydd Sul gan dybio eu bod yn ffarwelio unwaith eto â mi. Ond nid oedd y cyn-filwr yn ei ddillad suful ar y naill na'r llall.

Roedd yn un ar ddeg o'r gloch pan gododd y llong awyr-fôr (os dyna'r enw iawn ar y *Sunderland* a'n cludai) i fagddu'r nos o'r harbwr a ninnau'n tynhau clasbiau ein gwregysau mewn llawn hyder ffydd. A daeth i'm cof linellau olaf dwys soned 'Y Ddrafft' Williams Parry fel y dyrchefid ni i anwybod mawr yr entrychion:

> . . . Heb na phle na pham
> I'w hapwyntiedig hynt y try pob gwedd,—
> I Ffrainc, i'r Aifft, i Ganaan, i hir hedd.

Ond efallai fod yr 'apwyntiedig hynt' yn haeddu pennod iddi ei hun.

12

Cymerodd ddeng awr inni hedfan trwy'r nos o harbwr Aberdaugleddau i Gibraltar, ein stop gyntaf. O edrych ar y map, ag ystyried cyflymder y plên, mae'n rhaid ein bod wedi gwneud cylch yn cyrraedd hanner y ffordd dros Fôr Iwerydd i America cyn glanio yn Gib. Roedd dau deithiwr arall yn y plên pan aethom ni'n pedwar iddi, a'r ddau yn lifrai capteiniaid. Un yn fachgen tal a chydnerth, a digon, os nad yn wir gormod, ganddo i'w ddweud, ond bu ei ffraethineb a'i ddonioldeb yn help, ar lawer awr aflawen, i gwtogi'r daith dridiau a wnaethom cyn cyrraedd India. Ond y cymal cyntaf yna o'r daith oedd y gwaethaf. Eisteddem, nid fel y gwneir mewn llongawyr fodern heddiw, ond ar seddau'n wynebu ein gilydd o bob ochor iddi. Ac er nad oeddym yn brin o le, doedd 'na ddim lle i chwaneg o deithwyr ynddi, os iawn y cofiaf. Fel ym mhabell yr Eisteddfod, roedd y gorchymyn 'Dim Ysmygu' ar un o'r parwydydd, ond ei fod yma yn Saesneg. Ac arswydaf heddiw wrth feddwl i'r capten llon y cyfeiriais ato, a minnau, fethu dal straen y deng awr cyntaf hynny heb gynhaliaeth mwg, a'i throi hi'n dawel fach, y ffyliaid gwirion, i'r lle chwech fwy nag unwaith am smôc. Heb wybod ym mhle uwch wyneb daear yr oeddym a heb ond prin fedru gweld ein gilydd yn nunos ein caban awyr, nid oedd dim i'w wneud ond hepian a hel meddyliau. O wyll a thawelwch taith undonog o'r fath, ni bu dim hyfrytach na chael golwg ar y tonnau glas a'r ewyn gwyn pan laniodd y plên yn Gib am naw o'r gloch y bore.

Cawsom fynd am frecwast a gorffwys yn y *mess* yn Gibraltar tra bod y *Sunderland* yn cael ei hailborthi ag olew a phetrol. Yno clywsom fod plên arall, debyg i'r eiddom ni, yn arfaethu hedfan y daith ar hyd y Môr Canoldir i'r Aifft a Chanaan, os nad i'r hir hedd, yr un pryd â ni. Ond roedd y môr yn drystiog ac awel gref yn cynhyrfu wyneb y dŵr, a bu sôn y byddai'n rhaid inni aros tipyn go lew o amser yn Gib cyn ail-gychwyn. Ac fel y gwneuthum yn Ninbych y Pysgod, mi gofiais yn sydyn fod yma hefyd hen gydymaith y dyddiau a'r nosau ar y *Western Mail* y byddwn yn dra llawen o gael golwg arno. Ei enw oedd Reg Cudlipp, a ddaeth wedyn yn Olygydd y *News of the World*. O Wlad yr Haf y croesodd teulu Reg i ymsefydlu yng Nghaerdydd, felly mae'n annhebyg iddo glywed, fel y clywswn i, am y nain fu'n sisial-ganu ar ei gwely angau:

> Am Graig i adeiladu
> Fy enaid chwilia'n ddwys,
> Y sylfaen fawr safadwy
> I roddi arni'th bwys.

Bid fel y bo am hynny, golygu *The Rock,* papur newydd trigolion Gibraltar, oedd gwaith Reg ar y pryd. Mae o'n un o dri brawd a gyflawnodd, heb gynhorthwy unrhyw Brifysgol, gamp na bu ei bath erioed yn hanes *Fleet Street,* stryd sy'n gallu ymffrostio mewn llawer camp yn ei hanes rhyfedd a lliwgar. Bu'r tri brawd, ar yr un pryd, yn Olygyddion tri o bapurau mwyaf poblogaidd y wlad. Roedd Percy, yr hynaf, yn Olygydd y *Daily Herald,* Reg, yr ail, yn Olygydd y *News of the World,* a Hugh, yr ieuengaf, yn golygu'r *Daily Mirror.* Ac mae, greda i, ryw arwyddocâd yn y ffaith mai tri brawd arall a ymfudodd o Gymru, a gyflawnodd gamp debyg, ac efallai fwy, yn y byd newyddiadurol. Y rheiny oedd y tri brawd Berry, o Ferthyr, a ddyrchafwyd, bob un ohonynt, yn Arglwyddi, sef Camrose, Remsley a Buckland. Arglwydd Camrose a sefydlodd y *Daily Telegraph,* y cefais i'r hyfrydwch o wasanaethu am dros chwarter canrif ar ei staff ac sydd heddiw (dim llawer o ddiolch i mi, cofiwch) yn un o bapurau gorau, os nad y gorau oll, o bapurau dyddiol Prydain. Sefydlodd Arglwydd Kemsley y *Sunday Times.* Lladdwyd Arglwydd Buckland o'r Bwlch, Sir Frycheiniog, mewn damwain pan yn marchogaeth ei geffyl. O'r tri brawd Cudlipp, Percy, fu farw yn sydyn wedi gyrfa newyddiadurol ddisglair yng Nghaerdydd, Manceinion a Llundain, oedd y mwyaf awenus; Reg, efallai, y mwyaf diwyd a chydwybodol, a Hugh, sydd erbyn heddiw yn Syr Hugh, yn bennaeth yr

International Publishing Corporation, y gwytnaf a'r mwyaf ymwthgar. Ymgiliodd Reg o ras llygod mawr y Stryd rai blynyddoedd yn ôl i lenwi swydd fwy dymunol, ac, ar lawer ystyr, fwy cyfrifol, mewn cysylltiad â Llysgenhadaeth Japan yn y wlad hon.

Bu Reg yn gyfaill da ac yn gymorth hawdd ei gael i mi yn y cyfnod ar ôl y Rhyfel. Rhoes golofn imi yn y *News of the World* i drin a thrafod Cymru a thalodd yn hael amdani ar adeg pan oedd Mari'r ferch yn cael ei haddysg, a'i thad yn afrad a'r rhent yn uchel. Byddwn yn mynd i nôl Mari fach o'i hysgol breifat yn Harley Street yn y car bob pnawn y byddai hynny'n bosibl. Yn wir, treuliais gymaint o oriau yn disgwyl amdani tu allan i'r ysgol honno ag a dreuliais gynt y tu allan i ysgol Gladstone ei mam yng Nghaerdydd, lle'r oedd yn athrawes mewn cariad, a minnau'n aros amdani i gael rhoi tro rownd y fynwent cyn mynd i'r gwaith nos ar y *Western Mail*. Ar ein ffordd adref o Harley Street un pnawn, meddai Mari wrthyf yn Saesneg y stryd honno: *'You know Pat and Jane, the two sisters in my class? Well, Pat has been taken away from the school and only Jane will be coming in future'*

'Why is that, then?' gofynnais innau, yn Saesneg gorau Fleet Street.

'Oh, their father has decided that he can't afford to keep the two of them at school,' meddai Mari fach ffroenuchel, *'He's only an impoverished writer, you know.'*

'Felly'n wir, 'ngeneth i,' ysgyrnygais innau wrthyf fy hun yn fy Nghymraeg eisteddfodol gorau. 'Wel, mi cadwa i di yna petai'n rhaid imi fynd yn fethdalwr.'

Ond i fynd yn ôl at Reg a'r *News of the World*. Ar bob papur y bûm i'n gweithio, fel y cyfeiriais, yn orgynnil efallai, yn yr atgofion hyn eisoes, cam gwag fu'r cam cyntaf. Yn fy mhrentisiaeth ar yr *Herald Cymraeg*, fel y soniais, mi ollyngais enllib i'r papur yn fy ail wythnos yno. A phan euthum yn Is-olygydd ar y *Western Mail*, gollyngais trwy fy nwylo enllib a gostiodd ganpunt i'r papur. Ac ar dudalen Gymreig y *News-Chronicle* gollyngais i mewn lun ar draws dwy golofn a ddaeth allan fore trannoeth â'i ben i lawr. Ac yn fy ngholofn gyntaf ar y *News of the World,* a phrofiad y blynyddoedd y tu ôl imi, gollyngais yr hyn a allai'n hawdd fod yn achos enllib, nid yn unig ei ollwng, ond ei sgrifennu fy hun. Roedd un o bileri Rhyddfrydiaeth yn Sir Gaerfyrddin wedi sisial yn fy nghlust, pan fu farw Syr Rhys Hopkin Morris, a gynrychiolai'r etholaeth yn y Senedd, fod bwriad ar droed i ofyn i'w weddw sefyll fel yr ymgeisydd Rhyddfrydol. Ac ymhellach (a dyma lle bu'r cam gwag) fod Mr Jim Griffiths, yr Aelod Llafur dros Lanelli, yn cefnogi'r bwriad. Er i rai o arweinwyr y Blaid Lafur bwyso arno i'n dwyn o flaen ein gwell ar gyhuddiad o enllib (yn ôl a glywais wedyn), ymatal ddaru'r Jim mwyn a rhadlon ac ymfodloni ar ymddiheuriad mewn print du, angladdol, yn y rhifyn dilynol. Cymylodd hyn ryw ychydig ar gyfeillgarwch Reg a minnau am eiliad, ond aeth y golofn ymlaen o nerth i nerth a bu darlleniad eang iddi yng nghylchrediad anferth y papur Sul ysglyfaethus yng Nghymru.

Un o'm canlynwyr ffyddlonaf yn y golofn oedd cyfnither imi, fu ar un tro tua'r adeg honno yn Faeres Wrecsam. Ond roedd hi wedi priodi Pabydd, ac iddynt dri o blant. A dim ond ar un amod y caniatéid i'r papur fynediad helaeth i mewn i'r cartref, sef fod y fam yn torri allan fy ngholofn i a llosgi gweddill y papur. Sgrifennais bethau rhyfedd ac ofnadwy yn y golofn honno tra bod Keidrych Rhys yn sgrifennu pethau llawn mor rhyfedd, os nad mor ofnadwy, yn ei golofn fywiog yn y *People* yr un adeg. Ni wn beth fu profiad Keidrych, ond pan awn i ar hyd a lled gwlad a mynychu rhai o ffefryn-fannau darllenwyr y ddau bapur Sul, cawn yn aml fy nghyfarch fel Keidrych. Hwyrach fod hyn hefyd yn rhyw adlewych gwan o ymenyddiau'r dydd a'r awr.

Ond y diwrnod hwnnw pan laniodd ein plên yn Gibraltar doedd 'na'r un cwmwl yn yr awyr las pan eisteddai Reg a minnau ar y Graig a rhyw ddwy filltir yn ein gwahanu — myfi yn y *mess* ac yntau yn ei swyddfa. Pan ddaeth y sibrwd y gallai'r plên fod yn tario yno beth yn hwy na'r arfaeth oherwydd y tonnau trystiog y siglai'r *Sunderland* yn osgeiddig arnynt, cefais afael ar ffôn a hysbysu Reg pa mor agos ato'n ddaearyddol yr oeddwn. Daeth chwiban o syndod dros y gwifrau. 'Mi fyddaf i lawr yna mewn 'chydig o funudau,' meddai llais Golygydd y *Rock*. Ond ar y funud dyma alwad sydyn inni ei heglu hi ar fyrder i'r plên ac, fel y clywais wedyn, roedd Reg ar y lan yn gwylio'r *Sunderland* yn sgipio dros y tonnau a chodi i'r awyr ar ei hapwyntiedig hynt. Clywsom hefyd mai herio Rhagluniaeth a wnaeth ein peilot oherwydd ei fod wedi addo cyfarfod rhywun — rhywun oedd yn bwysig iddo fo — yng Nghairo y noswaith honno, ac i'r ail blên fethu a chychwyn i'n dilyn.

Rhyw atgofion digon amrwd sydd gennyf am weddill y daith. Cofio aros ar Afon Nile, cofio gweld y Môr Marw fel llyn o blwm tawdd ymhell draw oddi tanom, a chofio'r stop nesaf yn Bahrain yng nghanol y prynhawn. Dyma'r profiad tebycaf ges i i'r hyn a ddychmygwn pan yn blentyn fyddai'n digwydd i bobol ddrwg pan fyddent yn disgyn i Uffern. Daeth y gwres trofannol i fyny i'n cwrdd a'n taro nes prin y medrai neb anadlu. Rhuthrwyd ni o danbeidrwydd yr heulwen grasboeth i gysgod y *mess* a gollyngdod y ffaniau a chwythai anadl einioes iddynt. Bu'n rhaid aros yno hyd oriau mân y bore ond ni ddaeth y syniad o gwsg i feddwl yr un ohonom. Eisteddai'r cad-lywydd a minnau ar fainc yn yr awyr-agored yn gwrando'n fyfyriol ar y seiniau dieithr a ddôi i'n clustiau ar awel falmaidd y nos — lleisiau a symudiadau creaduriaid oedd yn denantiaid arhosol yn y parthau hynny ac yn mwynhau fel ninnau y gollyngdod a ddygai'r nos o orthrwm llethol haul y dydd. Ni bu fawr, os dim, siarad rhyngom. Roedd yr awyrgylch yn rhy ogoneddus i'w ddarfu gan leisiau meidrolion. Hwn oedd y gorffwys melysaf a gawsom ar y daith, ac roedd pawb mewn hwyliau da pan ddaeth gororau India i'r golwg a chyffro'r glanio ar dir sych a chadarn yn Karachi.

Bu un seremoni go ddigrif cyn inni adael y *Sunderland*. Gyda'r siwt drofannol smart a bwrcaswyd yn Moss Bros — ail law, *made in Bermuda* — roeddwn hefyd wedi dod yn berchen helmed. Ail-law oedd honno hefyd, anrheg gan fy hen gyfaill John Eilian, ymhell ar ôl ei ddychwelyd i'r wlad hon o Ceylon, lle bu'n Olygydd y *Times of Ceylon*. Ond pan roddais hi ar fy mhen cyn dod allan o'r plên, chwarddodd y capten siaradus yn uchel. '*Doctor Livingstone, I presume,*' meddai. Ac yn wir synnwn i ddim nad oedd yr helmed yn drydedd-law ac mai Livingstone oedd ei gwisgwr cyntaf. 'Does neb yn gwisgo pethau fel hyn bellach,' meddai'r capten. 'Dewch inni roddi angladd parchus iddi hi.' 'Reit' meddwn innau. Ac fe'i bwriwyd yn ddefosiynol i'r dŵr. Ac yno, â'i phen i lawr, yn ddi-lyw a di-rwyfau, fel cwrwgl fach ar ddisberod, y cawsom yr olwg olaf arni, ac yn symud fel petai'n benderfynol o gyrraedd ei hen gartref yn Ceylon.

Cawsom aros y nos yn Karachi. Ffarweliodd y Sufulwas a minnau â'r gweddill, gan y byddent hwy'n aros yn Karachi, a ninnau'n hedfan drannoeth dros anialwch y Sind i'n hapwyntiedig hynt i Delhi. Ond ni bu'r diwrnod a dreuliais yn Karachi'n ddi-ddigwydd chwaith, oblegid yno, yn sydyn, cofiais am Ronnie. Hen gydymaith ar y *News-Chronicle* oedd Ronnie, ac 'oll synnwyr pen' un o frodorion Swydd Efrog ganddo. Yn hytrach nag aros yr alwad i fod yn 'lleiddiad gorfod' aeth Ronnie'n wirfoddol i'r Fyddin, a chael felly ddewis y gatrawd y mynnai fynd iddi. Ymunodd â'r *Green Howards,* ac mewn dim amser yr oedd yn swyddog yn yr *Intelligence Corps* ac wedi ei bostio i'r India. Cawsem lythyr ganddo ychydig ddyddiau cyn i mi hedfan, yn disgrifio'n lliwgar rai o'i anturiaethau wrth ymarfer yn yr anialwch y tu allan i Karachi. Nid oedd cyfeiriad ar y llythyr, dim ond rhif post, ac er mwyn dod i gysylltiad buan anfonais deligram o'r *mess* lle'r oeddym yn aros yn Karachi a'i gyfeirio i'r rhif post. Ymhen yr awr yr oedd Ronnie'n sefyll yn nrws y *mess* a'i ddau lygad yn pefrio'n siriol arnaf o'r tu ôl i'w sbectol ymyl aur. Digwyddai ei fod yn lletya dros y ffordd i'm lletty unnos i. A'r noson honno bu dathlu llawen a chyfnewid profiadau lawer hyd yr oriau mân. Cefais lawer o gwmni Ronnie a Reg yn Delhi ar ôl hyn, y ddau bellach wedi eu dyrchafu'n gapteiniaid, Ronnie yn yr *India Command* a Reg ar staff papur Mountbatten. A gan ein bod ein tri yn Delhi o leiaf ryw fil o filltiroedd oddi wrth unrhyw faes cad, ac uwchben ein digon, nid rhyfedd inni ein tri gael dychwelyd adref yn groeniach i ddathlu'r Heddwch.

Yn ystod y dathlu yn Karachi y noson honno, mi wnes un darganfyddiad arall. Yn aros yn y *mess* ar ei ffordd adref yr oedd y gantores boblogaidd Vera Lynn, wedi bod yn canu i'n bechgyn a'n merched yn Burma. Synhwyrais innau stori dda, a threfnais i adael nodyn ar ei bwrdd brecwast yn gofyn am gyfweliad. Ar ôl brecwast daeth y bachgen oedd yn canu'r biano iddi ataf ac, er fy syndod, dechreuodd sgwrsio yn Gymraeg. Aeth ei enw yn angof ond dwedodd wrthyf mai o'r Wyddgrug yr oedd yn enedigol. Fe'm gwahoddodd i ofyn unrhyw gwestiynau a chefais stori reit ddiddorol. Anelais innau am y post ac anfon y stori ar ffurf teligram y Wasg i'r *News-Chronicle* am gost o fwy na dwybunt o'm harian fy hun. Nid ymddangosodd yr un gair. O, meddwn i wrthyf fy hun, mae'n amlwg nad yw Jim wedi bwrw o'i gof y ffrae wermod a gawsom. Mi ga i setlo'r cownt hefo fo ryw ddiwrnod.

Drannoeth hebryngwyd y Sufulwas a minnau i'r porth awyr i ddal ein plên i'n hapwyntiedig hynt, y tu hwnt i anialdiroedd y Sind, yn New Delhi. Wedi cyrraedd cawsom fod y dymheredd beth yn fwy uffernol nag ydoedd yn Bahrain, ac yng nghymdogaeth 103°F. Bûm innau'n ddigon ffôl i anwybyddu un o'r cynghorion pendant a gefais cyn hedfan, sef ymatal rhag ceisio fy nisychedu â diod rew. Y canlyniad fu tridiau o'r anhwylder a adnabyddid ac a ofnid yn lleol dan yr enw *Delhi belly*. A dyma eto, fel yn Aldershot a Byfleet gynt, ddechrau gofidiau. Yn wir, o'r holl gyfnod o ddwy flynedd y bûm yn India, nid erys ond twmpathau o atgofion gofidus, wedi eu gwasgar fel carneddau o dywod cras dros wastadeddau maith o ddiffeithwch, ac ambell i atgof pêr fel pyllau dŵr bywiol prin yma ac acw, ac ambell werddon rith yn twyllo'r cof.

Erbyn fy nghyfnod i, ryw ychydig flynyddoedd cyn ennill ohoni ei hannibyniaeth, roedd India'n debycach i wlad dan warchae nag i aelod o Gymanwlad y Cenhedloedd, ac yn wir roedd dan berygl gwarchae mwy gwaedlyd, a'r Japaneaid wrth ei rhiniog, megis. Ond roedd rhywbeth yng ngwyn llygaid pob wyneb du a welwn, rhywbeth oedd yn cyffwrdd tant cynefin yng nghalon Cymro fel fi. Roedd ym mhob llygad ryw gymysgedd cyfrin o gas ac ofn ac yn eu hymarweddiad taeog rywbeth a yrrai arswyd o euogrwydd a darogan drwg i lawr asgwrn y cefn. Ac achos chwerthin iach weithiau hefyd. Fel ar gorn un o'r Indiaid oedd yn gweithio yn ein huned ni. Fe ddaeth ataf un bore ac meddai, heb gysgod gwên i oleuo'i wedd dywyll: *'Excuse me, sir. Abdul will not be coming in today. He's off colour'.*

Gwaith ein hadran ni o'r uned yr oeddwn yn perthyn iddi oedd paratoi bwletinau newyddion i'w darlledu o *All-India Radio* i holl wledydd y Dwyrain Pell. Yn ddiweddarach cefais ofal yr adran oedd yn darlledu llithoedd propaganda i'r gwledydd hynny, ac mi fyddwn i'n gyfrifol am ddwy lith y dydd yn Saesneg. Trosid y rhain gan wahanol unedau i ieithoedd priod y gwledydd. Er mwyn bod yn siŵr o'n pethau, caem gan bersonau gwahanol yn yr unedau gyfieithu'n ôl y llithoedd hyn, a mawr a rhyfedd weithiau fyddai'r llithoedd a drosid yn ôl inni o ieithoedd Burma, China a Japan. Preswyliem mewn tai mawr cyfun, ac i bob un ohonom ei stafell ei hun ynddynt, a bar ac ystafell fwyta eang ar gyfer holl drigolion y tŷ. Bu gennyf i was tra ffyddlon ac annwyl ei wyneb o'r enw Abdul. Ac mi gawn ganddo, ymhlith llawer ffafr arall, botiad o de derbyniol iawn am chwech bob bore.

Un bore cafodd Abdul a minnau fraw mawr. Daeth o i mewn dest mewn pryd i achub fy mywyd. Roeddwn wedi tanio sigarét a rhoi'r cyrten a'm cadwai rhag pigiadau'r moscito ar dân. Cefais friw a olygodd driniaeth go arw dan gyllell y meddyg, a throes y briw'n wenwynig. Bu raid treulio sbel go hir yn yr ysbyty, a golygodd hyn bryder nid yn unig i mi ond i eraill. Roedd y bachgen y dilynais ef yn y swydd wedi cael briw cyffelyb a bu farw o wenwyn y gwaed. Ofnid yn fawr mai'r unrhyw fyddai fy rhan innau. At hyn, disgynnodd cwmwl du o iselder ysbryd i'm llethu. Ei brif elfennau oedd euogrwydd ac edifeirwch. Ac er llawer ymholiad pryderus oddi wrth Mati, ni allwn yn fy myw roi pin ar bapur i sgrifennu iddi. Pan gefais o'r diwedd ddihangfa o'r trobwll hwn, sgrifennais ati am y tro cyntaf ers wythnosau ac er bod yr amgylchiad yn un trist parodd disgrifiad Mati ohoni'n agor y llythyr hwnnw gryn dipyn o hwyl mewn dyddiau diweddarach a dedwyddach.

Pan oeddwn yn troi ar wella cefais lythyr oddi wrth Ellis Hughes, prif ohebydd y *Western Mail,* yn dweud wrthyf fod ei fab, a oedd yn swyddog yn yr R A F, wedi ei ladd mewn damwain awyr a'i gladdu mewn mynwent ar gyrrau Delhi. Ac efallai mai'r llythyr hwnnw, trwy wneud imi sylweddoli ei bod yn waeth ar rai pobol nag arnaf fi, a gyfrannodd fwyaf ar y pryd tuag at fy ngwella. Gadewais yr ysbyty a neidio ar gefn fy meic i ymweld â'r fynwent. Erbyn hyn roeddwn wedi pwrcasu helmed newydd fodern, ac wedi cael hyd i'r fynwent a lleoli'r bedd gelwais mewn siop dynnu lluniau a pherswadio'r perchennog i ddod hefo mi gyda'i gamera i'r fynwent.

Roedd yn fynwent drefnus a thrwsiadus ac awyrgylch yr hedd na ŵyr y byd amdano o'i chwmpas. Bu gofal rhywun yn dyner a diwyd amdani ac ynddi gorweddai gweddillion llawer o'n bechgyn. Ryw filltir neu ddwy y tu ôl inni roedd prysurdeb ac arogleuon y ddwy Delhi, yr hen a'r newydd. Ac o'n blaen, y tu hwnt i'r fynwent, ymestynnai gwastadeddau anghyfannedd y diffeithwch llwm. Sefais ar lan y bedd dan deimladau dwys â'm helmed yn fy llaw er minioced pelydr haul y prynhawn. Ac yn yr agwedd ddwys honno y tynnwyd fy llun yn syllu ar y garreg fedd. Wedi cael y lluniau prysurais i anfon un i'm hen gyfaill ac eisteddais i lawr i sgrifennu clamp o lythyr esgusodol ac edifeiriol i Mati, ac amgáu hefo'r llythyr gopi o'm llun. Pan dderbyniodd Mati fy llythyr — fy nghyntaf ers wythnosau — y peth cyntaf a ddaeth o'r amlen (fel y clywais wedyn) oedd fy llun ar lan y bedd. Bu hwn yn dipyn o sioc iddi nes iddi ddarllen fy llythyr a chael y gollyngdod o ddeall o'r diwedd fy mod i, o leiaf, yn fyw ac iach. Ni chlywais am y rhawg oddi wrth Ellis Hughes, ond pan sgrifennais ato drachefn i ofyn a dderbyniwyd y llun, cefais ateb parod a diolchgar, yn egluro iddo anfon llythyr cynharach imi, yn cynnwys arian i dalu am gost tynnu'r llun. Mae'n amlwg i ladron gael gafael ar y llythyr hwnnw a'i gynnwys. Anturiaeth go ansicr ydoedd anfon i mewn nac allan o'r wlad ladronllyd yn y dyddiau hynny lythyr yn cynnwys arian. O fewn ychydig oriau imi gyrraedd Delhi roeddwn i wedi colli wats aur a roeswn ar y bwrdd wrth erchwyn fy ngwely.

Byddwn yn cael mynd, o dro i dro, yn enwedig pan fyddai'r haul ar ei danbeitiaf, i fyny i'r bryniau am seibiant o chwŷs a lludded y gwastadeddau. Ac ni bu erioed well gwireddu ar brofiad o ddymuniad yr hen emynydd am gael 'esgyn o'r dyrys anialwch i'r beraidd Baradwys i fyw'. Ymhlith y paradwysau peraidd hyn yr oedd Simla a Naini Tal. I Simla, yn nyddiau'r Raj, y dihangai'r llywodraeth yn ei chrynswth i dreulio misoedd crasboeth yr haf. Teithio ryw ddau can milltir o Delhi yn y trên i derfyn y rheilffordd ac yna dringo rhiwiau serth a throellog mewn car nes dyfod i'r beraidd Baradwys. Tua hanner y ffordd i fyny safai crair o'r hen drefn Imperialaidd ar ffurf gorsaf fach unig. Aros yno i gael brecwast, ac ar ganol brecwast dyma Scotyn oedrannus yn ymddangos, fel Moses a'i Ddeng Air Deddf, i ddarllen inni fwletin o'r newyddion diweddaraf, wedi eu codi oddi ar y set radio y bore hwnnw.

Ac yna Simla! Y beraidd Baradwys! Anodd erbyn heddiw yw medru ail-flasu'r profiad 'bythgofiadwy' a'r wefr o gyrraedd yno am y tro cyntaf. Yr awel falmaidd fain ar ôl pwys a gwres y dydd islaw. Crwydro'n hamddenol hyd strydoedd poblog y dref lewyrchus a'i siopau llawn a'i thai bwyta croesawus. Cerdded i lawr grisiau i stryd gefn a phwyso yno ar ganllaw fel canllaw pont. Ond yn lle afon, oddi tanom yr oedd carped o gymylau; roeddym wedi dringo uwchlaw cymylau gofod beth bynnag am gymylau amser. Draw acw yn y llecyn coediog ar y llechwedd yr oedd plasdy haf y Rhaglaw. I gyrraedd y gwesty rhaid oedd cerdded i fyny rhiw serth. Safai Indiaid yn goesnoeth yn eu mentyll lliain ar waelod y rhiw yn disgwyl eu cwsmeriaid fyddai'n barod i dalu am eu cludo i fyny'r rhiw mewn *richshaw*, rhyw fath o groes rhwng cerbyd a berfa, a'r Indiaid yn y llorpiau. Roedd yr Indiaid hyn yn wahanol i drigolion yr iseldiroedd. Roedd mwy o fflach gwylltineb yn eu llygaid a mwy o dân yn eu boliau. Ond nid oedd henaint yn perthyn iddynt. Roedd y diciâu yn gofalu am hynny, a gellid eu clywed yn anadlu'n drwm rhwng llorpiau'r *richshaw*. Ni fedrwn i oddef cymryd fy nghario ganddynt a cherddais, er mor fyr fy ngwynt, bob cam i fyny'r rhiw serth. Roeddwn i mewn cyflwr corfforol da, wedi bod ar y wagen ddŵr ers y ddamwain a'm gyrrodd i'r ysbyty. Ond er cystal fy nghyflwr, roeddwn yn chwythu fel megin ac yn chwŷs a lludded pan gyrhaeddais y gwesty.

Suddais i gadair esmwyth yn y lolfa a chau fy llygaid. Ac yno, â'r llygaid ynghau, y clywais lais Indiaidd yn sisial y tu ôl imi. *'Wheeskee, sahib?'* *'No,'* chwyrnais innau mewn tôn ddigon amhendant. *'Chota or burra?'* meddai'r llais drachefn. *'Burra'* atebais mewn llais uwch a thôn fwy pendant. Ac agor fy llygaid mewn munud neu ddau i weld gwydryn mawr o'r ddiod ar y bwrdd o'm blaen. A chyn codi o'm cadair roeddwn wedi torri llw'r llwyrymwrthod a'r syched hirymarhous. Ond O! roedd y ddiod yn dda.

Yma, fodd bynnag, roedd yr awyr a'r awel beraidd yn ddigon o feddwdod i'r mwyaf sychedig. Roedd eistedd yn yr ardd flodau yn ffrynt y gwesty yn gystal Eden ag a wybûm i erioed. Roedd fel pe gosodid dwy Wyddfa, un ar ben y llall, a gosod y Betws ar ben y ddwy ar hirddydd haf. Heblaw na chaech yno'r olygfa a gawn i — pinaclau penwynion yr Himalayas o'm blaen, yn ymddangos trwy'r awyr lân, denau, fel pe na baent ond ugain milltir i ffwrdd yn lle'r saith gan milltir oedd rhyngom. Mor agos ac eto mor bell. Cael eistedd yno'n dydd-freuddwydio bnawn ar ôl pnawn fu un o brofiadau mwyaf paradwysaidd fy mywyd. Ond roedd y seirff o bob tu imi a byr fu hoedl y beraidd Baradwys hon.

Daeth un o'r seirff i mewn i'r ardd ar fy mhrynhawn olaf yno. Eisteddai mewn cadair gyferbyn â mi, ar lun a delw un o'r merched prydferthaf a welais erioed. Du oedd lliw ei chroen ac am ei gwddw yr oedd neclais o berlau drudfawr. Tuag ugain oed, gallwn feddwl, ac ar ei thalcen y nôd cyfrin hwnnw a ddangosai ei bod o uchel dras y Brahmin. Prin y gallwn goelio fy llygaid pan welais hi'n rhoi ei dwy law wrth ei gilydd mewn agwedd gweddi ac yn eu moesymgrymu'n wahoddus,yn eu dull traddodiadol, a gwenu'n groesawus arnaf. Croesais yr ardd ac eistedd yn ei hymyl a gofyn: 'A oes rhywbeth yn bod? A allaf fi fod o ryw help ichi? '

Syllodd y llygaid mawr du-a-gwyn arnaf ac o'r diwedd meddai, mewn Saesneg un wedi cael ysgol dda: 'Wnewch chi ddeud y gwir wrthyf? Mae rhywun wedi dweud bod gen i lygaid Japaneaidd. Ydych chi'n gweld rhywbeth Japaneaidd yn fy llygaid? '

Ystyriais am lawn munud cyn ateb. Cofiais am y pethau rhyfedd ac ofnadwy yr oeddwn yn eu sgrifennu bob dydd i lawr yn Delhi am y Japaneaid. Does bosib ei bod hi eisiau imi ddweud bod ganddi lygaid Japaneaidd, meddwn wrthyf fy hun. Na, y cwbwl mae hi am glywed ydy ei bod hi'n eneth ddel. 'Mae gennych lygaid prydferth iawn,' meddwn o'r diwedd.

Dechreuodd yr eneth grynu a chynhyrfu drwyddi. 'Ie,' meddai'n daer. 'Ond ai llygaid Japaneaidd sy gen i?'

Wel, mi fûm i bob amser yn feistr ar roddi'r ateb anghywir. Wedi rhyw hanner munud o ystyriaeth ddwys a gan gredu mai dyma a fynnai'r eneth glywed, atebais: 'Efallai, yn wir, bod tipyn o ffurf ac arlliw Japaneaidd arnyn nhw'.

Cynhyddodd y cryndod a'r cynnwrf yn yr eneth dlos, a dechreuodd grïo'n ddistaw. Yna cododd a cherddodd yn araf tua'r gwesty. Ychydig amser cyn cinio gwelais berchennog y gwesty ac adrodd iddo am yr hyn a ddigwyddodd yn yr ardd. Ysgydwodd yntau ei ben yn drist ac egluro imi mai merch o dras uchel ond gwan ei meddwl ydoedd, wedi dod yno yng ngofal ei nyrs i geisio adferiad.

Gwibiodd fy meddwl innau'n ôl dros feithderau môr a thir i Gymru ac i Ddinbych at y wraig a gafodd 'ddwy o adenydd eryr mawr, fel yr ehedai hi i'r diffeithwch, i'w lle ei hun; lle yr ydys yn ei maethu hi yno dros amser, ac amseroedd, a hanner amser, oddi wrth wyneb y sarff'. Wedi noson o freuddwydio hunllefus, ymadewais â'r 'beraidd Baradwys' drannoeth, yn drist ac isel fy ysbryd. Aeth y gwaith rhagddo'n weddol ddidramgwydd am gyfnod wedyn yn Delhi, a minnau'n dal i droi allan fy nwy lith y dydd, yn melltithio, gwawdio a herio bob yn ail a'r rheiny'n cael eu darlledu i glustiau Japaneaidd bob dydd. Ac rwy'n siŵr bod mwy o raen arnynt ar ôl y profiad yn y 'beraidd Baradwys' yn Simla.

Y mae'n rhyfedd gen i feddwl erbyn heddiw mor fawr fu fy archwaeth at fwyd yn Delhi. Ond, er y gwres llethol, byddem yn llwytho'r *curry* poeth ar ein platiau ac yn ei stau mor egniol ag y byddai Wil Byta Bwyd ers talwm yn y Llan. Roedd maint ein syched, efallai, yn ddealladwy. Fe gaem ddogn misol o un botel o *Scotch* a dwy o gin *Booth* neu un o'r brandiau Prydeinig eraill. Darganfu Ronnie hefyd fragdy yn Murree, heb fod yn rhy bell o Delhi, ac o dan lywodraeth Cymro ar y pryd, fyddai'n anfon stoc dda o gwrw hyfryd ei flas inni'n rheolaidd. Ond gan mor fawr y syched, nid oedd y dogn a'r stoc arall yn ddigon, a chyn pen diwedd y mis rhaid fyddai syrthio ar drugaredd y gwerthwyr lleol. Y gorau o'r rhain oedd gin Amritsar, ond gorau gwael iawn ydoedd. Ni bu ei debyg am anfon yfwr rheolaidd i bwll dwfn iselder ysbryd; yn wir, fe'i dadansoddwyd gan un swyddog Prydeinig a'i gael yn *unfit for human consumption*. Wedi rhyw ddeufis o ddrachtio o'r ffynhonnau amheus hyn, cefais fy hen friw yn fy mlino drachefn a bu'n rhaid mynd am seibiant arall. A'r ffurf a gymerodd fy seibiant y tro hwn ydoedd wythnos o ympryd. Fe wnaeth yr wythnos honno fwy o les imi nag a wnâi yr un tro i baradwys y bryniau.

Yr hyn oedd yn rhyfeddach na maint yr archwaeth ydoedd y gallu anghredadwy i fyw heb damaid o fwyd am gyfnod hir. Cawn gwpanaid o de gan Abdul ffyddlon bob bore am chwech ac yna, ar ôl tro byr yn awel fwyn, falmaidd y cyfddydd cynnar, dychwelyd i'm hystafell ac aros yno trwy'r dydd i sgrifennu. Tapio'r teipar drwy'r dydd a chysgu'n hunllefus trwy'r nos nes dyfod Abdul a'i gwpanaid dra derbyniol yn y bore. Yn rhyfedd iawn, nid oedd gennyf awydd nac ewyllys i sgrifennu Cymraeg, ond yn ystod yr wythnos mi gynhyrchais beth wmbredd o farddoniaeth yn Saesneg. Ac ar ddiwedd fy ympryd mi losgais y cyfan. Roedd wedi cyflawni hynny o wasanaeth a fynnwn i ganddo ac nid oeddwn am i neb arall daro llygad arno. Ond yr hyn a'm synnai ydoedd mor hawdd oedd byw heb fwyd yn y wlad adwythig honno. Ar ddiwedd fy ympryd teimlwn y gallwn gario ymlaen am wythnos — ie, am fis arall pe bai'n rhaid arnaf. Tybed ai'r rhwyddineb yma o fedru ymprydio'n ddi-boen a didramgwydd a barodd i arweinwyr fel Gandhi ac eraill ddefnyddio ympryd fel arf i ymladd, ac yn wir i goncwerio eu gormeswyr Imperialaidd? Fodd bynnag, bu i mi'n brofiad tra gwerthfawr. Nid yn unig fe ddysgais werth ymatal ac ymwadu fel arf moesol; bu hefyd yn foddion campus i roddi min newydd ar y synhwyrau.

Yn yr hawddfyd oedd ohoni yn India i mi ac eraill pan oedd anwyliaid gartref ac ar feysydd y gad yn dioddef cymaint, diddorol i mi heddiw yw dwyn i gof fy sefyllfa ariannol. O fyw ar swllt-y-dydd milwr roeddwn wedi symud i lefel foethus cyflog o ryw fil o bunnoedd y flwyddyn, gyda thaloedd ychwanegol am wasanaeth dros-fôr o ryw bumcant. Gan imi adael Mati'n feichiog (yn yr ystyr ariannol) gyda llwyth go drwm o ddyled yn y banc, teimlais mai teg fyddai i'r cyflog fynd yn syth iddi hi a'r banc ac i minnau geisio byw ar y taloedd ychwanegol. Bu'r cynllun hwn yn llwyddiant am gyfnod, ond cynhyddodd yr archwaeth a'r syched i'r fath raddau nes imi orfod, o bryd i'w gilydd, anfon SOS i Mati am ryw ugain punt, neu weithiau ddecpunt ar hugain, i gadw y blaidd o'r drws ac i gadw dysgl fy nhrysorlys llwm yn wastad. Pan ddechreuodd yr SOSau hyn amlhau derbyniodd Mati gyngor doeth y bancer i beidio â bod yn rhy barod i'w hateb. Ac ar un tro cyfyngus o'r fath y penderfynais, ar ôl cryn dipyn o ddwys-fyfyrio, droi at y benthyciwr arian.

Darllen hysbyseb yn yr *Hindustani Times,* y papur newydd lleol truenus, a barodd imi syrthio i'r fagl. Dyna lle'r oedd o, yng nghanol hysbysiadau gan dadau beilch yn cynnig eu merched morwynol i'w cenedl-ddynion mewn glân briodas am bris rhesymol, — yr hysbyseb yn cynnig benthyg y swm a fynnech heb fath yn y byd o feichiau. 'I'r dim,' meddwn i wrthyf f'hun ar funud gwan, 'byddai mil *rupee* (pan oedd honno'n werth rhyw swllt) yn ddefnyddiol iawn yfory.' Ac i ffwrdd â mi i chwilio am y gŵr hael yn y cyfeiriad a roddodd yn un o strydoedd cefn culion New Delhi. Cyrchais yn nerfus tua'r fan, gan gadw llygad effro rhag ofn i rywun o'm cydnabod fy nal yn mynd ar fy neges gywilyddus. Ond yn wir nid oedd yn rhaid imi bryderu. Pan gyrhaeddais y ddirgelfan, wele gylch eang o swyddogion Prydeinig y Fyddin yn tyrru o gwmpas Pathan bychan barfog, ac yntau'n dangos iddynt ei ddannedd gwynion (yn rhannol goch gan staen cneuen y *betel)* mewn rhyw wedd oedd yn hanner gwên ac yn hanner ysgyrnygiad, wrth rannu ei dda benthyg yn eu plith. Pan ddaeth fy nhro i, ni chefais drafferth yn y byd gyda'r Pathan cefnog wedi imi roddi fy enw a'm cyfeiriad ac eiddo fy nghyflogwyr. Ymadewais yn llawen ac yn llwythog, ac nid aeth yr un SOS arall at Mati am y rhawg. Ond bu'r gollyngdod yn fawr pan ffeindiais fy ffordd yn glir, ymhen rhai misoedd ac ar ôl llythyr bygythiol neu ddau, i dalu'n ôl y mil *rupee* i'r Pathan ynghyd â thua hanner mil arall o log.

Yn fuan ar ôl hyn, daeth diwedd y Rhyfel yn y Dwyrain Pell. Dewiswyd fi ymhlith y rhai oedd i gario ymlaen ein gwaith da yn Singapore. Pacio'r trwnc yn hanner llawn o'r sgriptiau'r oeddwn wedi eu sgrifennu, a llenwi'r hanner arall â dillad a thaclau eraill. Ond bu'n rhaid inni gicio ein sodlau yn Delhi am fwy na mis a bu'r aros yn drech na'r amynedd. Er bod y trwnc wedi fy rhagflaenu i'r apwyntiedig hynt, gofynnais am gael tynnu'n ôl a mynd adref. Caniatawyd y cais ac ymhen ychydig ddyddiau roeddwn yn Bombay ac ar fwrdd llong i Lerpwl. Llong cargo ydoedd ond â lle ynddi i nifer bach etholedig o deithwyr, ac yn eu plith nifer o blant.

Ymhen rhyw ddeuddydd o fordaith o Bombay roeddwn i'n sefyll ar y dec yn paratoi i dorheulo, a dim ond fy llodrau cwta amdanaf, pan welais y capten - 'gŵr bychan brithflew a'i drem fel fflam olew' yn gwgu arnaf ar ei ffordd i lawr o'i gafell uchel. *'You must not stay on deck dressed like that!'* meddai mewn tôn chwyrn ac acen Gymraeg oedd yn llonni ysbryd alltud ar ei ffordd adre. Ond wedi gair neu ddau o bob tu, a dechrau siarad Cymraeg, cefais wadd ganddo i ginio yn ei gafell. A'r cwbl a gofiaf amdano heddiw, ar wahân i'w ginio a'i groeso hyfryd, yw iddo ddweud wrthyf ei fod yn Wesla ac yn frodor o Fôn ac yn gefnder i'r Parch Tecwyn Evans.

Yn ei sgîl ef deuthum i nabod y swyddog radio, Cymro arall a alwai'r capten yn Tomi Tŷ Mawr, a'i gartref yng nghymdogaeth Llanwnda. Cefais gan Tomi groeso tywysog a chwrw rhad am weddill y daith. Roedd hyn yn dderbyniol iawn gan ei bod yn ddigon llwm arnaf ar ôl clirio fy nyledion oll cyn gadael India. Yn wir, yr oedd mor llwm arnaf fel y bu'n rhaid imi fenthyca pumpunt gan gyd-deithiwr. Pan gyrhaeddwyd Lerpwl, y peth cynta fu'n rhaid imi ei wneud oedd ffonio Mati i'w hysbysu am fy nglanio diogel ac erfyn arni (ar ôl trosglwyddo cost y teliffon) ddod â phapur pumpunt a phaced o *Players* i'm cwrdd yn Euston. Ac yn ôl ei harfer ni'm siomwyd ganddi. At hyn oll yr oedd wedi llwyr glirio ein dyled i'r banc. Bu'n rhaid imi aros am chwe mis cyn cael y trwnc yn ôl o Singapore. A phan gyrhaeddodd nid oedd ynddo na sgrap o ddilledyn na sgrap o sgript. Dim ond rhyw fymryn o ddail crin yn ei gorneli.

13

Mil naw pedwar deg a chwech. Na, doedd pethau ddim yr un fath wedi imi ddod yn ôl o'r India. Mor llwm a gwelw eu gwedd yr edrychai pawb a welwn ar ôl glanio yn Lerpwl. Roedd prinder bwyd a dillad ac ofnadwyaeth y bomio erchyll, pethau oedd wedi bod y tu allan i'm profiad i ers dwy flynedd, wedi gadael eu creithiau hagr ar ddyn ac ar ddinas. Gymaint oedd wedi digwydd er y dyddiau dedwydd hynny pan ges fynd i Lerpwl ym 1929 i dderbyn fy nhrydedd Coron yn yr Eisteddfod am y bryddest 'Y Gân ni Chanwyd'. Gymaint hefyd oedd heb ei gyflawni. Gymaint o'r gân oedd heb ei chanu. Dwy flynedd ar bymtheg wedi mynd heibio, a minnau heb gynhyrchu dim, dim ond Pryddest yr Hunanleiddiaid, ym 1939. Tybed a oedd hi'n rhy hwyr i ail-ddechrau, ynteu a oeddwn i, mewn gwirionedd, wedi cyflawni hunanladdiad llenyddol hefo'r bryddest honno? Yn un o'm llythyrau o'r India at Mati, roeddwn i wedi tyngu nad awn yn ôl i felinau *Fleet Street,* ac y byddem yn troi'n ôl i Gymru. Ond lol wirion yw hel meddyliau fel hyn, meddwn i wrthyf f'hun yn y trên oedd yn ein dwyn i Euston. Teimlais ym mhoced fy ngwasgod y garreg fach yr oeddwn wedi ei phrynu'n bresant i Mati o'r India a hynny hefo'r pecyn olaf o *rupees* a feddwn ar ôl i'r benthyciwr arian fy mlingo. Carreg loer — *moonstone* — i wneud modrwy arall iddi. Modrwy ail-briodas ar ôl bod ar wahân am ddwy flynedd. Sut olwg fyddai arni hi tybed? Fyddai hi'n edrych mor llwm â phawb arall?

Mati druan ac annwyl. Roeddwn i wedi achosi llawer o bryder iddi. O fewn chwe mis i'n gwahanu roedd hi wedi bod gerbron treibiwnal yn ceisio ymuno â'r WRENs ac wedi pasio gydag anrhydedd i gael comisiwn a'i phostio i'r India. Ond ar y funud olaf fe'i gwrthodwyd am resymau meddygol. Ond roedd hi wedi bod yn ffyddlon iawn imi. Yn ffyddlon? Tybed? Daeth yr hen amheuon a'r hen eiddigedd i gnoi f'ymysgaroedd eto. Onid y gnofa yma oedd wedi achosi llawer o'r iselder ysbryd yn ystod y ddwy flynedd? Cofiaf drafod y mater yn ddifrifol â swyddog cyfeillgar o'r R A F yn y *mess* un noson uwch potelaid ddechrau'r mis o *Johnny Walker.* Mynnai ef iddo fo a'i wraig wynebu'r broblem pan wahanwyd hwy. Cytuno bod gofyn i ŵr neu wraig herio natur am gyfnod o ddwy flynedd yn ofyn gormod gan y naill a'r llall, a rhoi caniatâd y naill i'r llall dorri amod priodas pe mynnent. Wel, wel. Doeddwn i ddim yn siŵr nad oedd rhyw fath o gytundeb felly rhwng Mati a minnau hefyd, ond nad oeddym wedi ei roi mewn geiriau. Ac fe ddôi'r ysbeidiau o hiraeth ac eiddigedd ac o ddeisyfu ofer ar waetha'r cwbl. Ond roedd gen i un cynheilydd cryf yn fy nghyfyngder —— Ronnie, oedd yn dioddef mor ddwys â minnau, ond yn athronyddu mor effeithiol fel y gallai bob amser fy nghodi o'r trobwll.

Nid felly Jasper, y capten o'r R A F, fyddai'n codi cymaint o hwyl ymhob cwmni. Addurnid ei wedd gan fwstas asgellog oedd yn droedfedd o led. Bachgen o Arfon oedd Jasper ag iddo lond ceg o enw bedydd Cymraeg. Fo ddaru ddefnyddio nerth braich i geisio fy hudo i far yr *Imperial* y nos Ŵyl Ddewi honno pan oeddwn i wedi tyngu llw arall i lwyr ymwrthod ac wedi addo cynnig llwncdestun 'Yr Anfarwol Goffadwriaeth' yn y cinio Gŵyl Ddewi yn Delhi. Ofer fu hudlath Jasper y noswaith honno. Roedd tua phum cant yn y cinio, y rhan fwyaf o lawer mewn lifrai hogiau'r Fyddin a'r Llu Awyr. Nid oedd meicroffon ar gael yn y stafell eang a bu'n rhaid gweiddi nerth esgyrn pen i fod yn glywadwy. Y llywydd oedd y Cadfridog Auchinleck, a chynheilydd fy mreichiau innau oedd y Brigadydd Jehu, sefydlydd a llywydd y Gymdeithas Gymreig lewyrchus yn Delhi. Ac ar ôl nifer o anerchiadau Saesneg mi godais innau a chrochlefain yn Gymraeg. Ac aeth yn bandemoniwm yn y byrddau cefn ar ôl imi lafarganu am Hiraeth:

> Dwedwch fawrion o wybodaeth,
> O ba beth y gwnaethpwyd hiraeth,
> A pha ddefnydd a roed ynddo
> Fel na ellir byth mo'i dreulio.

Dyna lle'r oedd yr hogiau'n chwifio cennin ac yn eu lluchio i'r awyr ac yn curo dwylo. Noson hwyliog iawn. Ond pan gwrddais â Jasper ymhen diwrnod neu ddau a gofyn iddo: 'Beth oeddit ti'n feddwl o'm hanerchiad i?' edrychodd arnaf yn hurt. 'Pa anerchiad?' meddai. 'Wyddwn i ddim dy fod ti wedi siarad.' Roedd ei hiraros yn y bar wedi ei droi'n fyddar ymhell cyn cyrraedd f'anerchiad i.

Dro arall roedd Jasper a minnau wedi cael gwadd i de yng nghartref cyd-swyddog iddo, byngalo mewn gardd hyfryd ar gyrrau Delhi. Pan agorwyd y drws inni roedd golwg braidd yn ddryslyd ar y cyd-swyddog, ond gwahoddodd ni i mewn yn siriol a chroesawus. Yna eglurodd fod ei gariadferch wedi galw arno'n ddirybudd. Estynnodd botel a dau wydryn i'r bwrdd. 'Gwnewch eich hunain yn gyfforddus,' meddai, 'mi fyddwn i hefo chi mewn ychydig.' A diflannodd trwy'r drws i'r ystafell nesaf, ei ystafell wely. A dyna lle bu Jasper a minnau'n cydyfed, heb ddim i dorri'r distawrwydd ond y trwst caru a ddôi o'r ystafell nesaf. Estynnodd Jasper ei law i'r silff lyfrau a thynnu allan lyfr o bornograffi a dechrau ei ddarllen gyda hwyl. Ac yno y buom yn chwerthin ac yfed a gwrando ar y trwst caru'n hiraethus nes daeth y cyd-swyddog a'i gariadferch dlos o'r stafell nesaf, a'r ddau yn wên o glust i glust.

Ie'n wir, pethau felna fyddai'n ein gyrru'n wallgo ar brydiau a'n gyrru benben i dón (a thôn) y botel i geisio boddi'r hen ddeisyfiadau anghynnes. Gan gymaint hud y botel, aeth pethau'n rhy boeth i Jasper yn Delhi ac fe ddiflannodd am sbel i gymdogaeth Lucknow. Ymhen rhyw ddeufis daeth i edrych amdanom a gydag ef glamp o ferch mor ddu â'r frân. Fe aeth y si ar led fod Jasper wedi ei phriodi, ac fel pe i gadarnhau'r si cawsom, er syndod mawr inni, ei fod bellach yn llwyrymwrthodwr llym. Flwyddyn neu ddwy ar ôl dod adre cwrddais ar ddamwain â Jasper yn *Fleet Street,* a gwraig yn ei fraich — gwraig wen fel colomen. Bûm yn ffodus i'w adnabod y tro hwnnw. Roedd y mwstas troedfedd wedi diflannu ac yntau wedi rhyw grebachu yn ei ddillad ei hun. Troesom i mewn i'r Rardomah am gwpanaid a bu chwerthin mawr wrth ddwyn i gof y 'wraig' ddu, a'r uchaf ei chloch yn y chwerthin oedd y wraig wen.

Ond ym mhle'r oeddwn i cyn i Jasper fy hudo ar ddisberod (am y tro olaf)? O ie, yn y trên yn cyrraedd Euston. A! dacw hi, yr eneth ddel, yn codi ei llaw arnaf. Na, doedd hi, beth bynnag, ddim yn llwm ei gwedd na'i gwisg. Bu felys iawn y cofleidio ac estynnodd bapur pumpunt imi i glirio fy nyled i'm cyd-deithiwr, a phaced o *Players.* Ac aethom adref yn llawen i ddathlu'r aduniad. Nid mor hapus fu aduniad ambell ddau y clywswn amdanynt. Mewn un achos bu'r aduniad yn drychinebus. Roedd y pryf Eiddig wedi bwyta'n rhy ddwfn i ymysgaroedd un o'm cyfoedion. Pan gyrhaeddodd adref o un o wledydd y cystudd mawr, ar ôl rhyw dair blynedd o ysgariad, y peth cyntaf a wnaeth pan agorodd ei wraig y drws iddo oedd ei tharo i lawr â'i ddwrn ac yna pendroni ar ffin gwallgofrwydd yn ei edifeirwch. Mae'n debyg mai'r ffaith i mi gael fy Rhyfel mor esmwyth oedd yn cyfrif na bu gwyrdroi mor greulon ar f'ymennydd i.

Cafodd Mati a minnau seibiant hyfryd yn y wlad i ystyried ein dyfodol. Roeddwn i bellach wedi troi fy neugain oed a hithau'n ymflodeuo yn ei thridegau. Doedd gen i fawr o awydd dychwelyd i'r *News-Chronicle,* lle'r oedd Jim, wedi osgoi galwad y gad, yn dal i deyrnasu. Y *Daily Mail* oedd fy ffefryn yn y Stryd gan imi, ar ôl i'r *News-Chronicle* wrthod fy stori am Vera Lynn, anfon llawer stori gyffrous i'r papur hwnnw, a hynny ambell dro dan fy enw. Y ddau ddewis arall oedd swydd yn y Swyddfa Dramor neu ddychwelyd i Gymru i geisio gwaith. Ond er fy llw i ddychwelyd, buan y sylweddolais fy mod bellach wedi llwyr golli fy ngwreiddiau.

Mi wnes o leiaf dri chynnig yn ddiweddarach i ddychwelyd i Gymru, ac efallai y caf sôn amdanynt cyn diwedd y bennod hon. Yn y cyfamser ystyriwyd y tri drws oedd yn agored. Yn gyntaf, y Swyddfa Dramor. Roeddwn wedi gwneud gwaith digon cymeradwy yn India, er fy holl ffaeleddau, ac roedd Mati'n nabod rhywun oedd yn nabod Ernest Bevin, yr Ysgrifennydd Tramor. Ond er ei chymell taer, tynnu'n ôl yn ofnus a dihyder wnes i, a throi fy ngolygon tua'r Stryd drachefn. Credwn fod y *Daily Mail* yn fan eithaf gobeithiol, ond pan euthum i weld sut roedd pethau'n sefyll cefais fod y Golygydd Tramor oedd wedi rhoi croeso mor frwd i'm straeon o'r India wedi ei symud i faes arall. A bugeiliaid newydd oedd ar yr hen fynyddoedd hyn yn y *Daily Mail*. Doedd dim amdani ond troi'n ôl at y *News-Chronicle*, fel ci at ei chwydfa. Digon rhewllyd oedd y derbyniad a gefais gan y Golygydd, Syr Gerald Barry. Edliwiodd imi fy ngwaith i'r *Daily Mail* ac atgofiais innau o am fel y gwrthodwyd fy stori am Vera Lynn. Pan welais ei fod yn nogio dangosais iddo'r nodyn a gawswn gan Undeb y Newyddiadurwyr yn bygwth y golygyddion hynny a wrthodai eu swyddi'n ôl i'w hen weision ar ôl y Rhyfel. Ac fe'm derbyniwyd yn ôl heb lawer o ras ewyllysgarwch, ac yn sicr heb gydweithrediad Jim. Ac mae digon o ddulliau gan feistri papurau newydd i oeri'r croeso i fab afradlon. Gellir — o leiaf gellid bryd hynny — ei gadw ar isrif cyflog, gwrthod gwyliau oedd yn ddyledus iddo a rhoddi iddo rai o'r dyletswyddau mwyaf diflas. Anwybyddais y gwaharddiad ar wyliau a'i heglu hi i'r wlad am bythefnos. Roedd yr oer ddistawrwydd yn llethol pan ddychwelais, a'm canfod fy hun wedi fy ngosod ar un o'r dyletswyddau diflasaf, sef yr 'is-olygydd hwyr', a olygai weithio hyd bedwar a phump y bore. Ac yn rhyfedd iawn, ar un noswaith o'r ddyletswydd yma y gwelwyd Jim a minnau'n ysgwyd llaw ac i minnau, mewn un ystyr, gael talu'r pwyth yn ôl iddo.

Fel hyn y bu. Y noswaith honno'r oedd y Natsïaid a ddedfrydwyd yn Nuremberg — Göering a'i griw — i fynd i'r crogbren ganol nos, a hon, wrth gwrs, fyddai'r stori flaen ar dudalen gyntaf y papur drannoeth. Ond roedd llen drwchus o ddistawrwydd yn gwahardd unrhyw newyddion o'r ddienyddfa, a'r broblem oedd sut i gyflwyno'r stori. Penderfynodd Jim, a oedd yn cario'r cyfrifoldeb, ein bod yn tynnu ar ein dychymyg ac yn sgrifennu stori lachar am y damnedigion yn cerdded un ar ôl y llall i'r crogbren, dan arweiniad dewrfodd Göering. Ac ar ôl crafu pen a chnoi pensel, aeth y dudalen flaen i'r ffowndri hefo'r stori yn dwyn pennawd rhywbeth yn debyg i hyn: '*Göering leads Nazi Gangsters' march to the Gallows*'. A Jim a minnau'n ysgwyd llaw ac yn llongyfarch ein gilydd ar y stori.

Doedd dim rhaid i mi fod yn y swyddfa hyd yr hwyr drannoeth a chefais amser a chyfle i ddadebru o'r sioc a ddug y newyddion diweddaraf, sef bod Göering wedi twyllo'r crogwr trwy gymryd gwenwyn. Ni bu Jim mor ffodus. Fel pennaeth yr adran roedd yn rhaid iddo fo fod yn y swyddfa'n gynnar, i roddi 'cyfrif fry' yn y cwest am dri'r prynhawn ar gynnwys y papur. Safai ar blatfform gorsaf Richmond, fel y clywais yn ddiweddarach, yn disgwyl ei drên pan glywodd borter yn ei gyfarch â'r geiriau: 'Jolly clever chap, that Göering fellow, don't you think, sir, to cheat the gallows like that' Ac, fel y cyffesodd Jim, pan ddaeth y trên i mewn bu ond y dim iddo neidio dani a dilyn Göering a'i griw i dragwyddoldeb. Wel, efallai inni fod yn fwy o hoelion yn arch yr hen *News-Chronicle* druan na dim arall, ond yn sicr nid ni oedd yr hoelion mwyaf.

Gan fod y tir mor arw a llithrig dan fy nhraed yn y swyddfa, dechreuais edrych o'm cwmpas a syrthiodd fy ngolygon ar ffrynt urddasol y *Daily Telegraph* yr ochor arall i'r Stryd. Ar ryw hap a damwain y dewisir is-olygyddion ar bapurau yn *Fleet Street.* Gall y Golygydd, neu bwy bynnag fo'n dewis, roddi cam gwag yn aml gan mai trwy fwyta'r pwdin yn unig y gellir ei brofi. A hyd yn oed trwy eu rhoddi 'ar brawf' am ryw fis neu ddau ni ellir bob amser bennu gwerth ambell ddyn i'w bapur. Tra bûm ar fwrdd is-olygyddol y *News-Chronicle* gwelais yn aml yn eistedd yn f'ymyl fachgen na allai wneud dim yn iawn waeth pa mor ddyfal y ceisid ei 'dorri i mewn' i arddull a dulliau'r papur. Ac ambell un o'r bechgyn hynny wedyn yn symud i bapur arall ac yn fflachio i'r ffurfafen newyddiadurol fel rhoced newydd lachar. Un felly oedd bachgen o'r enw Bolam, un gwylaidd, tawel a diniwed yr olwg. Ni bu hefo ni'n hir cyn symud i ymuno â staff papurau'r *Mirror.* Cyn pen dim amser yr oedd yn Olygydd y *Daily Mirror,* un o'r papurau uchaf ei gylchrediad yn y wlad. Yn wir, bu'n rhaid iddo gario baich golygyddol trwm, oherwydd fe'i daliwyd yn gyfrifol am rywbeth a gyhoeddodd y papur ynglŷn ag achos un o lofruddion mwyaf ysgeler ein canrif ac fe'i dedfrydwyd i garchar ar gyhuddiad o ddirmygu'r llys. Bu'r baich, yn wir, yn rhy drwm iddo a bu farw yn fuan wedyn, yn ddyn ifanc ym mlodau ei ddyddiau. Un arall, a ymunodd â'r *News-Chronicle* ar unwaith â mi, mewn ateb i'r hysbyseb am *two super sub-editors,* oedd Max, bachgen tal a chyfeillgar. Wedi tynnu'n groes â'i feistri amryw weithiau, symudodd Max i wasanaethu'r *Daily Express,* a'r peth nesaf a ddarllenais amdano oedd ei fod yn Olygydd Tramor y papur hwnnw. Ac oddi yno aeth rhagddo o nerth i nerth.

Ond a bod yn hollol onest, fel y ceisiais fod ar hyd y cofion hyn, doedd gen i ddim ond un uchelgais, cael cornel fach dawel lle gallwn geisio dilyn rhyw fath o lwybr yn ôl at fy ngwreiddiau, er mor arw a niwlog y ffordd bellach. Ceisio'r 'land of lost content' y canodd Housman amdano:

> That is the land of lost content,
>   I see it shining plain,
> The happy highways where I went
>   And cannot come again.

Housman a W H Davies, y crwydryn-fardd, fu dau o hoff feirdd fy llencyndod a daliai eu hud arnaf; byddwn yn ceisio'u trosi i'r Gymraeg, ond heb lawer o lwyddiant. Cofiaf fras-gyfieithiad wnes i o'r llinellau yna. Rywbeth tebyg i hyn:

> Hwn ydyw tir y gwynfyd coll
>   Dan lewych heulwen lefn,
> Y llwybrau bach a gerddais oll
>   Nas cerddaf fyth drachefn.

Ac yntau'r trempyn-fardd, yn canu am uchelgais. Byddwn yn dra hoff o'i ddyfynnu yntau pan fyddai'r cwmni'n gydnaws:

> I had ambition, by which sin
>   The angels fell,
> I climbed and, step by step, Oh Lord,
>   Ascended into Hell.

Beth yn y byd oedd yr Uffern hon? Digwyddais, pan yn myfyrio uwch cynnwys y bennod yma, ddod ar draws erthygl gan yr Athro Jac L Williams, a oedd ar y pryd yn ddarlithydd yng Ngholeg y Drindod, Caerfyrddin, yn trafod dwyieithrwydd. Wedi dyfynnu awdurdodau sy'n cysylltu dwyieithrwydd â *schizophrenia* a 'rhwyg yn yr enaid' a seithugiant *(frustration)* fe ddywed:

'Gall hyn ddigwydd i unigolyn dwyieithog sy'n perthyn yn naturiol i genedl fechan arbennig, ac a gais berthyn i genedl arall sy'n ei wrthod. Efallai fod hyn yn dueddol o ddigwydd i ambell Gymro sy'n awyddus i'w ddatgysylltu'i hun oddi wrth ei wreiddiau Cymreig, ond a erys yn 'Taffy' o safbwynt y gymdeithas Seisnig y carai gael ei dderbyn ganddi'n gyflawn aelod. Mae'n methu cartrefu'n llwyr yn y naill gymdeithas na'r llall, am nad oes ganddo ef ei hun ffydd yn y gymdeithas y magwyd ef ynddi ar y naill law ac am nad yw'r gymdeithas y carai berthyn iddi'n barod i'w dderbyn. Caiff ei hun yn gorfod aros yn un o 'bobl yr ymylon'. Collodd ei wreiddiau mewn un gymdeithas, a methodd wreiddio mewn cymdeithas arall, a'r diffyg gwreiddiau sy'n arwain i'r teip hwn o seithugiant, yn hytrach na dwyieithrwydd ynddo'i hunan.'

Wel, dyna daro'r hoelen ar ei phen. Faint, tybed, ohonom ni, Gymry dwyieithog ar wasgar, sy'n cofio pryd y bu colli'r gwreiddiau a cholli ffydd? Os goddefir dogn bach arall o'r hunan-dosturi sydd wedi ei daenellu mor drwchus a seimlyd ar beth o fara sych yr atgofion hyn, gallaf bennu'r dydd a'r awr y digwyddodd hynny i mi. Cerdded i fyny Lôn Coetmor, heibio'r fynwent, ers talwm, ddiwrnod chwalu'r cartref, ac yno, mewn ffit o banig, sylweddoli'n sydyn nad oeddwn bellach yn perthyn i'r gymdeithas yma y ganwyd ac y magwyd fi yn ei chôl, nad oedd gennyf bellach le i roddi mhen i lawr ynddi. Ac er y diwrnod du hwnnw, graddol gilio ymhellach a phellach oddi wrthi fu fy rhan. Ceisiais amgyffred y profiad yn fy nofel *Un Nos Ola Leuad*, lle mae'r bachgen yn gadael ei gynefin ganol nos:

'Hannar awr wedi dau oedd hi ar Gloc Rheinws wrth ola lamp pan oeddwn i'n mynd i lawr Stryd, a phob man arall yn dywyll fel bol buwch. Ond mi faswn i wedi medru cerddad cyn bellad a Parc Defaid â'm llgada wedi cau, achos oeddwn i'n nabod pob carrag ar pafin bob ochor i Stryd, a bob polyn lamp, a bob polyn teligraff, a bob sinc. Ac yn gwybod lle oedd pafin yn stopio a dechra wedyn, a lle oedd Lôn Bost yn dechra heb ddim pafin wrth geg Lôn Newydd . . . Ac oedd hi'n braf cael gadael Pentra yn y twllwch, heb weld siopa na Rysgol na Reglwys na tai na dim byd. Achos taswn i wedi gadael yng ngola dydd mi fasant wedi codi hiraeth arnaf fi, a ella baswn i wedi torri nghalon cyn cyrraedd Parc Defaid a wedi troi'n ôl adra a mynd i weithio'n Chwaral hefo Elis Ifas . . . '

Efallai nad diwreiddio trawmatig o'r fath oedd ym meddwl yr Athro yn ei ymdriniaeth a'i ddadansoddiad. Ar y llaw arall, gall mai cais sydd yma gennyf fi i ymesgusodi am y colli gwreiddiau a'r colli ffydd yn wyneb ei ddadansoddiad. Ond y ffaith yw mai cynyddu a wnaeth y 'rhwyg yn yr enaid' fel y cynyddai fy niddordeb mewn barddoni a llenydda yn Gymraeg ar y naill law a newyddiadura yn Saesneg ar y llaw arall. Ac yn fy nyddiau ar y *News-Chronicle* roedd y rhwyg, dybiwn i, wedi cyrraedd ei heithaf a'r gwreiddiau wedi eu llwyr golli, a'r uchafbwynt, neu efallai y dylwn ei alw yn isafbwynt, wedi cael ei fynegiant ym Mhryddest yr Hunanleiddiaid a'r profiad a'i cymhellodd, neu o leiaf a'i crynhôdd. Bellach:

'Gwybydd mai hunan yn unig yw gwobrwy a gwaith dy fod a'th fywyd; hunan hefyd y lleiddiad.'

Croesais y stryd i'r *Daily Telegraph* ar yr ail gynnig. Ar y cynnig cyntaf croesholwyd fi'n llym ac yn graff iawn gan y Golygydd, Mr Arthur Watson, un o'r ddau Olygydd y bu gennyf fwyaf o feddwl ohonynt — y llall oedd Syr William Davies, y *Western Mail*. Wedi cryn dipyn o holi am fy ngwaith ar y *News-Chronicle*, a minnau, yn ôl f'arfer, yn or-wylaidd, gofynnodd imi beth oedd f'uchelgais. Ystyriais beth cyn ateb. Cofiais am y ferch ddu dlos â'r llygaid Japaneaidd ym mheraidd baradwys Simla. Ond, mae'n siŵr gen i, meddwn, nad oes ond un ateb i'r gŵr yma, ac fe ddaeth hwnnw allan fel bwled: '*To be Editor of the Daily Telegraph,*' meddwn. Edrychodd Watson yn hir arnaf. Roedd rhyw olwg bell arno. Tybed bod hwn hefyd yn chwilio am ei wreiddiau, er nad oedd Cymraeg yn poeni dim arno? Ond, efallai, fy acen Gymreig i. Roedd yn ŵr urddasol a bonheddig yr olwg, un yn cymell parchedig ofn. Dyna pam y cefais fy syfrdanu gan ei ateb. *'Well,'* meddai, gan ryw fwmian sgyrnygu arnaf, *'You're quite welcome to the bloody job.'* Ac ymhen deuddydd cefais air ganddo'n dweud yn blwmp ac yn blaen nad oedd arno f'eisiau ar y staff.

Ond ymhen tri mis roeddwn yn un o is-olygyddion y papur. Ac fel hyn y bu. Eisteddwn uwch fy mheint yn y *Cheshire Cheese* un noswaith, yn myfyrio'n drist uwch anghyfiawnderau'r byd yn gyffredinol, a golygyddion yn arbennig, pan ddaeth bachgen ifanc siriol i dorri ar fy myfyrdod. Dicky Jones, o Ddinbych y Pysgod, ac aelod o staff y *Telegraph*. Wedi prynu peint iddo dechreuais ar fy nghwyn yn erbyn gorthrymder y *News-Chronicle*. 'Beth am ddod atom ni?' ebe Dicky'n llawen. 'Mae arnom ni wir angen is-olygyddion da.' Yna, heb wybod am fy nghynnig dri mis yn ôl, dywedodd wrthyf at bwy i sgrifennu. Cefais ateb parod, a chyfweliad, ac ni welais arlliw o Watson, nes ei gyfarfod yn y coridor beth amser ar ôl dyfod yn gyflawn aelod. Ac fe'm croesawodd yntau mor siriol â neb. Aeth Dicky yn ei flaen i ymuno â'r *Daily Express,* ond fe'i torrwyd yntau i lawr ar ganol gyrfa ddisglair ym mlodau ei ddyddiau.

Cefais yr awyrgylch ar y *Telegraph* yn dra gwahanol. Ar y *News-Chronicle* roedd pawb â'u breichiau de am yddfau'i gilydd, ac yn y llaw chwith gyllell i drywanu'r cefn. Galwai pawb ei gilydd wrth eu henwau bedydd. Ar y *Telegraph* roedd y gyfathrach yn llawer mwy amhersonol ac wrth ei gyfenw y cyfarchai pob un gydymaith.

O leiaf, dyna fel yr ymddangosai ar yr wyneb. Ond mi arhosais yn ddigon hir i ddysgu mai'r un oedd natur dyn yno ag ymhobman arall. Am y deng mlynedd cyntaf bu fy llwybr yn ôl at y gwreiddiau yn arw a niwlog, yn dra niwlog, a dyma'r pryd y bûm yn troi fy ngolygon tua Chymru drachefn. Ond pleser digymysg i mi, yn fy nghwrdd ffarwel â'r papur fis Mai, 1972, oedd clywed cyd-aelod o'r staff, W F Deedes, A S, yn ei araith 'angladdol' huawdl, yn defnyddio'r geiriau 'gydag anrhydedd' wrth sôn am fy ngwaith ar y papur.

Negyddol fu canlyniad y tri chais a wnes i ddychwelyd i weithio yng Nghymru yn ystod y blynyddoedd cyntaf ar y *Telegraph.* Yr abwyd cyntaf fu golygyddiaeth *Y Cymro.* Byddwn yn sgrifennu llith Gymraeg reolaidd i'r papur o Lundain a deuthum i nabod Mr Rowland Thomas, perchennog y papurau, yn weddol dda. Gŵr hoffus ac annwyl oedd 'Rowlie' fel y galwai rhai ohonom ef yn ei gefn. Un o 'bobl yr ymylon', yn ddi-Gymraeg ond yn ymwybodol iawn o'i wreiddiau ac yn berwi drosodd o gynlluniau cariadus gyda'i bapurau ac i geisio agosach cyfathrach â'i ddarllenwyr Cymraeg. Cefais groeso a llawer sgwrs felys ar ei aelwyd yng Nghroesoswallt, a phan ofynnodd imi ddod yn Olygydd *Y Cymro* bu ond y dim inni gytuno. Mi dynnais yn ôl ar y funud olaf. Diffyg hunan-hyder efallai. Ond ni theimlwn fod gen i bellach y gallu na'r awydd i'r swydd. Ac o fwrw golwg dros ddalennau'r papur bob wythnos a gweld y graen da sydd arno dan ei olygyddion presennol, rwy'n siŵr imi wneud y peth gorau ar fy lles fy hun yn ogystal ag ar les y papur.

Fy ail darged oedd papurau'r *Herald*, yng Nghaernarfon, lle cychwynnais ar fy ngyrfa. Byddai Mati a minnau'n treulio'r rhan fwyaf o'n gwyliau Haf yng Nghymru, a'r adegau hynny, a'r wlad yn edrych ar ei gorau, y byddai'r dydd-freuddwydio felysaf a'r awydd am ddod yn ôl gryfaf. Gwelodd Mati breswyl hyfryd ar ffurf castell yn Nefyn a syrthiodd dros ei phen a'i chlustiau mewn cariad â'r lle. A'r un adeg mi glywswn fod papurau'r *Herald* yn debyg o fod ar werth. I'r dim, meddyliais innau. Caiff Mati deyrnasu yng Nghastell ei Serch ac mi bryna innau'r *Herald* a chomiwtio rhwng Caernarfon a Nefyn. Nid oedd ond un snag. Yr arian, neu'r pres, fel y byddem ni'r bobl dlawd yn cyfeirio atynt. A! meddwn i, rhaid cael syndicet. Cawsom sgwrs hir â'r ocsiwnïar ym Mhwllheli, ac â'm hen feistr, W G Williams, yng Nghaernarfon. Gyda chynhorthwy cyfreithiwr bywiog, mi es ati i geisio codi'r arian. Dechrau'n wych. Cael gan yr Uwch-gapten Goronwy Owen i addo dod i mewn hefo dwy fil o bunnoedd. Rhywun arall yn cynnig mil. Yna sgrifennu at Sgweiar y Faenol, Syr Michael Duff. Cael ateb rhadlon ond heb fod mor addawol. Byddai'n falch o gynnig imi ei 'gefnogaeth foesol' ond nid ariannol. Yna sbel hir o ddistawrwydd. Disgwyl a disgwyl, ond dim yn digwydd. Sgrifennu a sgrifennu, ond nid oedd na llef na neb yn ateb. Y newyddion yn ddrwg, pan ddaethant. Roedd y cyfreithiwr mewn tipyn o drybini ynglŷn â'i fusnes ei hun, ac wedi ei dorri allan o'r seiat dros dro. Roedd Williams mewn ysbyty a chlywais cyn hir am ei farw. Roedd y Castell wedi ei werthu. Ac felly'r aeth y cynlluniau i'r gwellt.

Ac yn drydydd ac yn olaf, Teledu Cymru. Cefais alwad ar y ffôn un diwrnod gan Chapman Walker, Rheolwr y *News of the World.* Yr oedd wedi ffurfio cwmni, meddai, gydag Arglwydd Derby'n gadeirydd arno, i ymgeisio am drwydded gan yr I T A i gael gorsaf fasnachol i roddi gwasanaeth teledu i Gymru a Gorllewin Lloegr. Roedd arno eisiau dau Gymro ar fwrdd y cwmni, un i gynrychioli'r ochor ddiwylliannol a'r llall yr ochor ddiwydiannol. Roedd Reg Cudlipp, Golygydd y *News of the World,* wedi awgrymu iddo fy enw i ac roedd am imi ddod i'w weld. 'Fel un o'r cyfarwyddwyr,' meddai, 'bydd yn werth rhyw £600 ichi nes inni gael y drwydded. Ac ar ôl ei chael *the sky will be the limit.'* Wedi cael sgwrs ag o a gwrando ar fanylion ei gynllun, euthum ati i sgrifennu memorandum hir iddo yn llawn o awgrymiadau sut i gyflwyno'r cais ac i redeg y gwasanaeth ar ôl ei gael. Ac yna fe ddaeth yr hen amheuon a'r diffyg hyder. Roedd Chapman Walker wedi cael enw Huw T Edwards fel un addas i gynrychioli'r undebau a'r ochor ddiwydiannol. Nye Bevan oedd wedi awgrymu enw Huw, a gofynnodd Chapman Walker imi sgrifennu at Huw i ofyn a fyddai'n barod i wasanaethu ar y Bwrdd fel cyd-gyfarwyddwr. Atebodd Huw T i ddweud y byddai'n fodlon os credwn y byddai ei wasanaeth o help i Gymru. Drannoeth cefais deligram ganddo yn dweud iddo gael enwau'r cyfarwyddwyr eraill ac wedi gweld y rhestr y byddai'n falch iawn i ymuno.

Yn y cyfamser mi benderfynais nad oeddwn i'n ddigon abl a chymwys i gynrychioli'r ochr ddiwylliannol. Roeddwn i'n gyfeillgar iawn â Mr Jenkin Alban Davies, cynrychiolydd Cymru ar Fwrdd I T A, a gwyddwn y byddai ef yn ffafriol iawn imi. Ond mi benderfynais fod yn rhaid cael rhywun mwy dylanwadol na mi i'r swydd. Yna mi feddyliais yn sydyn am y gŵr fyddai nid yn unig yn gymwys i'r swydd ond hefyd yn sicrhau mai'r cwmni hwn a gaffai'r drwydded. Y gŵr hwnnw oedd Syr Ifan ab Owen Edwards ac mi wyddwn am y rhwymau cyfeillgarwch rhwng Jenkin Alban a Syr Ifan. Felly mi ddwedais wrth Chapman Walker mai Syr Ifan oedd ei ddyn.

'*Oh, yes, I know who you mean,*' meddai Chapman Walker. '*Let's give him a ring, shall we?*' Cydiodd yn y teliffon a dweud wrth yr operator: '*Give me Sir Ifor Evans*'.

'*No,*' dechreuais innau, '*not him . . .*'

'*Oh, it's alright,*' meddai Chapman Walker. '*I know Sir Ifor . . .*'

'*Not Sir Iffor,*' meddwn innau. '*Sir Iffan.*'

Ac wedi tipyn mwy o ffwdanu ar ei ran, eglurais wrtho pwy oedd ein dyn. '*Let's give him a ring,*' meddai. Codais innau'r ffôn a gofyn am Syr Ifan yn ei gartref yn Aberystwyth. Eglurais iddo beth a fynnem ac roedd yntau'n naturiol wedi cael tipyn o syndod. Yna mi roddais y ffôn i Chapman Walker, a threfnodd i gyfarfod Syr Ifan yng Nghaerdydd. Ac felly y daeth T W W i Gymru ac yr arhosais innau yn fy nghornel yn Llundain.

O dipyn i beth, mi setlais i lawr wedi rhyw gyfaddawdu i fod yn Sais yn y gwaith ac yn Gymro gartref. Bu'r *Telegraph*, yn ôl ei draddodiad gwych, yn ddigon partïol i bob achos Cymreig, yn enwedig pan oedd o werth fel newyddion. Cefais innau sgrifennu am yr Eisteddfod i'w golofnau flwyddyn ar ôl blwyddyn a chael lle anrhydeddus i'm hadroddiadau. Ond mae'n nodweddiadol o agwedd *Fleet Street* tuag at Gymru mai'r pleidiwr tanbeitiaf a selocaf dros hunanlywodraeth i Gymru ar ein papur ni oedd Peter Simple yn ei golofn ysgafn a digrif.

Y dystiolaeth orau gefais i o gefnogaeth bersonol y *Telegraph* oedd pan gefais y syniad o sefyll fel un o'r ymgeiswyr am y Gadair Farddoniaeth yn Rhydychen. Yma eto roedd fy niffyg hunan-hyder am fy rhwystro, ac nid diffyg cefnogaeth cydweithwyr yn *Fleet Street* a barodd na chefais ddigon o bleidleisiau i chwifio baner Cymru ar Barnasws Athen Lloegr. Daeth llond coits fawr o raddedigion a weithiai fel newyddiaduron i roddi eu pleidlais bersonol imi. Roedd y breuddwyd yn un hyfryd iawn, sef cael Rhydychen yn fath o ganolfan i fynd o gwmpas colegau Cymru i ddarlithio ar farddoniaeth. Ond tila iawn, fel y disgwyliwn, oedd yr ymateb o Gymru. Yn un peth, personiaid heb fedru fforddio'r costau teithio i Rydychen oedd y rhan fwyaf o'r graddedigion â phleidlais ganddynt. Roedd eu cymdeithas yn cynnal eu cinio blynyddol yng Nghaerdydd wythnos cyn yr etholiad ac anfonais deligram yn Lladin iddynt — ond i ddim pwrpas. Yr unig ymateb o Gymru, ar wahân i gefnogaeth Cymro selog neu ddau, oedd crechwen slei fy hen gyfaill Golygydd y *Faner* yn ei golofn 'Ledled Cymru'. Ond aeth y *Telegraph* allan o'i ffordd i roddi pob cefnogaeth imi. Ac, wrth gwrs, roedd yn stori dda hefyd!

Erbyn hyn roedd y 'rhwyg yn yr enaid' wedi ei mendio'n o dda, a dechreuais ail-afael o ddifrif mewn llenydda yn yr unig iaith y medrwn wneud hynny. Y canlyniad fu un nofel dra llwyddiannus, *Un Nos Ola Leuad,* llyfr arall o straeon dan y teitl *Y Genod yn ein Bywyd,* ac, yn goron ar y cwbl, ennill Cadair Eisteddfod Llanelli am yr Awdl 'Llef un yn llefain'. Pan gofir am fy mreuddwyd ifanc o gael bod yn berson, fe welir mai ffrwyth profiad mewn ffordd o siarad oedd yr awdl honno hefyd. Ac efallai imi roddi cnewyllyn y profiad ar ddiwedd yr awdl:

> A mynych Ethsemane a rannaf a'm Prynwr mewn ceule
> Gan wylo'i gwae anaele â bloedd fy nolurus ble :
> 'O! Ardd ei finiog riddfanau a'i wŷn yn ninerth awr angau,
> Gyr waedd dy lym geryddau i ddydd mawr gynnydd y gau;
>   Dydd ein ffydd a ddiffoddwyd ar bob tu
>   A dilesg allu dy lais a gollwyd . . . '

Ond roedd y gwreiddiau wedi dechrau ail-afael a'r ffydd fel pe'n dechrau dod yn ôl.

14

Gedwch inni droi'r cloc yn ôl am funud i weld beth ddigwyddodd i mi pan geisiais i droi'r cloc yn ôl. Does dim byth yn digwydd yn y *Grand Hotel,* ebe'r hen gân boblogaidd. Ond fe ddigwyddodd rhywbeth rhyfedd i mi pan arhosais ynddi dros y nos ar un o'm pererindodau sentimental i'r hen fro. Doeddwn i ddim wedi bwriadu aros yno, ond pan stopiodd y trên yn yr orsaf fe ddaeth rhyw ysfa sydyn i gael golwg ar yr hen dref ar lan y môr unwaith eto, ac i alw ar hen gydymaith os byddai'n digwydd bod gartref, ac mi neidiais allan o'r trên. Oedd yn wir, yr oedd Dai yn ei swyddfa, a sŵn prysurdeb mawr yn yr ystafelloedd o'i gwmpas. Ond fel arfer, dyma hi'n *down tools* pan roddais i fy nhrwyn i mewn a dyma'r botel allan o'r cwpwrdd a'r gwydrau croeso'n llawn. Agorodd y drws a daeth Id i mewn o'r ystafell arall. Crechwenodd.

> *'There is no fun*
> *until I cum,'*

meddai, gan ddyfynnu o un o nofelau Thomas Hardy yr arwyddair croeso fyddai'n fy nghyfarch bob tro y caem aduniad fel hyn. Pan oeddym ar ganol yr ail wydryn daeth cwsmer i mewn ac fe'm cyflwynwyd iddo. O'r siop y drws nesa y daeth Tom, ac ymunodd â ni wrth fwrdd y gyfeddach.

'Rwyt ti'n cofio'i wraig o, dw i'n siŵr,' meddai Dai. 'Anna, yr hogan bach dlysa fagwyd erioed yn Nyffryn Conwy.'

'Duw annwyl!' meddwn i. 'Chdi ddaru Anna briodi?'

'Pawb â'i dast, wsti,' meddai Id. 'Dwn i ddim be welodd hi mewn cythraul mor hyll â Tom.'

'Dew, mi faswn i'n leicio gweld Anna eto,' meddwn i. 'Hogan bach yn yr ysgol oedd hi pan welis i hi ddwytha, ond mi fyddwn i'n dotio arni. Beth am ddŵad â hi i ginio yn y *Grand* heno?'

'Wel,' ebe Tom, 'mae arna i ofn na fedra i ddim dŵad, ond rydw i'n siŵr y basa hi wrth ei bodd.'

'Dew, tybad?'

'Mi ofynna i iddi hi. Faint o'r gloch?'

'Yn y bar am saith?'

'O'r gora. Mae hi'n siŵr o fod yno.'

Roedd Dai ac Id a minnau'n eistedd yn y bar am hanner awr wedi chwech, yn ceisio lleddfu'r syched oedd wedi codi er pan ddarfu sesiwn y pnawn am bump yn y swyddfa.

'Ddaw hi ddim, hogia,' meddwn i'n drist wrth alw am yr ail rownd.

'Daw, siŵr iawn, os ydy Tom wedi deud,' meddai Id.

'Beth am gael bet arni hi?' meddai Dai.

'Reit,' meddwn i, 'hanner coron na ddaw hi ddim,' a sodro hanner coron ar y bwrdd. Rhoes Dai ac Id bob un ei hanner coron i lawr. Dangosai'r cloc ei bod yn bum munud i saith.

'Pum munud i fynd,' meddai Dai. 'Hanner coron arall?'

'Reit,' meddai Id a minnau a rhoddi ein hoffrwm ychwanegol ar y bwrdd.

'Saith o'r gloch,' meddwn i. 'Fi sy wedi ennill.' Ac estyn fy llaw i gasglu'r arian tra bo Id yn galw am rownd arall.

'Hannar munud,' meddai Dai. 'Rho siawns iddi hi. Dim ond pum munud arall.' A thaflodd hanner coron i'r citi. Fe ddilynodd hanner coron gan Id a minnau.

Gwagiwyd y gwydrau mewn dwys ddistawrwydd. 'Pryd mae'r trên nesa'n gadael?' gofynnais.

'Hidia befo dy drên,' meddai Dai. 'Yli pwy sy'n dŵad.'

A dacw'r ddrychiolaeth yn dyfod trwy'r drws ffrynt ac yn cerdded yn osgeiddig tuag atom. Ysgubodd Id yr hanner coronau oddi ar y bwrdd gan fwmian: *'There is no fun until I cum'*. Oedd, yr oedd Anna'n fwy prydferth na'r eneth ysgol y gwirionais i arni ers talwm. Yr oedd yn fwy aeddfed, ac nid oedd dim o'r hen swildod yn ei llygaid mawr duon a'i gwên agored. Ond roeddwn i'n llawn ffwdan a swildod, er holl rym y ddiod a gafwyd. Wedi'r cyflwyno ac ati ymunodd Anna yn y miri a buom yn sgwrsio am y peth yma a'r peth arall nes i'r gwas gweini ddod i ddweud bod y cinio'n barod. Bu ffarwelio llawen â Dai ac Id a'u gadael yn y gyfeddach a mynd i mewn i'r stafell ginio. Ordrais botel o win a bûm yn fawr fy nhendans ar Anna trwy gydol y cinio. Roedd hithau'n sgwrsio'n fywiog, yn sôn am ei theulu ac am ei mab oedd yn yr ysgol ac yn hwylio am y coleg. A pho fwyaf y sgwrsiai lleiaf yn y byd fedrwn i ffeindio i'w ddweud. Erbyn diwedd y cinio roedd delwedd yr eneth ysgol wedi llwyr ddiflannu a minnau'n dal i ofyn i mi f'hun i be gebyst y gofynnais iddi ddod i ginio. Er mor swynol a phrydferth a chymdeithasgar yr oedd, bu'n ollyngdod imi pan ddaeth yr adeg i'w danfon adref. Cyrraedd y tŷ a chael Tom yn eistedd wrth y tân yn ei slipars yn darllen. Ac wedi un diod ffarwel a sgwrs fach felys dychwelais i'r *Grand*. Yno roedd popeth fel y bedd. Roedd y bar wedi cau a chefais mai fi oedd yr unig un yn aros yno, ar wahân i'r rheolwr a'i wraig. Roedd tymor prysur y gwyliau drosodd.

Cymerais y lifft i'm hystafell ar y chweched llawr. Ar y bwrdd roedd y botel o whisgi'r oeddwn wedi gofalu ei hordro'n gynharach. Llenwais wydryn a thanio sigarét a dechrau pendympian. Gwydryn arall a sigarét arall. Yna cerddodd yr eneth ysgol fach dlos i mewn ac eistedd ar y gwely a gwenu arnaf. Yna cerddodd at y ffenestr agored a thaflu ei bag llyfrau ysgol drwyddi. Yna taflodd ei het a dangos tresi o wallt gloywddu yn fframio'r wyneb tlws. Wedyn dyma hi'n dechrau tynnu amdani a thaflu pob dilledyn trwy'r ffenestr nes ei bod yn sefyll yn noethlymun o'm blaen a'i llygaid duon yn gloywi'n groesawus aranaf. Codais yn ara deg a cherdded heibio'r gwely tuag ati. Ond cyn imi ei chyrraedd neidiodd ar sil y ffenestr a diflannu i'r nos. Dychwelais innau'n herciog i'r gadair a llenwi gwydryn arall. A thanio sigarét. A dechrau meddwl beth tybed a ddigwyddodd iddi. A oedd wedi syrthio o'r chweched llawr a chael ei lladd?

Deffro'n sydyn. Deffro a dychryn. Gorweddwn ar fy hyd yn y gwely. Gwely? Ie, gwely o haearn, heb glwt o ddilledyn arno. Dim ond haearn oer lle bu'r fatres. Y morthwylio yn fy mhen yn stopio am ennyd i roi cyfle imi agor fy llygaid. Edrych o'm cwmpas. Y parwydydd yn drwch o blu, fel pe bai dwsin o ieir wedi eu pluo a'r plu wedi eu gwasgaru dros y muriau. Edrych yn slei ar y bwrdd a'r botel wag. Yna codi'n boenus. Nid oeddwn wedi dadwisgo na hyd yn oed dynnu f'esgidiau. Cerdded yn araf at y ffenestr ac edrych allan. Roedd yn olau dydd, rywle tua chwech neu saith, mae'n rhaid. Syllu i lawr a gweld ar y lawnt werdd ymhell oddi tanaf sypyn gwyn. Corff Anna! Tybed? Nage. Matres wen fy ngwely. Beth yn y byd oedd wedi digwydd? Eistedd ar y gwely haearn a chwilio am sigarét yn fy mhoced. Roedd un ar ôl yn y paced. Ei thanio a myfyrio. Fesul tipyn gwawriodd peth o'r gwir poenus. Tân. Ond beth am y plu ar y parwydydd? A'r fatres ar y lawnt? A minnau ar y gwely haearn? Mentrais allan yn wyliadwrus i'r coridor. Agorodd drws yr ystafell nesaf a gwelais wyneb y rheolwr. A daeth yr esboniad cyflawn. Trwy ryw ryfedd Ragluniaeth roedd y rheolwr a'i wraig wedi symud o'u hystafell arferol y noswaith honno a dod i gysgu i'r ystafell nesaf i mi. Clywsant aroglau mwg a galw'r Frigad Dân. Ac fe'm tynnwyd allan dest mewn pryd. I dorri'r stori chwechufudd yn fyr costiodd gwely a brecwast a chwmni Anna i ginio ganpunt a hanner imi.

Ond pam trafferthu i adrodd y stori ddigri yma? Stori ddigri? Ie, stori wirion, stori boenus, stori â gwers ynddi hefyd. Soniais eisoes am fy mynych gais i ddychwelyd i Gymru. Ond dyma gais nid yn unig i ddod yn ôl ond i droi'r cloc yn ôl hefyd. Roedd yr awydd yma am droi'r cloc yn ôl wedi bod yn f'aflonyddu er dyddiau'r milwrio yn Aldershot, lle rhoddais fynegiant fel hyn iddo.

> Mawr siarad hogiau'r Brenin sy'n llenwi'r barics moel
> Alawon croch y Fyddin, straeon yn herio coel,
> Ond uwch tafodau llithrig Taffy a Paddy a Jock
> Mi glywaf dipian dieflig y di-ddweud-amser gloc.

O chwith y try ei fysedd, a chyflym fel y gwynt
Dros fwy nag ugain mlynedd i ddweud yr amser gynt,
Pan oeddwn ddewrach llencyn a'r siwt yn ffitio'n haws,
A dim ond Siôn a Siencyn yn dreiswyr ac yn draws.

Gwyn fyd a fyddai'r awron gael cipio parod ddryll
Ac arwain llanciau gwirion yn ddistaw bach i'r gwyll
i saethu'r gelyn cyfrwys a lechai yng nghoed y Nant
Cyn troi i hun a gorffwys o ludded chwarae plant.

Ond roedd yr hiraeth am chwarae plant erbyn hyn wedi troi'n obsesiwn a'r chwarae wedi troi'n chwerw.

Wedi amryw droeon gorffwyll fel noswaith y *Grand,* fe gyrhaeddodd y garwriaeth â'r botel ei brig un noswaith a pheri imi benderfynu bore drannoeth mai digon oedd digon. A ffwrdd â mi mewn tacsi i weld Glyn, cyfaill o seiciatrydd yn Ysbyty Hammersmith. Y drws nesaf bron i'r ysbyty gwelais dafarn. Neidiais o'r tacsi a mynd i mewn am un olaf wydryn, un blewyn o groen y ci a'm brathodd, cyn ceisio iachawdwriaeth Glyn. Ond er mawr syndod imi, geiriau cyntaf Glyn ar ôl imi ddweud fy nghwyn wrtho oedd: 'Dewch inni fynd am un llymaid bach'. Ac allan â ni i'r dafarn.

'Be gymerwch chi?' meddai'r seiciatrydd.

Hwrê! meddyliais, dyma ffordd hyfryd i gael gwaredigaeth. Ac wrth Glyn: 'Potel o *Guinness* os gwelwch yn dda'.

Wedi rhyw dair potel yr un, daeth Glyn at wreiddyn y mater. 'Ylwch,' meddai, 'mae eisiau gorffwys arnoch. Mae 'na gartref nyrsio yn ymyl lle gellwch aros nes byddwch yn teimlo'n llai blinedig. Mi ffoniaf Mati i ddweud eich bod yn aros hefo mi. Beth amdani?' Tawelwch am ennyd.

'Olreita,' meddwn i, 'os dyna ydy'r feddyginiaeth.' Diflannodd Glyn i ffonio, a gyda'i fod o wedi troi ei gefn, gelwais am botel arall a gwydriad mawr o whisgi. Yfais y ddau ar fy nhalcen. Pan ddaeth Glyn yn ei ôl dechreuais droi'n styfnig.

'Ylwch,' meddwn i, 'mi af i'r lle yma sy gynnoch chi ar un amod. Sef 'mod i'n cael mynd â photel o whisgi i mewn hefo mi.' Cydsyniodd Glyn yn llawen a galwodd am botel o whisgi. Cofiais innau am gwpled y byddai Dewi Morgan a minnau'n cael llawer o hwyl arno yn Aber ers talwm:

> Angyles yn fy ngwely
> A chwart o win a chau'r tŷ.

'Glyn!' meddwn, a'r llais yn dechrau tewychu erbyn hyn, 'mae 'na un amod arall.'

'Allan â fo.'

'Angyles yn fy ngwely.'

'Siŵr iawn. Siŵr iawn. Bant â ni. Tacsi!'

Wedi cyrraedd cartref y waredigaeth, arweiniwyd fi i'm hystafell a gosododd Glyn y botel ar y silff ben tân. 'Dyna chi, rŵan Yfwch chi faint fynnoch chi.' A diflannodd a'm gadael fy hunan yng nghwmni'r botel. Roedd yn bnawn drannoeth pan ddihunais mewn pryd i gael torri fy syched â the berwedig. Ynghyd a dwy belen gwsg i'm gyrru'n ôl i 'fro ddedwydd fy hen freuddwydion'.

Ac felly y bu am dridiau. Deffro a chysgu. Deffro a chysgu, gyda chymorth y pelenni cwsg. Y bedwaredd noson, nid oedd y pelenni cwsg ar gael. Pwysais y botwm i ganu'r gloch. Ond nid oedd neb yn ateb. 'Y nyrs gebyst yna wedi anghofio,' meddwn i wrthyf f'hun. Ond er mynych bwyso'r botwm, nid atebodd neb. A dyna gychwyn un o'r nosweithiau mwyaf uffernol a brofodd yr un o feibion Satan erioed.

Os trowch chi i'r Llyfr Gweddi Gyffredin fe gewch ynddo ddarllen y Cominasiwn 'neu gyhoeddiad digofaint a barnedigaethau Duw yn erbyn pechaduriaid'. Ac mae'r gwasanaeth yn dechrau hefo'r geiriau a ganlyn, yn cael eu dweud gan yr offeiriad:

> Y Brodyr — Yn y Brifeglwys gynt yr oedd disgyblaeth dduwiol, nid amgen na bod yn nechrau'r Garawys roi

cyfryw ddynion ag oeddynt bechaduriaid cyhoedd i benyd cyhoedd, a'u poeni yn y byd yma, modd y byddai eu heneidiau gadwedig yn nydd yr Arglwydd; ac fel y gallai eraill, wedi eu rhybuddio trwy eu hesiampl hwy, fod yn fwy ofnus i wneuthur ar gam.

Nid ydwyf yn cofio imi erioed glywed offeiriad yn cynnwys y Cominasiwn mewn gwasanaeth. Aeth uffern dân a brwmstan yr Eglwys Fore yn ffiloreg hen ffasiwn a chyhoeddi barnedigaethau Duw yn eiriau budron erbyn heddiw. Ond roedd yr hen bobol yn ei gwybod hi'n well na ni. Ac oherwydd i mi, y noswaith honno, brofi gwirionedd eu cred hwy, gallaf â sicrwydd un fu yn y ffwrn blygu pen yn wylaidd a gostyngedig gerbron offeiriad pan elo rhagddo i orchymyn dwedyd Amen ar ôl pob un o'r 'Ymadroddion cyffredin o felltithion Duw yn erbyn pechaduriaid anedifeiriol . . . fel, gwedi eich rhybuddio am fawr ddigllonder Duw yn erbyn pechaduriaid, y'ch cyffroer yn gynt i ddifrifol a gwir edifeirwch; ac y rhodioch yn fwy di-esgeulus y dyddiau enbyd hyn . . .' Efallai mai dyma lle dylwn roddi ychydig fanylion clinigol am yr uffern y bwriwyd fi iddi.

Wedi llwyr ddiffygio ar ôl ofer ganu'r gloch am y belen a roddai ddihangfa imi, syrthiais i gwsg naturiol. Ond prin bod fy llygaid ynghau na ddaeth y ddelwedd gyntaf ger eu bron. Pictiwr mawr sgwâr ydoedd, wedi ei baentio gan ryw feistr o arlunydd, portread arwrol o faes brwydr debyg i frwydr Waterloo, cyn dyfod na bomiau na thanciau nac awyrennau i amddifadu'r olygfa o'i harwriaeth. Syllwn innau, gysgadur, ar y llun â holl edmygedd ymwelydd ag un o orielau enwog y ddinas, gan ddyfalu tybed pwy oedd awdur y fath gampwaith. Yna, fel pe bai camera'n graddol glosio'r llun tuag ataf, daeth i gylch fy ngolygon holl ofnadwyaeth ei fanylion — cyrff drylliedig, wynebau hyll yng ngwewyr eu hingoedd olaf, meirch yn gorwedd yn eu gwaed, llygaid yn erfyn am ollyngdod neu drugaredd, a'r holl drybestod yn dod yn nes ac yn nes hyd at ei fod o fewn ychydig fodfeddi i'm hwyneb, a pheri agor fy llygaid mewn dychryn. Ceisio'u cau drachefn. Delwedd hyfryd arall. Y tro hwn, pictiwr o lendid a phrydferthwch y tu hwnt i bob dirnadaeth, nes dyfod pryf mawr asgellog o gongl y ffrâm i'w ddifwyno a'i halogi, a gorfodi'r llygaid i agor drachefn a chael dihangfa mewn deffro.

Aros drachefn nes i'r ofn a'r dychryn gilio a mentro'n ôl i dir cwsg a breuddwyd. Llun arall. Y tro hwn golygfa mewn cae gwair yn y wlad, a'r ffermwr a'i wraig yn cribinio'r cynhaeaf yn dawel a di-stŵr. Yn gefndir iddynt roedd hyfrydwch a thangnefedd mynyddoedd di-oedran a'u pennau wedi eu gorchuddio gan gymylau gwynion esmwyth a gwlanog. Y llun eto'n graddol ddynesu nes dangos wynebau'r gŵr a'r wraig wedi eu cordeddu a'u cam ystumio i hagrwch a mileindra y tu hwnt i ddirnadaeth dyn am ymgnawdoliad o ddrygioni. A'r ddau wyneb yn gorfodi'r amrannau i ildio ac agor y llygaid i yfed o falm prin y golau melyn bach yn lamp yr ystafell. Ac felly ymlaen, trwy gydol y nos, nes bod yr amrannau di-gwsg yn llosgi yn yr uffern dân, a chorff ac ymennydd yn llesg a lluddedig.

Trown at y Cominasiwn a'i felltithion drachefn. Dyma lais yr offeiriad: 'Peth ofnadwy yw syrthio yn nwylaw y Duw byw! Efe a wlawia ar yr annuwiolion faglau, tân a brwmstan, a phoethwynt ystormus; dyma ran eu phiol hwynt . . . Dydd yr Arglwydd a ddaw fel lleidr yn y nos; a phan ddywedant Tangnefedd a diogelwch; yna y mae dinistr disymwth yn dyfod ar eu gwarthaf, megis gwewyr esgor ar un a fo beichiog; ac ni ddihangant hwy ddim . . . Yna y galwant arnaf (medd yr Arglwydd) ond ni wrandawaf; yn fore y'm ceisiant ond ni'm cânt; a hynny oherwydd mai cas fu ganddynt wybodaeth, ac na ddewisasant ofn yr Arglwydd; ond casáu fy nghyngor a dirmygu fy ngherydd.'

Nid pethau hawdd i'w sgrifennu yw'r pethau hyn. Nid pethau difyr i'w darllen chwaith. Ond rhaid eu cofnodi oherwydd y rhyfeddod sydd ynddynt. Rhyfeddod y canfod bod barnedigaethau'r Arglwydd Dduw mor unffurf trwy'r canrifoedd, bod y rheolau'n ddigyfnewid ers dyddiau Adda, a bod gwobrau gwir a difrifol edifeirwch yr un heddiw ag oeddynt yn nyddiau awdur y Cominasiwn. 'Canys, er bod ein pechodau ni cyn goched â'r ysgarlad, hwy a ânt cyn wynned â'r eira; ac er eu bod fel y porffor, eto hwy fyddant cyn wynned â'r gwlân.'

Doedd dim angyles yn fy ngwely ond roedd angyles yn fy ngwylio bore trannoeth yr uffern dân. Hen wraig annwyl o nyrs oedd hi, yn fy nghymell i godi a cherdded hefo hi i'r bathrwm a'm rhoi i orwedd ar wastad fy nghefn yn y dŵr bendithiol. A phan droais ar f'ochor chwith a phlygu fy mhen, gafaelodd mewn cydyn o'm gwallt a'm codi gerfydd hwnnw. Am weddill yr amser y bûm yn y gwely cawn fy mwyd yn ei bryd a'r belen gwsg hithau yn ei phryd. A phan ddaeth y diwrnod imi ymadael, cerddais allan yn sicr fy ngham ac yn barod i wynebu'r byd eto. Ond er llymed y gosb a'r farnedigaeth, ni lwyddodd i'm cadw ar y llwybr cul yn hir.

Wedi profi y tu hwnt i bob amheuaeth fod patrwm y gyfraith ddwyfol, yn ei chosbau a'i gwobrau, yn aros yn ddigyfnewid trwy gydol hanes yr hil ddynol, gellid disgwyl y byddai'r un a'i profodd bellach yn barod i blygu i'r drefn. Ond nid oedd y patrwm eto'n gyflawn yn ei hanes. Trown eto at lais yr offeiriad yn y Cominasiwn am weddill y patrwm: 'Er pechu ohonom, eto y mae i ni Eiriolwr gyda'r Tad, Iesu Grist y cyfiawn, ac efe yw'r iawn dros ein pechodau ni . . . os nyni a gymerwn ei iau esmwyth ef, a'i faich ysgafn arnom, i'w ganlyn ef mewn gostyngeiddrwydd, dioddefgarwch a chariad perffaith, a bod ohonom yn drefnedig wrth lywodraeth ei Ysbryd Glân ef . . . Os hyn a wnawn, Crist a'n gwared ni oddi wrth felltith y gyfraith ac oddi wrth y felltith eithaf a ddisgyn ar y sawl a fyddant ar y llaw aswy; ac efe a'n gesyd ni ar ei ddeheulaw, ac a ddyry i ni wynfydedig fendith ei Dad.' Ond pa siawns oedd gan greadur fel fi i weld y patrwm yn ei gyflawnder? Onid oeddwn wedi canu mai plentyn o Hil y Felltith oeddwn i?

> Ei hafod yw Bryn Dioddefaint, a'i rhandir lle'i methrir dan draed,
> Yr hil sydd yn cerdded y ddaear a gwenwyn y Groes yn ei gwaed;
> Cynefin ei phlant a phob dolur, newynant lle porthir pum mil
> Ac wylant i gân eu telynau dan feichiau tragywydd yr hil.

Ond yr oedd i minnau Eiriolwr gyda'r Tad i gwpla'r patrwm. Roedd Mari'r ferch tua chwech oed pan gefais y rhybudd cyntaf ganddi. Roeddem ni'n deall ein gilydd i'r dim er y dyddiau hynny pan fyddwn yn mynd â hi am dro beunyddiol yn ei phram. Mi yn y llorpiau a hithau'n syllu'n edmygus o glydwch ei gobennydd a'i gwely gwlanog ar yr ystumiau a wnawn, ac yn ymladd yn ofer yn erbyn cwsg a'i meddiannai hi o sigl y pram. Dyma'r adeg y symbylodd fi i lurgunio'r Pader er ei mwyn mewn soned:

> Myfi yw Dy dad sydd yn y nefoedd f'Anwylyd,
> Sancteiddi fy enw, dygi fy nheyrnas im,
> Gwnei f'ewyllys o'th ymyl-daear iselfyd
> Megis y mae yn fy nef heb ymofyn dim.
> Rhof i Ti heddiw Dy lefrith-fara beunyddiol,
> I brofedigaeth ni'th arwain fy mydol nawdd,
> Gwaredaf Di rhag y drwg â'm gofal dwyfol
> Yn Dy chwerthin parod ac yn Dy ddagrau hawdd.
> Hyn oll a wnaf, fy Mechan fwyn, canys Eiddot
> Ti ydyw'r deyrnas, D'enedigaeth-fraint
> Pan ddelo'r dyddiau sy'n cyniwair Ynot
> I'w blwyddyn aeddfed ac i'w hoed a'u maint;
> Eiddot hefyd yr holl ogoniant a'r gallu
> A wybu'r taer freichiau hyn cyn dydd eu mallu.

Onid hon, bellach, oedd yr ymgnawdoliad o'r Dwyfol, yr un i eiriol ar fy rhan? Roedd wedi ei hanfon i'n daear yr un flwyddyn ag yr ymunais â staff y *Telegraph*, pan oeddwn yn dyfal chwilio yn y niwl am y ffordd yn ôl. Cofiaf, yn wir, am y pryder a gefais yn y dyddiau cyn ei geni. Cof da am y noswaith cyn ei geni, a'i mam wedi mynd i Ysbyty'r Santes Fair yn Paddington i gyflawni'r wyrth. Roeddwn wedi troi i mewn i'r *Press Club* yn oriau mân y bore ar ôl cwpla fy noson waith. Yno bu llawen wlychu pen yr un oedd ar ddyfod i'r byd. A thua tri o'r gloch y bore, mewn panig o bryder, cydiais yn y teliffon i gael gair â'r ysbyty. Ymhen y rhawg, daeth llais nyrs yn gofyn beth oedd fy neges. Ac â thafod tew rhoddais siars iddi i ofalu bod yr un oedd yng ngwewyr esgor yn cael llymaid o ddŵr, gan fy mod yn siŵr bod syched mawr arni hi. Surodd llais y nyrs wrth f'ateb. *'Don't you think it would be better,'* meddai, *'if you took some more water to quench your thirst?'* Ac er fy mhryder daeth yr oruchwyliaeth i ben yn llwyddiannus a bu rhagor o ddathlu. Yn wir, mor llawen oeddwn wrth groesawu'r trysor bach newydd a roddwyd inni fel na bu'n boen yn y byd imi dalu canpunt a hanner am y gwely yn y ward breifat ynghyd â chost ei chludo hi a'i mam gartref yn urddasol mewn *Rolls-Royce* wedi ei logi gennyf.

Wrth gwrs, pan syllai'r fechan mor edmygus arnaf o glydwch ei phram, nid oedd ganddi'r syniad lleiaf am wendidau'r tad oedd yn Dduw iddi y dyddiau hynny. Er, yn wir, y byddwn yn amau hynny weithiau, o weld ambell waith ryw holl-wybod yn ei threm, ac o gofio imi ei hystyried yn ddifrifol fel ymgnawdoliad o'r Dwyfol. Ond yr oedd, meddaf, yn fenws o lances chwemlwydd ysgafn-droed cyn rhoddi imi fy rhybudd cyntaf i unioni fy llwybr. Cerdded law-yn-llaw ar y palmant yr oeddym, ar ryw neges neu'i gilydd, a rhuo croch traffig y ffordd fawr yn ein hebrwng. Yn sydyn cododd ei braich nes bod ei llaw fach ar ochor fy wyneb.

'Peidiwch ag edrych rŵan, dadi,' meddai. 'Trowch eich wyneb at y clawdd.'

Gwnes innau yn ôl ei gair. Ond ni allwn wrthsefyll y demtasiwn i sbecian o gornel fy llygaid er gweld yr hyn na fynnai imi ei weld. Ac yn wir i chi, yr hyn a welais ydoedd un o danciau crwn lorri fawr *Guinness* yn taranu heibio ar ei holwynion. Oedd, roedd Mari'n gwybod y cwbl erbyn hyn.

Roedd yr ail rybudd a gefais ganddi'n fwy uniongyrchol. Bellach roedd ei chwemlwydd wedi tyfu i un ar ddeg a nerth ei braich a'i gwybodaeth wedi datblygu a chynyddu mewn grym. Un diwrnod, ar ôl cinio canol dydd, a hithau'n eistedd yn y gornel â'i thrwyn mewn Testament Groeg yn ymgodymu ag elfennau cyntaf yr iaith anodd honno, digwyddodd un o'r troeon anffodus hynny pan dorrodd ffrae, fel torri cwmwl, rhwng ei mam a minnau, ynghylch rhywbeth mor ddibwys nad oes gennyf gof yn y byd erbyn heddiw beth ydoedd. Ond mi gofiaf hyd y dydd heddiw, ac am lawer yfory, y rhan a gymerodd Mari yn setlo ein cweryl ffôl.

Pan oedd y teiffŵn bach yn ei anterth, a minnau wedi gollwng o'm genau, mewn ateb i dafodi gwyllt Mati, ryw lysnafedd mwy ffiaidd nag arfer, bu ymateb Mari yn gwbl annisgwyl. Hyrddiodd y Testament Groeg trwy'r awyr, a gan gystal ei hanelu, glaniodd fel clec taran ar ôl mellten, ar ochor fy mhen. Codais innau o'm cadair a cherdded yn syth allan, gyda hynny o urddas y gallwn ei grynhoi, a rhoi clep iawn ar y drws. Am yr hanner awr nesaf bûm yn rhodianna dros hen lwybrau fy mhererindodau hefo Mari pan oedd yn ei phram. A chefais amser i rwbio ochor fy mhen a myfyrio uwch rhyfeddod tyfiant babi bach o eiddilwch dwyflwydd i nerth athletic ac anelu sicr llances un ar ddeg. Pan ddychwelais i'r tŷ, wedi oeri fy nhraed a mhen, roedd pob arwydd o'r storm wedi diflannu. A thros yr aelwyd, fel haul ar dawelfor, yr oedd hindda chwerthin ac awel falmaidd tymherau da wedi ymlid allan bob gair croes. Roeddwn innau bellach wedi cael gwers nad anghofiwn yn fuan.

Ond roedd y creisis i ddyfod, ac yn ei sgil y trydydd a'r olaf rhybudd. Er pob baner goch a chwifiwyd ar draws fy llwybr, roeddwn yn parhau i fentro ar lechweddau'r mynydd o dân a brwmstan, i grwydro'n rhy agos i ymylon y dibyn a bwrw llaw neu droed yn herfeiddiol i fflamau'r pair. Y canlyniad anorfod fu cwymp truenus arall. Ac o gofio arfer y Brif Eglwys gynt (yn ôl y Cominasiwn) o 'roi cyfryw ddynion ag oeddynt bechaduriaid cyhoedd i benyd cyhoedd' teimlaf yn rhaid arnaf gyhoeddi trydydd rhybudd Mari. Roedd hi bellach yn dair ar ddeg. Ac wrth benderfynu ei gyhoeddi daw i'm cof gerdd arall gan fy hoff fardd — cerdd i Eneth Fach fu farw ers pymtheng mlynedd, yn dair ar ddeg oed, a hiraeth ei mam amdani:

> Ond cael ei chofio'n dair ar ddeg
> Ni chwennych ddim ychwaneg.

Mor ffodus y bûm i! Cael nid yn unig ei chofio'n dair ar ddeg ond cofio'r gymwynas fawr a wnaeth â mi â'i llawysgrifen ddestlus, anaeddfed, ac â'i diniweidrwydd nerthol ac ysgubol. Cael hefyd destun diolch a llawenydd wrth ei gwylio'n blaguro o flwyddyn i flwyddyn, yn cyflawni'r campau bach fu'n falchder cyson ei rhieni. A chael, yn ei hymarweddiad a'i hymlyniad greddfol wrth y gwerthoedd a ollyngodd Duw ei babandod o'i afael, ddysgu drachefn mewn gostyngeiddrwydd ddaionus ffyrdd y rhai pur o galon.

Dyma'r llythyr a adawodd ar fy nesg un noswaith, llythyr a erys yn fy nhrysorfa, yn un o'r creiriau gwerthfawrocaf a feddaf. Fe'i cyflwynaf yma yn yr iaith y rhoddwyd o imi:

> Dear Daddy, — I've seen you in many states, but never as bad as tonight. The only results of this can be your being run over or run in. Both nearly happened tonight. If only you knew the things you do when you are drunk — if you ever saw someone else do them, and say the things you say, you would be so utterly disgusted and embarassed *(sic)* that you would wish to disown that person and be hundreds of miles away from him and from the people he had insulted and embarrassed *(sic)*. That, I am sure, is how Mammy felt with you at the pub and bringing you home, and that is how I felt when we had to call Wendy up to help us lift you, a senseless dead weight, into bed. Wendy had never seen you like that before, and oh, I so hope that neither she nor anyone else will have to see that again. If this does not finish, you know what will happen. You have never got to drink again. — Mari.
>
> PS — You can be jolly grateful to Mammy for squaring the policemen tonight.

Aeth deuddeng mlynedd a mwy heibio, a'r wers wedi ei dysgu. Canys y mae i mi Eiriolwr gyda'r Tad.

15

Hen bethau. Hen bethau anghofiedig teulu dyn, chwedl fy hen gyfaill Waldo. Mae'r Hen Flwyddyn yn tynnu ei thraed ati, ac yn ei horiau olaf daw rhyw ysgafnder ysbryd i lonni 'mryd a pheri imi droi i chwilio am droeon heulog yr yrfa. Ac ni wn am le gwell i'w ddarganfod nag mewn amlen fawr sy gennyf yn cynnwys llwyth o snapiau a dynnwyd o dro i dro ac a fwriwyd o'r neilltu'n fwndel anhrefnus i'r amlen ac i angof y drôr. Bu'n fwriad gennyf lawer gwaith eu pastio ar un sgrîn fawr a'i gosod yng nghornel y stafell yma, lle cawn droi ati o dro i dro i ail-gymuno â hen gydnabod a dwyn yn ôl rai o oriau hafaidd a thangnefeddus y ddyrys daith. Er na ddaeth y sgrîn i fod, fe'u caf yma heno, un ar ôl un, yn dyfod i siarad hefo mi. Rhyfedd nad oes un o'r lluniau yma'n dangos tywydd garw glaw a gwynt. Haul ac awyr las a chymylau gwyn sydd ym mhob un ohonynt. Ni fynnodd y camerâu weld y gwynt erioed na rhoi ar gof a chadw hen stormydd ac ofnau. Ond mae ias hiraeth ymhob un.

Dyma'u tynnu allan o'r amlen heb drefn na dosbarth. Y cyntaf i ddod allan oedd grŵp o dri, Idwal Jones y Cerddi Digri, Sam Jones y BBC a minnau yn Eisteddfod Lerpwl 1929. Idwal wedi rhoi fy het i ar ei ben a honno'n rhy fawr iddo. Ei chwerthin wedi goroesi'r galar am ei farw cynnar . . . John Eilian a minnau, rywdro yn y tridegau, yng nghymdogaeth swyddfa'r *Cymro* neu Hughes a'i Fab, yn edrych fel dau gudd-swyddog . . . Dyma un ohonof fi, yn eisteddian yn hirgoes ar gadair gynfas ar y Prom yn Aber, yn felyn gan haul ac yn hepian uwch llyfr agored ar fy nglin. Nofel? Nage. Cyfrol o destun Anglo-Saxon. Wedi fy rhyddhau o'm gwaith yng Nghaerdydd am dri mis i swotio ar gyfer yr arholiad terfynol am fy ngradd . . . Un arall ohonof yn sefyll fel ceiliog balch wrth fonet caboledig un o'r cenedlaethau o geir modur fu gennyf. Ym mhle'r oedd hwn tybed? O ie, ar y ffordd yn ymyl Donnington, Sir Amwythig, lle bûm yn bwrw fy mhrentisiaeth filwrol. Bûm yn martsio'n chwŷs ac yn lludded ar y ffordd hon ac mi dyngais y down yma i swancio'n ôl a blaen arni pan ddôi'r Heddwch. A gwireddu'r llw hwnnw yr oeddwn yn y llun . . . Pob snap yn adrodd ei stori anghofiedig . . . Mari, yn ddwyflwydd oed, mewn bicini am y tro cyntaf ar y traeth ym Mhorthcawl. Gallaf glywed ei gwich o lawenydd y funud yma . . . Mari, yn dair oed, yn sefyll fel blodeuyn mawr, neu fel rhyw Alice fach, ynghanol un o erddi Kew, a'r dyrfa o flodau o'i chwmpas yn plygu eu pennau iddi . . . Mari eto, o flaen y tŷ, mewn gwisg Gymreig a chlamp o genhinen anferth yn ei chôl . . . Mari eto, yn sefyll ynghanol cylch o wrandawyr ac yn canu unawd iddynt, ar faes Eisteddfod y Rhyl ym 1953 . . . Gallwn fynd ymlaen am dudalennau lawer. Ond dyna ddigon i fentro i'r Flwyddyn Newydd.

Bellach rhaid edrych ymlaen yn ffyddiog a gobeithiol. Un o gymylau'r gorffennol marw yw'r trais a wneuthum ar gof a meddwl yr eneth fach dair ar ddeg a gyfrifwn fel y trysor pennaf a feddwn. Mae beiau llai, allan o ddeg canmil, yn codi eu pennau i'm cyhuddo. Ond trwy hongian o'm blaen y bai mwyaf hwn y gwelaf yr unig lwybr a all f 'arwain i wir a diogel waredigaeth. Bu cwmwl arall yn hongian yn awyr Hen Flwyddyn, ond roedd hwnnw hefyd bellach wedi troi'n gwmwl gwyn.

Nid yn fuan yr anghofiaf fis Ionawr 1967. Dwedodd Mati un bore nad oedd yn teimlo'n dda. Aethpwyd â hi'n syth i gael archwiliad a phenderfynwyd fod yn rhaid cael triniaeth ar frys. Bore Llun oer a glawog. Mari a minnau'n eistedd wrth y teliffon yn disgwyl dedfryd y llawfeddyg. Canodd y gloch a neidiais innau am y ffôn. Llais y meddyg yn dweud i'r driniaeth fod yn llwyddiannus. Ni byddai Mati wedi dod ati ei hun yn ddigon da imi ei gweld hyd y pnawn. Euthum hefo Mari ar y trên i Rydychen. Roedd ganddi ddarlith yn y Coleg am ddau, a gadawodd fi yn ei hystafell uwch cwpanaid o de. Pan ddaeth yn ôl o'i darlith aethom am dro at lan Afon Isis ac yna daeth i'm danfon i'r stesion. Safai'n warsyth ar y platfform yn gwenu'n ddewr arnaf fel y cychwynnai'r trên. Bu ei gwên yn gymorth ac yn galondid imi ar y daith ddigalon adref ac i'r ysbyty. Clywais yn ddiweddarach iddi, ar ôl mynd yn ôl i'r coleg, dorri i lawr yn ystafell un o'i ffrindiau. Wedi cyrraedd yr ysbyty edrychais i mewn i ystafell Mati trwy'r ffenestr fach gron yn y drws. Roedd wedi syrthio i gwsg ar ôl y deffro cyntaf. Gwibiodd i'm meddwl ddarlun o golomen ag iddi asgell friw y bûm yn ceisio'i hymgeleddu unwaith.

Heddiw, ar drothwy Blwyddyn Newydd, a'r hen gwmwl du wedi troi'n wyn ers tro, byddaf yn myfyrio a rhyfeddu at f'ymateb llwfr a dagreuol. Beth oedd i gyfrif amdano? Ai'r hen wendid cysefin? Cawsem flynyddoedd o gydfyw heb gysgod yr un gwaeledd. Efallai mai newydd-deb y profiad oedd yn ei chwyddo'n fwy na'i faint. Pan fyddai cloch y teliffon yn canu a rhyw ffrindiau'n holi amdani byddwn ar fy ngwaethaf glân yn torri i lawr wrth siarad â hwy. Cofiais am y crïo a gofnodais yn fy nofel *Un Nos Ola Leuad* wedi i'r bachgen ddanfon ei fam i'r Seilam. 'Crïo'r un fath â taflyd i fyny . . . Crïo'r un fath â tasa'r byd ar ben . . . Mi faswn i'n leicio medru crïo fel yna unwaith eto hefyd.' A dyma fi, yn holl aeddfedrwydd un dros ei drigain oed, yn crïo bron yr un fath ag y gwnes i pan yn ddeunaw. Beth oedd y swmbwl yn y cnawd? Nid dolur, na gofid na galar. Na, nid oedd ond un ateb. Euogrwydd. Rhyw bigyn yng nghraidd y gydwybod yn f'atgofio am y pryder mynych a roddais iddi ac yn haeru iddo gyfrannu tuag at ei gwaeledd.

Ac yma, rhwng cromfachau megis, efallai y goddefir imi ddweud gair pellach am y crïo yna. O edrych yn ôl ar fy nhipyn gwaith llenyddol, yn farddoniaeth ac yn rhyddiaith, gallaf glywed ei sŵn ymhob dim a ystyriaf o unrhyw bwys. Fy unig gymhelliad, gallwn feddwl, fu cael cyfle i ddweud fy nghŵyn wrth fy nghyfoedion, a pho fwyaf y gynulleidfa, uchaf a chrochaf fyddai fy llefain. A chefais destun wrth fodd fy nghalon pan yn dethol y darnau o farddoniaeth y mynnwn iddynt fod ar gof a chadw, — 'Llef un yn llefain'. Wel, bu gwaeth cymhelliad lawer tro, greda i.

Ond os bûm i'n llwfr a dagreuol dan y cwmwl, nid felly Mati. Pan yn orweiddiog yn yr ysbyty roedd ei hystafell yn gyforiog o flodau —

yn wir, bron fel tŷ gwydr rhyw arddwr gorawenus — arwyddion o ddymuniadau da ei lliaws cyfeillion. A phan droes ar wella, roedd yr ystafell yn llawn bob dydd o gyfeillion yn dod i ddymuno'n dda ac i hel straeon. Ac roeddwn innau'n llawn ffwdan yn rhutho'n ôl a blaen rhwng cartref ac offis ac ysbyty bob oriau o'r dydd a'r nos, a chael dwy ddamwain hefo'r car. Oes, mae dros chwe blynedd er y dyddiau gofidus hynny ac ni bu neb dewrach yn wynebu'r byd a'i bethau. A ddioddefws a orfu. Byddaf yn edrych arni yn ei hwyliau ac yn synnu weithiau na ddaeth un gair o gŵyn o'i genau hyd y dydd heddiw. A byddaf yn cenfigennu wrthi am ei dewrder. Hyn yn wir a gyfrif fy mod yn gallu dweud, ar ddechrau blwyddyn arall, na bu dwthwn fel y dwthwn hwn yn y cylch teuluol.

Gan imi gyfeirio at y cylch teuluol a'r blynyddoedd hir a dedwydd y buom yn eu mwynhau heb unrhyw waeledd o bwys, rhaid imi grybwyll yr unig dro, ar ôl ei geni, y bu'n rhaid mynd â Mari i'r ysbyty. Tua saith mlwydd oed ydoedd ac yn y gaeaf, cyn ei danfon i'r ysgol, caffai bob bore ddogn o *cod liver oil* fel arf yn erbyn afiechydon plant bach. Un bore, safai yn y gegin wedi ymwisgo, a'i bag ar ei hysgwydd, pan gofiodd ei mam, ar y funud olaf, am y dogn boreol. Brysiodd i'r cwpwrdd a thynnu allan botel a thywallt llond llwy o'r olew. Safai'r fechan, yn ufudd a disgwylgar, â'i cheg yn llydan agored i dderbyn y llwy. Llyncodd y cynnwys a gwelais ei thrwyn smwt yn crychu a'i llygaid yn dechrau troi yn ei phen mewn syndod ac amheuaeth. Digwyddais innau edrych ar y botel ar y bwrdd. 'Ddynas annwyl!' gwaeddais ar ei mam. 'Be gebyst ydy hwn?' Syllodd y rhieni mewn braw ar y botel. Roedd Mari druan wedi llyncu llond llwy fwrdd o *Efficient Carpet Cleaner*. Heb ddweud gair, cydiais ym Mari fach a rhedeg â hi dan fy nghesail i'r ysbyty oedd, drwy Ragluniaeth, ar gornel ein stryd. Yno, mawr fu ein gollyngdod o ddeall, wedi dadansoddi cynnwys y botel, nad oedd yn ddim mwy niweidiol na dŵr a sebon.

Cyn dyfod at y Penteulu, mae un aelod arall o'r cylch yn haeddu gair neu ddau yma, sef Ben y Pwdl. Ymunodd â'r cylch pan nad oedd ond ychydig fisoedd o oedran. Mae'n gi o frîd, a'i linach y tu hwnt i amheuaeth. Roedd rhyw wraig â chanddi fwy o arian na sens wedi talu pymtheg punt amdano mewn siop gŵn bach ond pan adawyd ef ar ei ben ei hun yn fflat ei berchennog fe wnaeth gymaint o sŵn yn crïo — yr hen grïo 'na eto! — nes ennyn llid a chynddaredd cymdogion, ac fe'i dychwelwyd drannoeth yn ddiseremoni i'r siop. Gofynnwyd i ni gymryd gofal ohono i fwrw'r Sul a bu mor boblogaidd fel na feiddiai neb sôn am ei ddychwelyd i'r siop. Ei enw gwreiddiol oedd Orlando, ond ni hoffai neb o'r cylch mo'r enw. Ac wedi llawer cynnig fe benderfynwyd, wedi deall mai deuddegfed plentyn ei fam ydoedd, ei fedyddio'n Benjamin.

Bellach, bu Ben yn aelod selog a ffyddlon o'r cylch ers pymtheng mlynedd ac mae ei chwyrnu wedi troi'n chwyrnu cysgadur ar y mat o flaen y tân. Ond fe'n dilynodd i bobman trwy ddŵr a thrwy dân. Doedd wiw inni ei adael gartref na beiddio awgrymu ei adael mewn cartref dros dro. Bu fwy nag unwaith yn broblem anodd pan aem i aros mewn gwesty am bryd o fwyd a chael yn ein wynebu y rhybudd 'Dim Dog'. Aml i dro y cuddiwyd o dan y bwrdd tra buom yn bwyta. Dro arall bu'n destun cweryl hallt rhyngom â pherchennog y gwesty. Ac yn amlach na pheidio enillodd ei ffordd i galon gwestywyr a gwŷr a merched gweini.

Bu hefyd yn Eisteddfodwr selog. Go brin bod mwy nag un neu ddwy Brifwyl yn ystod pymtheng mlynedd ei oedran na welwyd Ben yn dilyn ei feistres yma ac acw'n ffyddlon hyd y Maes, a'i bedair coes flewog weithiau bron â diffygio dano gan gymaint y cerdded. Bu hefyd yn un o berfformwyr sedd flaen yn nosweithiau llawen Plaid Cymru, yn cyfarth ei Dorïaeth ar berfformwyr y llwyfan. Ond yn y Pafiliwn, pan gaffai fynd i mewn i wylio seremonïau'r Coroni a'r Cadeirio, neu i wrando ar un o gyngherddau'r hwyr, byddai mor llonydd ac astud â'r un gwrandawr yn y dorf. Unwaith yn unig y cofiaf iddo godi cywilydd arnom. Roedd y Penteulu wedi ei wahodd i lywyddu mewn Eisteddfod Leol ac eisteddai'n urddasol ar y llwyfan yn torheulo yn edmygedd y gynulleidfa, tra'r eisteddai Ben gyda gweddill y teulu yn un o'r seddau canol. Pan ddaethom at seremoni cadeirio'r Bardd, canwyd y Corn Gwlad a safodd y Bardd ar ei draed. Anfonwyd dau o feirdd y llwyfan i'w hebrwng i fyny o'i sedd. Ac i gyfeiliant Cainc y Concwerwr cychwynnodd y Bardd tuag at ei wobr. Pan oedd yn martsio heibio seddau'r teulu neidiodd Ben allan gyda chyfarthiad gwyllt a chydio yn nhrowsus y Bardd.

Ac yn awr daeth yn bryd dychwelyd at y Penteulu, a bwrw trem yn ôl ar ei hynt trwy'r Hen Flwyddyn. Dyma'r flwyddyn y penderfynais ymollwng o waith 'mynd a dŵad' beunyddiol y swyddfa, i geisio cael mwy o ryddid i ymhel â'r pethau oedd agosaf at fy nghalon, y garreg filltir nesaf yn y bererindod yn ôl at y gwreiddiau. A thua'r un adeg, fel pe i roddi rhybudd arall imi nad oedd y ffordd yn ôl mor rhwydd ag y tybiwn, daeth anhwylder a'm cadwodd gartref.

'Gwell ichi fynd i weld Ifor,' meddai Mati a Mari wrthyf ar ôl fy nghlywed yn tagu a phesychu yn ystod darlith. Roedd ein cyfaill Ifor, arbenigwr o fri ar anhwylderau gyddfol, yn ei hwyliau gorau pan aethom i'w weld. Roedd â'i fryd ar riteirio ac yr oedd wedi prynu fferm helaethwych ar Ynys Manaw. Disgrifiodd fel y bu, yr wythnos gynt, yn dreifio tractor ar y fferm. Ac yna rhoes fwgwd am ei ben ac edrych i lawr fy ngwddw.

'Mae 'na rywbeth yna,' meddai, 'a bydd yn rhaid ei gael allan. Does dim brys. Dim ond triniaeth fach ddigon syml. Ni chymer fwy na munud neu ddau. Bydd popeth yn iawn wedyn. Does dim rhaid ichi bryderu.'

Ac meddwn innau ar y ffordd adref wrth Mati: 'Wel, dwn i ddim, yn wir. Mae o'n brolio'n arw am ei fedr i ddreifio tractor. Tybed a ddylwn i adael i ddreifar tractor fynd i lawr fy ngwddw i?'

'Twt, twt, peidiwch â lolian,' ebe Mati. Ac wedi cryn dipyn o oedi fe wnaed trefniadau imi fynd i'r ysbyty am y driniaeth. A chysur oedd clywed Ifor yn dweud, pan ddaeth i'm gweld, y byddai popeth yn iawn bellach. Roedd y geiriosen allan.

Gan fod Ifor yn ei throi hi am Ynys Manaw, trosglwyddwyd fi i ofal Geraint a Garfield, dau Gymro arall, a dau feddyg arall o fri hefyd. Ond Mari oedd yn maldodi mwyaf arnaf ac yn cadw llygad craff ar bob goruchwyliaeth. Mynnodd hi gael ymchwiliad mwy manwl ar y geiriosen. Y canlyniad fu i Geraint gymeradwyo tipyn o driniaeth ychwanegol.

'Ein henw ni ar y driniaeth yw "prophylactic",' meddai. 'Wyddoch chi beth yw ystyr y gair? '

'Meddyginiaeth ataliol,' meddai Mati, fel geneth fach yn ateb ei *Rhodd Mam* yn y capel.

'Reit,' ebe Geraint, a threfnodd inni fynd i weld Garfield. Aethom ninnau am gwpanaid o de a churo yn nrws Garfield ymhen ryw hanner awr. Danfonwyd ni i mewn i stafell hyfryd, fel y gweddai i feddyg llwyddiannus yn Harley Street. Derbyniwyd ni gan wraig fwyn a siaradus. Dangosodd inni stafell fewnol lle byddai Garfield yn dod atom ymhen ychydig funudau.

Edrychodd Mati i mewn trwy'r drws a chefais fy synnu, fel y synnodd fi ganwaith, gan ei chof ffotograffig.

'Wel, wel,' meddai, 'Rydw i'n cofio'r stafell yma'n dda. Yma y byddwn i'n dod i weld Leslie Williams pan oeddwn i'n cario Mari.'

'Rydach chi'n eitha iawn,' meddai'r wraig fwyn. 'Yma y byddai yntau'n derbyn ei gleifion. Druan ohono. Roedd ei gleifion yn meddwl y byd ohono. Bu farw o fewn ychydig iawn o amser ar ôl riteirio.' (Hym! Nid oedd fy nghof innau mor ddrwg chwaith. Cofiaf yn dda am y botel o'r whisgi gorau anfonais iddo fel ernes o'm diolchgarwch am iddo ddwyn Mari i'r byd yn ddianaf.)

Yna daeth Garfield i mewn. Cymerais ato a'i acen Gymreig ar unwaith. Roedd iddo'r olwg fachgennaidd fwyn a enillai ymddiriedaeth claf. Wedi ein cyflwyno ein hunain dyma droi at y mater dan sylw.

GARFIELD: Ynglŷn â'r driniaeth yma. Ga i egluro bod dau fath o'r tyfiant yma. Un ag iddo fôn llydan fel hyn (a thynnodd lun ohono ar bapur) a'r llall â chainc gul iddo fel hyn (llun arall). Un â'r gainc gul oedd eich un chi ac fe'i plyciwyd allan yn lân gan Ifor. Ond mae tipyn bach o'r gainc ar ôl a bydd yn rhaid ffrio hwnnw.

LLAIS BACH (wrth fy ngwegil): Ond fe ddwedodd Ifor wrthyt ei fod wedi ei soldro. Ac mae hwn am ei ffrio.

CARADOG: Am ba hyd y pery'r driniaeth?

GARFIELD: Ryw chwech wythnos, ac mae'n rhaid iddi fod yn ddi-dor. Byddwch yn teimlo dipyn yn flinedig, ac efallai y bydd yn dipyn o dreth arnoch at y diwedd. Os bydd, trefnwn ichi gael gwely a chysgu i mewn.

CARADOG: Ym mhle caf fi'r driniaeth?

GARFIELD: Pe blynnag y mynnoch. Byddai'n bleser gennyf gadw golwg arnoch yn y *Middlesex.*

MATI: Ie, *Middlesex* fyddai orau. Mae mor hwylus inni o'r tŷ acw.

GARFIELD: Iawn. Dewch inni gael golwg arnoch chi 'te . . .

CARADOG: Rwyf wedi trefnu i fynd i lawr i Gymru dydd Llun. Pryd hoffech chi imi ddechrau ar y driniaeth?

GARFIELD: Mor fuan ag y gellwch.

CARADOG: Byddaf yn ôl dydd Mercher.

GARFIELD: Fe wna hynny'r tro.

CARADOG: Ga i smocio?

GARFIELD: Byddai'n well gennyf pe baech yn torri i lawr dipyn arni.

'Dewch inni fynd am bryd iawn o fwyd,' ebe Mati ar ôl inni fynd allan. Ac aethom, yn ddigon llon ein bryd, i gael clamp o ginio yn nhŷ bwyta Harry Morgan yn Stryd Fawr, St Johns Wood. Roedd y lle'n llawn o bobl yn ciniawa'n llawen ac fe gawsom ninnau ymgolli yn awyrgylch llon y lle.

DYDD SADWRN, MAI 27

Daeth Mari a'i chariad Humphrey i fyny o Rydychen. Mae'r ddau'n cydweithio ar Orsaf Radio Lleol y BBC yno. Dyma'r bachgen llonnaf a bywiocaf o'r rhai a welsom yn ei chwmni hyd yma. Nid yw mor drwsiadus a hardd ei bryd â'r ffefryn a'i blaenorodd. Ond mae mwy o sbonc ynddo ac mae'n amryddawn hefyd. Roedd Mari wedi bwcio seddau inni ein pedwar yn y *Mermaid Theatre* i weld *Journey's End*, drama fawr R C Sherriff. Roeddwn wedi ei gweld flynyddoedd yn ôl pan gafodd yrfa hir a llwyddiannus ar lwyfannau'r West End yn y dyddiau rhwng y ddau Ryfel. Roedd yr atgyfodiad hwn, er bod iddo ambell drawiad hen-ffasiwn, yn dal i roddi ysgytiad i ddyn yn y portread byw a roddai o fywyd yr hogiau yn ffosydd y Rhyfel Cyntaf. Mari a'i chariad yn fwyn iawn wrth 'y claf' ac yn maldodi llawer arno.

DYDD SUL, MAI 28

Troi'n ôl i Rydychen ar ôl brecwast, ein pedwar, yn y *Super Snipe* a Mari wrth y llyw. Dyma'r siwrnai hir gyntaf iddi ar ôl pasio'i phrawf i gael dreifio. Wedi peth pryder ac amheuaeth deuthum i synnu at ei dreifio medrus a gofalus, a setlo i lawr yn y sedd ôl hefo Mati a'm hymddiried yn ein dreifar yn gwbl anfeirniadol. Gwrthodai wrando ar unrhyw lol fel aros i gael tamaid neu lymaid ar y ffordd a chyraeddasom Rydychen i'r funud a blaniwyd. Un dda am gadw amser yw ein dreifar newydd, fel y gweddai i un yn gweithio mewn gorsaf radio. Dyma goron ar yr holl deithiau hyfryd a gawsom i Rydychen i edrych amdani pan oedd yn y Coleg.

Cawsom groeso rheiol yn y fflat gan Humphrey, a phryd blasus o fwyd wedi ei goginio ganddo ef a Mari tra buom yn cael golwg ar yr ardd flodeuog a ffrwythlon yng nghefn y tŷ. Gadawsom y car hefo Mari yn Rhydychen, i'w roddi mewn garaits i'w diwnio, gan fod y garaits, medda nhw, yn rhoi gwasanaeth da a gonest. Cawsom syndod pleserus o weld mor lanwaith a threfnus yr oedd y fflat, ac ansawdd uchel y llyfrau ar y silffoedd a'r lluniau ar y parwydydd. A dychwelsom yn y trên, rieni balch, wedi ein plesio'n fawr gan yr hyn a welsom.

Darllen yn y papur Sul deyrnged nodedig i'r bardd Cecil Day-Lewis, *Poet Laureate* y Sais, gan Kingsley Amis wedi ei farwolaeth yng nghartref Amis: 'Rhoddodd inni oll, ni yn y teulu a'r lliaws cyfeillion a ddeuai i edrych amdano, wers nad anghofir ar sut i farw. Ni all neb ddweud i sicrwydd i ba raddau yr oedd yn ymwybodol o'r hyn oedd mewn stôr iddo. Gwyddai fod y clefyd siwgwr arno; yn groes i'r hyn a adroddwyd, ni ddywedwyd wrtho fod y canser arno; ac ni chrybwyllodd unwaith am ei farwolaeth.' Onid yw'r wers yn un hen iawn? Oni chlywsom ninnau amdani pan yn blant yn yr Ysgol Sul?

> Dyma Feibil f'annwyl Iesu,
>   Dyma rodd deheulaw Duw,
> Dengys hwn y ffordd i farw,
>   Dengys hwn y ffordd i fyw.

Dydd Llun, Mai 29

Mynd i Fethesda yn y trên. Elis Aethwy yn fy nghyfarfod hefo'i gar yn Stesion Bangor. Mae Elis wedi cael lloches dros dro yn ein tŷ ni, Bryn Awel, Llanllechid, a gefais ar rent gan Eglwys Peniel. 'Lloches yn Llanllechid,' chwedl yntau. Troesom i mewn i'r Castle am goffi ac yna i fyny i'r Gerlan a Bro Dawel, cartref Gwladys. Tanllwyth o dân a chroeso. Aethom draw i Lanllechid a chael Bryn Awel yn edrych yn gymen wedi ei garpedu a'i ddodrefnu, ond heb fod eto'n hollol barod. Roeddwn wedi arfaethu symud yma'n gyfan gwbl ac ymsefydlu yn yr hen fro. Ond gall y meddygon yna yn Llundain ddrysu ein cynlluniau. Beth bynnag, rwy'n gobeithio cael treulio llawer o'm hamser yma, gan fy mod yn teimlo rhyw rin iachusol yn awyr yr hen ardal ac yn cynhesu yng nghroeso a chymdeithasgarwch ei phobol. Fy mhobol i! Rhaid cael trin yr ardd hefyd. Wedi cael tipyn o drefn arni edrychaf ymlaen at lawer awr hyfryd ynddi. Mynd yn ôl i Bro Dawel a chael gwely am y nos yno.

Daeth Gwladys a chwpanaid o de imi am hanner awr wedi wyth. Y glaw a'r cesair yn curo'n drystiog ar y ffenestr. Euthum i lawr tua deg a chael Gwladys a chymdoges yn hel straeon o flaen tanllwyth siriol o dân. Yna galwodd gwraig Ned John a chefais hwyl fawr yn gwrando ar eu straeon. Roeddwn wedi smocio fy sigarét olaf cyn i'r straeon ddarfod, a mynnodd gwraig Ned John, er fy holl brotestio, fynd i lawr trwy'r gwynt a'r glaw i siop Tomos Wiliam yn Long Street i nôl paced imi.

Yn brydlon am hanner awr wedi dau cyrhaeddodd Elis yn ei gar, wedi bod yn aros hefo ffrindiau yn Nhregarth. Roeddwn yn cael lifft yn ôl i Lundain ganddo. Tawelodd y gwynt a'r glaw a bu ffarwelio diolchgar â Gwladys, ond nid cyn iddi fynnu cael rhoi hanner dwsin o wyau yr un inni, gyda fflasg o goffi a theisennau i'w bwyta ar y ffordd. Cymar teithio difyr yw Elis. Mae ganddo'r ddawn i fedru gyrru'n gyflym a sgwrsio'n ddiddorol yr un pryd. Pan oeddym yn nesu at Gastell y Waun: 'Gwyliwch am ffos y Castell,' meddai, 'i weld oes yna gywion elyrch yna. Mae nhw yna tua'r adeg yma bob blwyddyn.' Ac yn wir i chi, dyna lle'r oedden nhw, bump ohonynt. Cawsom hindda ar hyd y daith, a chyrraedd y Tŷ Gwyn yn Llundain yn brydlon am ddeg o'r gloch. Da oedd cael bod yn ôl eto yng nghwmni siriol Mati a Ben y ci bach.

16

Yn cyfrif fy nyddiau bob un dau tri a phedwar
A dwys, ddidosturi dôn i'w dafodau lledwar.

Dyna fel y cenais am yr hen swynwr oedd yn cymell ei ysglyfaeth i
hunan-ddistryw yn fy mhryddest 'Terfysgoedd Daear' ers talwm.
Tybed mai'r hen swynwr fu'n fy nghymell i gadw dyddiadur mor
llawn o'r dyddiau yma? Ond chei di monof fi ar chwarae bach, yr hen
law. Llithrodd Mai i Fehefin, a dyma hi'n ddydd Llun, y pumed o'r
mis, a diwrnod cyntaf y driniaeth. Cymerais y Tiwb i Oxford Circus
ac yna cerdded y palmentydd poblog i Nassau Street lle'r oedd y porth
i'm hadran i o Ysbyty Middlesex. Wedi dangos fy nhocyn i'r ferch
siriol, lygatddu wrth y ddesg anfonwyd fi yn y lifft i'r trydydd llawr,
ac mewn ystafell yno cefais fy archwiliad cyntaf gan ŵr ifanc ag iddo
wyneb main, llym a llwyd, ond nid angharedig. Rhoes yntau nodyn
imi a'm hanfon i'r adran batholegol yn Union Street, y tu ôl i'r ysbyty.
Yno'r oedd amryw ddoctoriaid yn eu cotiau gwynion yn gweithio fel
gwyddonwyr mewn labordy.

'Ga i eich helpu?' gofynnodd un bachgen rhadlon, a rhoddais yr amlen
yn cynnwys y nodyn iddo. 'Draw fan acw,' meddai.

Daeth fampir oleubryd ataf ag offer sugno gwaed yn ei llaw. Treiodd
y nodwydd ym mhlyg fy mraich. 'Dim iws,' meddai, a rhoi'r nodwydd
yng nghefn fy llaw chwith. Ac fe ddechreuodd y syring sugno.
Gwelais fy ngwaed coch tywyll yn hanner llenwi'r tiwb gwydr.

Roedd dau o'r cotiau gwynion yn trafod eu gwyliau. 'Rwyf fi'n mynd
i Ogledd Cymru yfory,' ebe'r naill mewn Saesneg llawen. 'Pob hwyl
iti,' ebe'r llall yn yr un iaith.

'Gobeithio y deil y tywydd yn braf iti.' Cerddais allan â rhyw ddwy
owns o waed yn llai yn fy ngwythi.

DYDD MAWRTH, MEHEFIN 6

Dechrau'r driniaeth o ddifrif heddiw, i lawr yn stafell danddaearol yr ysbyty. Grisiau carreg. Ystafell yn llawn o bobl dawedog a thrist yr olwg, wedi tynnu eu dillad isaf ac yn gwisgo crysau cras fel pe baent garcharorion. Rhai'n darllen, eraill yn hepian, i ddisgwyl eu twrn. Sŵn peiriant, fel udo rhyw fwystfil mewn fforest yn dod o ben draw'r adran dan-ddaear yma. Pan ddaeth fy nhro innau croesawyd fi i'w ffau gan ddwy nyrs ifanc brydweddol. Rhoddwyd fi i orwedd ar wastad fy nghefn a chlywais ru'r bwystfil. Y peiriant oedd yn symud y bwrdd i'w le oedd y bwystfil. Uwch fy mhen safai bwystfil o beiriant arall ag iddo un llygad coch. Rhoddwyd selotep am fy nhalcen i gadw y pen rhag symud. Croesais fy nwy goes i ddangos fy mod yn hollol gyfforddus. 'Peidiwch â chroesi'ch coesau,' ebe llais llym y nyrs.

Yna tywyll, golau, tywyll, golau a ffwrdd â'r ddwy nyrs trwy'r drws gan fy ngadael i drugaredd y bwystfil a'i un llygad coch. Roedd hwnnw'n anelu ei belydr at fan a farciwyd â phensel ddu ar fy ngwddw. Draw, megis o bell, deuai miwsig a llais tyner yn suo-ganu. *'Oh, what a beautiful morning, Oh, what a beautiful day',* tra bod y gwddw yn cael ei ffrio. Swish! dyna'r peiriant yn aros, a'r merched yn dod yn ôl i'w symud i'r ochor arall i wneud gwaith cyffelyb â'i lygad coch ar yr ochor arall.

'Dylech yfed digon o wlych,' ebe un nyrs pan oeddwn yn dod i lawr oddi ar y bwrdd. 'Gellwch yfed cwrw ond dim gwirod.'

'Fydda i byth yn cymryd alcohol,' meddwn innau braidd yn ffroenuchel. 'O, da iawn,' ebe hithau.

Yn y bws ar y ffordd adref clywais ddwy wraig yn trafod smocio. 'Mi roddais i'r gorau iddi am bythefnos,' ebe un. 'Yna mi gymerais sigarét, ac mi gefais y fath ollyngdod.' Taniais innau sigarét.

Heddiw mi gefais hyd i'r cantîn, lle ceir cwpanaid o de am ddwy geiniog, a smôc dawel. Mae'n lle difyrrach i aros na'r stafell danddaear. Wrth y bwrdd nesa imi eisteddai gŵr tal, hardd ei bryd a milwrol yr olwg, yn darllen yn hamddenol nes i nyrs ddyfod i alw amdano. Ac yn y coridor clywais lais yn gweiddi: '*Jack, will you get the blood, please?*' Aeth rhyw gryndod rhynllyd ar hyd asgwrn fy nghefn. Roedd tanc sgwâr wrth y pared o'm blaen ag ynddo liaws o bysgod aur yn gwibio'n gylchoedd diamcan, dryslyd, yn y dŵr, heb aros am yr un eiliad. Ac uwchben y twbyn gwyn yn ei ymyl roedd llythrennau a barodd beth dryswch i mi am funud neu ddau. Fel hyn:

SED   UPS

H   RE

PL   AS

Gan fod gennyf ddigon o amser i bendroni'n dawel uwch eu hystyr, ni bûm yn hir cyn datrys y pos geiriol hwn. Gofyn yr oedd am inni ddodi cwpanau a ddefnyddiwyd i mewn yn y twb os gwelwch chi'n dda. Cyn gynted a'm bod wedi ei ddatrys dyma'r nyrs yn dod i'm galw. Ac i lawr â mi drachefn am oed arall â'r bwystfil unllygeidiog.

Rwy'n dechrau syrthio mewn cariad â Miss Jones. Gwn ei henw am imi glywed y nyrs yn ei galw ddoe. Merch brydweddol, osgeiddig ydyw mewn llodrau eurlliw wedi eu presio'n ofalus. Dyma'r trydydd tro imi ei gweld. Mae hi'n gwenu'n braf arna i pan ddaw i mewn, fel pe bai'n fy nabod erioed, ac yna'n setlo i lawr i ddarllen, fel pe na bai amser yn cyfri dim ganddi. Aeth yn syth i'r stafell newid a dod allan yn gwisgo'r crys glas cras. Ysgwn i beth sydd o'i le arni hi? Mae'n debyg na chaf byth wybod. Efallai na bydd yma yfory. Aeth i mewn i'r ffau o'm blaen i heddiw ac nid oedd yr olwg arni o'r tu ôl mor ddeniadol, a hithau yn y crys glas. Jones. Mewn cariad â'i henw yr wyf, mae'n siŵr. Neu mewn cariad â chariad — y peth anfeidrol hwnnw sy'n gorchfygu ac yn llywodraethu.

Pan ddychwelais adref roedd Mari wedi ffonio o Rydychen i ddweud bod y car yn barod ac yn gofyn inni ddod i'w gyrchu. 'Beth?' meddwn i. 'Disgwyl i ddyn sâl fel fi nôl y car a'i ddreifio fo o Rydychen i Lundain? Be gebyst sy ar y ferch?' Ond roedd Mati'n benderfynol y dylem fynd, a phwysodd mor daer arnaf nes imi golli nhymer. Yna ffoniodd Mari drachefn a bûm yn ddigon surbwch a swta wrthi. Ond nid mor hawdd oedd ei throi hi o'r neilltu. 'Mae 'na drên cyflym yn gadael Paddington am chwarter wedi pump,' meddai. 'Dim siawns o gwbwl, 'ngeneth i,' meddwn innau. Ond roedd Mari'n ymliw â mi hefo pum mlynedd ar hugain o brofiad o'i thad anystywallt. 'Does dim rhaid ichi benderfynu rŵan,' meddai. 'Mi rof ring arall ichi am hanner awr wedi pedwar.' Ac am 4.30 yr oeddym ar ein ffordd i Paddington i ddal trên Rhydychen.

Eisteddais i'n pendympian yn anfoddog yn fy sedd yn y trên tra'r oedd Mati'n cael te ar ei phen ei hun yn y *buffet*. Roedd gwyrddlesni Dyffryn Tafwys ar bob llaw yn falm i dawelu unrhyw ysbryd drwg, ac erbyn cyrraedd Rhydychen roeddwn mewn hwyliau da. Roedd Mari a'r car (y *Superstar Snipe* oedd ei henw hi arno) yn y stesion yn ein disgwyl, a Humphrey hefo hi, mor fwyn a serchog. Aethom i gael te yn llety Mari a bu sôn am ginio mewn tŷ bwyta ar lan Afon Cherwell. Ond dwedais i fod yn rhaid imi gael cychwyn yn ôl ar unwaith gan fy mod yn arswydo rhag dreifio yn y tywyllwch. Soniai'r ddau gariad am eu planiau i fynd a chwch ar y gamlas; y pethau annwyl, ifanc a dewrgalon. Gwyn eich byd, meddwn. Dwedodd Mari fod y *Superstar* yn bihafio'n dda iawn ar ôl ei driniaeth yn y garaits, a chymerais innau at y llyw. Mewn dim amser yr oeddwn wedi cyrraedd pedwar ugain milltir yr awr ar y drafffordd. Fi, y creadur claf! Ac roeddym yn ôl gartref ymhen llai nag awr a hanner, un o'r teithiau cyflymaf a wnes i erioed rhwng Rhydychen a Llundain.

Heddiw oedd y tro cyntaf imi wisgo'r crys glas cras i gael fy nhriniaeth. Roedd golwg truenus ar y criw oedd yn eu crysau yn y stafell yn aros eu tro. Ond dacw Miss Jones yn dyfod eto. Mae hi'n hŷn nag y tybiais, a'i gwallt wedi ei ysgafn-liwio'n frithwyn. Mae'n gwisgo breichled aur ac mae ei choesau'n edrych yn siapus wedi eu croesi fel yna. Ond mae drychiolaeth o ddyn fel corff yn eistedd yn f'ymyl ac mae ei dorri gwynt hirwyntog yn ddigon i chwythu unrhyw syniadau rhamantus allan trwy'r ffenestr.

Wel, dyna wythnos gyntaf y driniaeth heibio. Dim ond pum wythnos arall. Cawn y Sadwrn a'r Sul yn rhydd ac ail-ddechrau dydd Llun. Nid wyf yn teimlo ronyn gwaeth — na gwell o ran hynny — ar ôl yr wythnos gyntaf. Ond y fath ryddid! Roeddwn wedi edrych ymlaen am gael treulio'r misoedd hafaidd nesaf yma yn nhawelwch Bryn Awel. Rŵan ni allaf wneud dim ond cicio sodlau segur yma dros y Sul i ddisgwyl am bob wythnos nesaf y driniaeth. Ofer fyddai imi bellach gofnodi'r dyddiau am yr wythnosau nesaf, gan fod pob dydd mor debyg i'w gilydd yn fy nyddiadur.

Soniais ddigon cyn hyn am fy ngwendidau a'm diffygion. Ac efallai mai'r mwyaf o'r gwendidau yn y dyddiau hyn eto fu colli ffydd a hunan-hyder. Ni bu neb yn fwy dyfal yn swcro ffydd a hyder na Mati, a bu un enghraifft y cawsom lawer o hwyl yn ei chylch. Wedi cwpla'r driniaeth ceisiwn fynd mor amal ag y medrwn yn y *Superstar* i Fethesda a Bryn Awel. Roedd cael bod yno yn adnewyddiad ysbryd ac adfywiad meddwl. Cychwyn fu'r gamp bob tro.

Ffoniodd Elis Aethwy i ddweud ei fod yn cychwyn o gartre'i ferch Gwen yn Llundain am Fethesda a Bryn Awel ac yn cynnig lifft imi. Byddai'n galw amdanaf tua 2.30 p.m.

'Na, fedra i ddim mynd. Dydw i ddim yn teimlo'n ddigon da,' meddwn i'n gwynfanus wrth Mati.

'Twt lol,' ebe hi. 'Codwch a gwisgwch. Does dim iws siarad fel yna.'

'Na, wir, fedra i ddim mynd.'

Cydiodd Mati yn y teliffon a galw Geraint. Ac wedi egluro wrtho fy nghyflwr iselfryd, gofynnodd: 'Oes yna rywbeth fedrwch chi wneud iddo fo?'

'Dewch ag e i lawr yma,' atebodd Geraint yn ei Gymraeg Rhondda. Ac wedi tipyn rhagor o swcro a maldodi Mati neidiais o'r gwely ac i'r *Superstar* ac i lawr i'r Clinic i weld Geraint.

Wedi tipyn o siarad ysgafn am hyn a'r llall yn ei ddull deniadol, gofynnodd Geraint imi wyro fy llodrau a rhoes chwistrelliad o rywbeth â'i nodwydd yn fy mhen ôl. 'Dyna chi,' meddai, 'mi fyddwch yn OK rŵan am dri mis. Mi gafodd y Pab y chwistrelliad yna dair blynedd yn ôl a drychwch mor dda mae o'n cadw.'

Ar y ffordd yn ôl i St Johns Wood roedd y *Superstar* yn carlamu fel ugain ceffyl gwyllt, a phan gyrhaeddodd Elis roeddwn wedi pacio ac yn barod i gychwyn yn llawen tua Bryn Awel. Ac o'r dydd hwnnw, pryd bynnag y byddaf yn colli hyder ac yn gwrthod cychwyn ar weithgareddau'r dydd fe'm bygythir â chwystrelliad arall o'r hyn y daethom i'w adnabod fel Pigiad y Pab.

Erbyn hyn roedd Gorffennaf yn tynnu at ei derfyn a minnau'n teimlo gystal â'r Pab. Yr unig anghaffael oedd tipyn o nam ar y llais. Mae 'na ffrwd fach loyw a pharablus yn rhedeg trwy'r caeau ar y llechwedd tu ôl i Bryn Awel a bu cerdded at honno'n brofiad gwiw. Yno mi ges ddarganfod eto hen swyn 'cae'r hogiau bach oedd yn deall iaith glan yr afon'. Doeddwn i ddim wedi clywed yr iaith ers hanner can mlynedd.

Ddiwedd Gorffennaf daeth yr hyfrydwch o gael edrych ymlaen at y Brifwyl gyda'r un wefr ag y bûm yn ei disgwyl flwyddyn ar ôl blwyddyn. O dawelwch hyfryd Bryn Awel, Llanllechid, aethom i sirioldeb a miri Bryn Awelon, Treletert, lle'r oeddym wedi bwcio dwy ystafell dros yr Ŵyl.

Roeddwn wedi addo bod yn y Babell Lên am ddeg bore dydd Gwener i agor trafodaeth ar Bryddest y Goron. Yn ychwanegol at yr ofn cynhenid a'm poenai wrth sefyll ar blatfform i annerch gwrandawyr, roedd pryder ychwanegol y diffyg llais. Erbyn dydd Iau roedd sgwrsio â hen ffrindiau wedi bod yn ormod treth ar y cordiau lleisiol, ac erbyn y nos yr oeddwn yn fudan ac yn arswydo rhag y dasg fach drannoeth. Euthum i'r gwely'n gynnar a cheisio gorffwys, ond ni ddôi na chwsg na breuddwyd. Codais i eistedd ar y gwely a thanio sigarét Ac yna digwyddodd un o'r troeon rhagluniaethol hynny sy'n dwyn llewych ffydd, gobaith a chariad i'r dywyllaf nos. A'r mwyaf o'r rhai hyn y noswaith dywyll honno ydoedd cariad.

Daeth cnoc fach dyner ar y drws ac agorodd i ddangos wyneb siriol Humphrey a'i ddau lygad yn pefrio arnaf. Roedd o a Mari wedi cyrraedd yr Eisteddfod o Rydychen yn y prynhawn.

'Rydw i wedi dod yma i ofyn eich caniatâd i briodi Mari,' meddai mewn tôn hanner swil a hanner hawliog. 'Rydym wedi bod mewn cariad ers cryn dipyn o amser bellach.'

'Wel ardderchog!' meddwn, a thanio sigarét arall. Roedd y llais wedi dod yn ôl, yn gryf a thadol. Prysurais i wisgo amdanaf a dilyn y cariadlanc i lawr i'r bar i longyfarch Mari ar ei choncwest.

Yr hogan fach ryfeddol! Roedd hi nid yn unig wedi sylweddoli ei breuddwyd bach ei hun ond wedi sylweddoli un o'm breuddwydion innau hefyd. Cofiais am y breuddwyd hwnnw ar y Cei yng Nghaernarfon ers talwm, y breuddwyd am y Gwir Barchedig Caradog Prichard. Os na chafodd fod yn ferch i hwnnw roedd am fod yn ferch yng nghyfraith i'r Gwir Barchedig Harry Carpenter, Esgob Rhydychen hyd ei ymddeol ryw flwyddyn yn ôl. A byddai'r briodas yn Neuadd Coleg Reble, y bu'r Esgob yn Warden iddo. Troais yn ôl i'r gwely ac i hun a breuddwyd melys.

Deffroais yn gynnar ac yn llawn hyder ffydd. Roedd y llais wedi dod yn ôl, diolch i'r ddau gariad, ond roedd eto'n gloff a herciog. Roedd Pigiad Pab Mari a Humph wedi gwneud ei ran, ac yn y Babell Lên roedd Mari arall yn f'aros, a chanddi hithau hefyd ei chyffur arbennig. Mari Evans, ysgrifennydd y Babell Lên, oedd honno. Prysurais i ddweud wrthi na chredwn fod fy llais yn ddigon cryf i agor y drafodaeth, a sgrifennais ychydig nodiadau brysiog pan addawodd eu darllen ar fy rhan, os methwn â mynd ymlaen.

Codais i geisio dweud gair neu ddau. Ymhlith y cynhulliad bach gwelwn ddau wyneb astud a chariadus Mari a Humphrey. Daeth rhyw gryfder newydd i'r llais ac euthum ymlaen am ryw frawddeg neu ddwy. Yna dychwelodd yr hen ddiffyg hyder. Eisteddais yn ôl ac aeth Mari Evans ymlaen i ddarllen f'ychydig nodiadau.

Ar ddiwedd y cwrdd dwedodd wrthyf: 'Byddwn yn eich rhoi ar ein rhestr am y chwe mis nesaf'.

Edrychais yn hurt arni. 'Pa restr?' gofynnais.

Atebodd yn ddwys: 'Mae gennym restr o rai y byddwn yn gweddïo drostynt ac yn erfyn am iddynt gael iachâd trwy ffydd.'

'O, diolch yn fawr,' meddwn, braidd yn lloaidd. Ac yna gwawriodd ei geiriau arnaf. Iachâd trwy ffydd. Ffydd. Dyna'n union beth oedd arnaf ei eisiau. Meddyliais yn ddwys am y peth tra'n gwrando ar y Prifardd Elerydd yn diolch imi mewn geiriau llawn cydymdeimlad am fy ymdrech i siarad. Ymdrech? A oeddwn wedi gwneud yr ymdrech a ddylwn? Pam y diffygiais wedi i'r llais gryfhau pan welais wynebau Mari a Humph? Ffydd? Wedi clywed geiriau Mari Evans gwyddwn bellach pam y methais â dyfalbarhau pan gryfhaodd y llais. Diffyg ffydd. Pe bai gennyf y ffydd a synhwyrais yng ngeiriau Mari Evans byddwn wedi cario ymlaen.

Bu Ffydd, Gobaith a Chariad, ynghyd â dognau helaeth a hyfryd o awyr iach a'r cof am brofiad dwys y Babell Lên, yn gymdeithion grymus i ddwyn imi atgyfnerthiad rhyfeddol yn ystod yr wythnos ar ôl yr Eisteddfod. Roedd Mari a'i dyweddi wedi llogi cwch yng Nghaer i fynd am drip ar hyd y gamlas i Langollen, a gwahoddwyd Mati a minnau a Ben i ymuno â hwy. Ni allai'r un meddyg gymeradwyo meddyginiaeth well. Bywyd yn symud yn ôl dwy filltir yr awr rhwng dwylan o gaeau gwyrddion a choedlannau deiliog; eistedd am oriau

wrth y llyw yn yfed yr awyr iachusol o fore hyfryd hyd hwyr hapus-
luddedig; stôr y bwyd blasus yn diflannu'n gyflym dan archwaeth
pedwar ar eu cythlwng; y profiad gwefreiddiol o groesi'r ddyfrffos
uchel ger Castell y Waun; a'r hwyl wrth gael clymu'r cwch yn
Llangollen a chael golwg newydd ar y dref a'r dyffryn, ei gweld fel
nas gwelir fyth o gerbyd modur. Wedyn, difyrrwch y daith araf yn
ôl dros lyfnder y dŵr i Gaer, a ninnau bellach yn gamlaswyr profiadol
ac yn gallu trafod y lociau mynych mor ddidrafferth â chroesi pont.

Bellach caf innau fwynhau'r rhan olaf o'r daith a phob bagl a phwll
mor hawdd eu croesi â lociau'r gamlas. Ac fel y cenais am 'Y Briodas'
yn Eisteddfod Caergybi ers talwm, edrychaf ymlaen heddiw at
briodas arall y caf ganu cân o fawl iddi. Ac i'r wyrth a gyflawnir ynddi,
megis yng Nghana Galilea gynt, pryd y troir dŵr hen anghrediniaeth
bwdr yn win llawenydd y Ffydd. A chaf finnau yfed o weddillion y
Ffydd honno wrth wrando'r llais offeiriadol yn llafarganu: O
Dragwyddol Dduw, Creawdwr a Cheidwad pob rhyw ddyn,
Rhoddwr pob rhad ysbrydol, Awdur y bywyd a bery byth; Anfon dy
fendith ar dy wasanaeth-ddynion hyn, y mab hwn a'r ferch hon, y
rhai yr ŷm ni yn eu bendithio yn dy Enw di . . . a gallu ohonynt byth
aros ynghyd mewn perffaith gariad a thangnefedd, a byw yn ôl dy
ddeddfau . . .